KB263738

캔들차트
하나로 끝내는
추세추종 투자

캔들차트 하나로 끝내는 추세추종 투자

성승현 지음

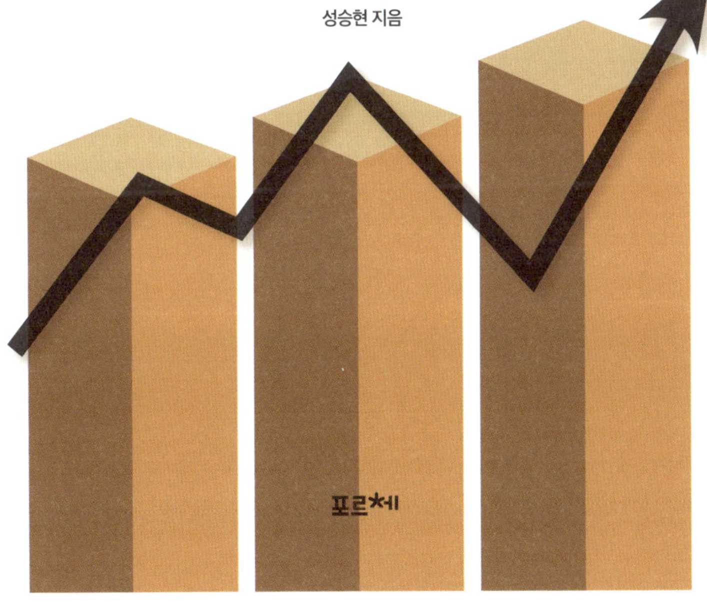

타짜에게서 물려받은 주식 기법

책을 들어가기에 앞서 우선 내 애기부터 해 보자. 딱 10년 전 애기다. 당시 나는 사업에 실패하고 망연자실하여 아무것도 손에 잡히지 않을 때였다. 당장 급전은 필요했기에 뭐라도 해야 할 것 같아서 전업으로 주식 투자를 시작했다. 어떻게든 돈을 벌어 생활비를 마련해야 하는 상황이었다. 나름대로 열심히 책도 읽고 공부도 하면서 전의를 불태워 봤지만 실력은 그다지 늘지 않았다. 수익이 나는가 싶으면 다시 손실이 나고, 늘 제자리를 맴도는 듯했다.

그러던 차에 어느 날 대학 은사님으로부터 연락이 왔다. 아는 주식 고수가 한 분 계신데, 갑작스레 말기 암에 걸리셨다고 한다. 그런데 그분이 고졸이라 가방끈 짧은 게 평생의 한이라 죽기 전에 똑똑한 서울대생 하나 불러다가 자신의 노하우를 전부 물려주고 싶다고 했다는 것이다. 은사님은 '네 생각은 어떠냐?' 하고 내 의사를 물었다. 이미 궁지에 몰려 있는데 뭘 생각하겠는가? 무조건 한다고 대답했다. 그러자 그분은 청주에 살고 계시는데, 조만간 올라오셔서 날 만나 보고 가부를 결정하겠다고 하셨다. 한마디로 면접을 보시겠다는 얘기다.

　그렇게 해서 처음 주식 사부를 만났던 기억이 아직도 생생하다. 나를 보자마자 채 통성명도 하지 않은 채로 대뜸 물으셨다.

　"할껴?"

　내가 "네." 하고 대답하자 한마디가 돌아왔다.

　"그럼 짐 싸."

　전형적인 충청도식 문답이었다. 하지만 그게 무슨 문제인가. 짐 싸라는 말은 합격했다는 뜻이었고, 나는 군말 없이 그날 바로 짐을 싸서 청주로 내려갔다. 그리고 사부님 집에서 먹고 자며 6개월 동안 합숙 훈련을 했다.

　사부는 주식 투자를 하기 전의 이력이 다채롭다 못해 화려한 분이었다. 주먹세계에서 시작하여 큰 사업을 일궈 냈고 한때 유흥업, 사채업까지 운영하며 틈틈이 타짜도 겸해 도박판의 돈까지 다 긁어모으셨다고 한다. 실제로 내 앞에서 도박판 기술을 많이 보여 주셨는데 영화 타짜에서 나오는 웬만한 손기술은 다 구사하셨다. 그러다가 사기를 크게 당하는 바람에 파산하고 뭘 할지 고민하다가 갑자기 주식 투자로 전업했고, 특히 스캘핑이라는 초단타 매매로 그 분야에서 전국 탑3에 들 만큼 실력을 인정받게 됐다. 참으로 전무후무한 이력이 아닐 수 없다.

　그런데 하필 주식으로 한창 돈을 잘 벌던 시점에 간암 말기 판정을 받는 바람에 자신이 연구한 기법을 모두 물려줄 제자를 찾다가 나와의 인연이 시작된 것이다. 안타깝게도 사부는 이제 이 세상에 계시지 않는다. 처음 진단받은 기간보다는 꽤 오래 버티셨지만 끝내 병마를 이겨 내지 못하고 떠나셨다.

그러나 사부의 유산은 정말 큰 의미가 있었다. 특히나 대단했던 건 차트 투자에 대한 기법을 거의 본인 스스로 독학으로 공부해서 만들어 냈다는 점이다. 그 내용이 기존의 이론에 기반을 두고 있다고는 하나 상당히 독창적이며 획기적인 것들이 많았다. 한마디로 사부는 정규 교육과정을 밟지 않았을 뿐이지 일종의 '천재'였다. 여기에서 소개하는 차트 분석 기법은 거의 대부분이 기존에 존재하지 않았던 내용이 많은데, 이는 그분의 천재성에 기인한 것이다.

좋은 스승을 만난 덕에 나의 실력도 하루하루 늘어갔다. 6개월간의 합숙이 끝나자 얼추 그분의 이론과 기법을 모두 내 것으로 만들 수 있었다. 투자란 기본적 분석에 의거해 기업의 내재 가치를 파악하는 것이 전부라 생각하던 내가 진정한 차트의 고수를 만나 새로운 투자의 세계에 입문하게 되었다.

하지만 한 가지 문제가 있었다. 나는 태생적으로 단타가 맞지 않는 사람이었다. 그런데 하필 스승에게 배운 것은 단타 중에서도 초단타 매매인 '스캘핑' 기법이었다. 처음에는 어떻게든 단타 매매에 적응하려 무진 애를 썼다. 그러나 노력하면 노력할수록 단타 매매가 가지는 한계에 봉착했다. 이건 완전히 나의 신체와 정신을 갈아 넣어야만 할 수 있는 매매였던 것이다. 투자를 내 평생의 직업으로 삼겠다고 다짐한 것이 무색하게, 이래서야 결코 오래 지속할 수 없다는 사실을 깨달았다.

그래서 중대 결심을 했다. 사부로부터 배운 모든 단타 기법을 버리기로 한 것이다. 대신 사부가 알려 준 차트 분석 이론을 토대로 나만의 투자 기법을 찾겠다는 뜻을 세웠다. 그리고 특히 차트 분석 투자에서만큼은 최고의 경지에 오르겠다고 다짐했다.

실력이란 단번에 만들어지는 것이 아니며, 멈추지 않고 끊임없이 바퀴를 돌리는 것과 같다. 끈질기게 계속 밀어 마침내 한 바퀴를 돌리고, 거기서 멈추지 않고 계속 밀어 또 두 바퀴를 돌리고, 이어서 네 바퀴, 여덟 바퀴를 돌리는 것이다.

그렇게 수천 번, 수만 번, 아니 수십만 번의 바퀴를 돌리다 보면 어느 순간 돌파가 일어난다. 다시 말해 이전의 노력 위에서 새롭게 투입된 노력들이 차곡차곡 쌓이며 무언가를 깨닫는 과정 또한 축적될 때 극적인 변화를 겪게 되는 것이다. 그리고 어느 특정 임계점을 넘게 되면 그때부터 실력이 부쩍부쩍 느는 경험을 할 수 있다. 내가 했던 차트 공부 역시 이와 다르지 않았다.

1만 시간의 법칙이라는 것이 있다. 말콤 글래드웰의 책《아웃라이어》에 의하면, 아무리 뛰어난 재능을 가지고 있어도 적어도 1만 시간의 노력이 투입되어야 그 재능이 발현될 수 있다고 한다. 나는 재능이 없어서인지 차트를 연구한 지 1만 시간이 훨씬 넘었는데도 큰 발전이 없었다. 그래서 1만 시간을 더 몰두했다. 그제야 무언가

잡힐 듯한 느낌이 오길래 거기에 1만 시간을 더 투입했다.

덕분에 물경 9년 동안 차트만 3만 시간 이상을 보았다. 중국 선종의 조사 '달마 대사'가 깨달음을 얻기 위해 9년간 벽을 보며 면벽수련(面壁修練)을 했다던가? 그러고 보면 나 역시도 모니터를 벽 삼아 9년간 면(面)모니터 수련을 한 셈이다. 그리고 어느 순간 비로소 차트에 눈을 뜨게 되었다.

따라서 이 책은 지난 10년 동안 오로지 차트만 분석한 나의 경험과 공부가 녹아든 핵심 액기스와 다름없다. 초단타 공부로 시작하여 결국 장기 투자로 천착하는 과정 속에서 필요없는 것들은 싹 없애 버리고, 오직 투자의 핵심만 정리하였다 자부한다. 그것도 오로지 차트를 통해서 말이다.

단언컨대 이 책을 읽는 모든 이는 차트 분석에 있어 가장 쉬우면서도 가장 확실한 투자 방법을 경험하게 될 것이다. 또한 주식 투자에 대한 새로운 패러다임을 구축할 수 있을 것이다. 그렇다. 원래 비범할수록 쉽고 간단한 법이다. 결코 어려울 필요가 없다. 나는 이걸 알기 위해서 맨땅에 헤딩해 가며 10년이라는 세월을 갈아 넣었지만, 운 좋게도 이 책을 펼친 독자님들이라면 딱 이 책을 읽는 시간만 투입하면 충분할 것이라 본다.

왜 당신은 평생 주식으로 돈을 벌지 못하는가?

주식 투자를 하는 사람의 90%가 손실을 본다. 주식 투자로 돈을 벌었다는 사람은 아주 소수에 불과하다. 이처럼 주식 투자자 대부분이 손실을 보는 이유는 명확하다. 어떤 종목을 사야 할지를 모르고, 또 어디서 들어가서 어디서 나와야 할지를 모르기 때문이다.

손절할 자리를 모르니 추세가 깨진 종목을 하염없이 들고 있게 된다. 막상 수익이 나더라도 언제 나가야 될지를 모르니 30%만 올라도 재빨리 팔아버리고 만다. 참고 기다렸으면 수백%도 가능했던 종목이었는데 말이다.

하지만 기다리는 것도 문제다. 계속 오를 줄 알고 기다렸더니 고점 찍은 후 계속 떨어진다. 실현시키지 못한 수익은 아무리 많아도 그저 과거의 영화였을 뿐이다. 원금 깨진 지는 오래고 손실 난 지도 벌써 오래전 일이다. 그러니 개미 투자자들의 운명은 한결같다. 주가가 올라도 깨지고, 내려도 깨진다.

결국 자신만의 투자원칙이 없고, 자신만의 투자기준이 없어서 생기는 일이다. 변화하는 시장 속에서 굳건히 자신을 지킬 수 있는 기본기가 턱없이 부족하다. 이 책은 그런 의미에서 투자자에게 가장 기본적인 실력을 배양시켜 주는 한편, 한 번 배우면 평생 써먹을 수 있는 기술들을 가르친다. 투자의 기본적인 원칙과 원리를 정확히 알도록 하고, 투자분석을 하는 기법이나 방법론적으로 들어갔을 때 아주 세세한 것까지 본질적으로 꿰뚫어 가도록 도와 준다.

그런 의미에서 이 책은 크게 5가지 특징을 갖고 있다.

첫째, 장기 투자에 대한 책이다. 단타 매매는 장점보다 단점이 훨씬 많은 매매법이며, 전업투자자가 아닌 이상 쉽게 따라 할 수 있는 영역도 아니다. 그래서 이 책에서는 무조건 장기 투자를 지향한다. 하루 이틀, 일주일 투자하는 게 아니라 몇 주, 몇 개월, 심지어 몇 년 단위로 꾸준하게 들고 가는 방법을 소개한다.

둘째, 추세추종 매매를 집중적으로 배우게 될 것이다. 이게 무슨 말이냐. 말 그대로 추세 초기에 진입하여 추세 끝날 때 나오는 것을 목표로 한다는 것이다. 좋은 말이다. 그걸 몰라서 지금까지 추세를 못 먹은 것이 아니니까. 그래서 이 책에서는 추세의 생(生)과 사(死)를 판단하는 방법을 배운다. 주가는 결코 예쁘게 움직이지 않는다. 어떨 때는 제멋대로 오르락내리락 롤러코스터를 타기도 한다. 그러다 보면 일반인들은 그 흔들림을 버티지 못하고 추세 초입에 팔아버리고 만다. 다 추세가 살아있는지 죽었는지를 몰라서 생긴 참극이다.

하지만 추세에 대한 자신만의 기준이 있으면 이야기는 달라진다. 주가가 아무리 요동쳐도 특정한 자리를 지켜 나간다면 절대 매도하지 않는다. 그러다가 그 자리가 깨질 때 비로소 매도하게 된다. 그래서 추세 전체를 발라먹는 매매가 가능하게 된다.

이게 가능한지 의심스러운가? 사례를 하나 들겠다. 2024년 10월에 내게 수업을 들은 분이 있는데 원래 단타쟁이였다. 이 양반, 주식으로 평생 10%를 먹어 본 적이 없었다 한다. 왜냐하면 주식 매수 후 10% 수익이 나면 이게 웬 거냐 싶어 무조건 팔아버렸기 때문이다. 반대로 물린 종목은 마이너스 70%, 80%가 나도 못 팔다가 다행히 오르면 그때 또 10%만 먹고 팔았다. 그래서 계좌는 완전 마이너스인데 수익은 달랑 10% 먹고 나오는 전형적인 개미 투자자였다.

그러던 분이 내 수업을 듣고 추세추종하는 장기 투자로 전향했다. 그리고 지금까지의 수익률이 가히 극적이다. 1년 동안 100% 이상 수익 난 종목이 45개가 넘는다. 물론 수익 또한 상당하다. 수업을 듣고 지금 추세가 살아있는지 죽었는지를 깨달았기 때문에 생긴 기적이다. 게다가 한번 차트에 통달하고 나니 한국 주식은 물론 미국 주식으로도 수익을 보고 있고, 코인으로도 엄청난 수익을 내는 중이다. 이제 이분 목표는 단순히 수익 나는 것이 아니라 텐배거(Ten-bagger, 10배 수익)를 먹어 보는 것이다. 추세가 터졌을 때 끝까지 버텨서 1,000%짜리 수익을 내는 것이 목표란다. 지금까지는 미국 주식 '아이언큐'에서 660%가 최고였다. 차트를 전혀 모르던 분이 딱 두 달 배우고 만들어 낸 결과물이다. 그러니 이 책을 읽는 여러분도 할 수 있다. 추세라는 것만 제대로 알면 충분히 가능하다.

셋째, 기준선 매매이다. 앞에서 말했듯이 여러분들에게는 기준이 없다. 기준이 없으니 판단하지 못한다. 그래서 풍문에 이리저리 흔들리게 되고, 줏대 없이 흔들리다가 매매를 망치곤 한다. 하지만 기준이 생기면 완전히 다른 세계를 접하게 된다. 차트를 보자마자 이 종목을 사야 할지 아니면 팔아야 할지가 바로 보인다. 들어가야 할 자리와 나올 자리도 명확해진다.

이 책에서는 내가 찾은 가장 핵심적인 기준선이 제시된다. 많이도 필요 없다. 중요한 것 두세 개면 충분하다. 하지만 이걸 아는 자와 모르는 자의 차이는 극명하다. 책을 쓴다는 소식을 들은 수강생들이 다른 건 다 넣어도 이 기준선들만큼은 넣지 말아 달라고 했다. 더 이상 남들한테 알려 지는 것이 싫다는 말이다. 그만큼 이 기준선은 본 캔들차트 투자법의 핵심이자 비법이다.

넷째, 패턴 투자 매매이다. 이 책에선 딱 8가지의 핵심 패턴만 가르친다. 그런데 그게 차트의 전부다. 패턴을 알면 그때부터 차트가 다르게 보인다. 캔들차트 읽기의 핵심은 바로 패턴에 있다. 다른 유형의 차트에서는 그런 패턴이 명확하게 보이지 않기 때문이다. 하지만 추세가 만들어지기 전 패턴부터 만들어지기에 우리가 추세를 발라먹기 위해선 패턴부터 알아야 한다. 이 책에서 제시하는 패턴만 제대로 숙지하면 그때부터 주식 투자는 땅 짚고 헤엄치기가 될 것이다.

다섯째, 돌파매매법을 가르친다. 세상에 주식매매법은 수천 가지가 넘는다. 개중에 돌파매매법이 가장 보편적일 것이다. 주식이란 특정 매물대나 저항선을 돌파한 후 본격적인 상승이 일어나기 마련이다. 따라서 그 자리를 돌파되었을 때 비로소 매수를 고려해야 한다.

하지만 이때 중요한 조건이 따라붙는다. 단순히 돌파했다고 해서 다 좋은 게 아니라 어떻게 돌파하느냐에 따라 그 결과치가 달라진다. 돌파한 종목 중에도 옥석이 따로 있는 것이다. 따라서 돌파 시의 여러 정황을 파악하여 이후 가장 상승 확률이 높은 종목을 추리는 작업이 필수이다. 이 책에서는 특정 저항대를 돌파하는 종목들을 검색식으로 찾는 방법과 그렇게 찾은 종목 중 이후 상승 가능성이 높은 종목들을 추리는 방법을 배우게 된다. 이 모든 과정이 1주일에 약 30분 정도면 충분하다. 차트투자만이 갖는 가성비의 매력이다. 다른 방법으로 찾으려 했다면 아마 수십 시간도 부족했을 일이다.

이렇게 하다 보면 매달 40~50개의 종목이 추려진다. 평소 좋은 종목에 목마른 개미투자자들에겐 가히 엄청난 숫자다. 이젠 어디 가서 종목 구걸할 일도 없고, 주식정보에 연연할 필요도 없다. 그래서 이때쯤이면 입에서 이런 말이 나온다.

"내가 돈이 없지, 종목이 없냐."

2026년 1월 저자 성승현

사면 떨어지고, 팔면 오르던 내가 달라졌다

많은 개인 투자자가 그렇겠지만 성승현 선생님으로부터 캔들차트 주식매매법을 배우기 전까지 나는 이평선은커녕 양봉과 음봉도 구분하지 못했었다. 게다가 나는 특별한 재능이 있었다. 내가 어떤 종목을 매수하면 즉시 하락하고, 그래서 못 견디고 매도하면 즉시 상승해서 상한가를 가거나 100%, 200%씩 상승하는 대시세가 나는 것이었다.

도대체 이럴 수는 없다고 생각하여 PC와 스마트폰에서 스파이웨어를 탐지하기 위한 검사를 수행해 보기도 하였고, CCTV가 없는 곳을 골라 몰래 매매하기도 해 보았지만 매번 어김없었다. 이 재능의 최정점은 2021년 1월 삼성전자가 96,800원을 찍던 날 여지없이 발휘되었는데, 바로 그날 가지고 있던 모든 현금을 전부 동원하여 평균단가 94,666원에 매수한 것이었다. 그리고 그 후 그 가격을 다시 본 것은 다들 알다시피 아주 최근의 일이었다.

그렇게 물린 다음 몇 번 더 실패를 하고 나서야 2023년 11월에 성승현 선생님의 주식 수업을 듣게 되었다. 강의를 듣고 나니 왜 내가 주식을 사면 떨어졌는지, 왜 내가 팔면 날아가는지, 그리고 어떻게 하면 손해를 만회하고 수익을 낼 수 있는지를 전부 알 수 있었다. 차트의 본질을 알고 나니 들어가는 자리와 나가는 자리가 거짓말처럼 잘 보였고, 수익 가능성이 높은 종목들을 쉽게 찾을 수 있었다.

이 책에는 다른 어느 곳에서도 배우기 어려운 내용, 실제 주식투자에서 수익을 내려면 반드시 알아야 할 내용이 거의 다 들어있다. 물론 실천이 쉽지는 않다. 그게 쉬웠으면 누가 주식시장에서 돈을 잃겠는가. 하지만 이 책의 내용을 잘 읽고 이해한 다음 실천만 할 수 있다면, 여러분도 나처럼 주식시장 개장 시간이 기다려지는 기쁨을 매일 누릴 수 있을 것이라 확신한다.

수강생 22기 최성식(변호사)

막막했던 주식투자의 끝,
평생 수익을 약속하는 쉽고 확실한 강의

어떻게 해야 하는지도 모르고, 하루 벌어 하루 빠듯하게 먹고살며, 투자라는 단어조차 내 삶과는 멀게 느껴지는 그런 삶이 분명히 있습니다. 저는 지금보다 나은 삶을 살고 싶은 마음에 어디서 주워듣고는 막연한 마음으로 주식 계좌를 만들었던 것이라서 뜬소문에 매수하고 돈 필요할 때 매도하길 반복했습니다. 심지어 개중엔 상폐 당한 종목도 있었습니다. 그러다 수업료는 벌겠지 하는 심정으로 성승현 선생님 강의를 수강하게 되었고 수업을 듣고 난 후 바야흐로 세상과 경제를 바라보는 눈을 새로 떴습니다. 한마디로 개안한 것이죠. 저는 이 수업을 왜 좀 더 일찍 듣지 못했나? 이건 모든 사람이 반드시 알아야 할 것 같은데 왜 정규 교육 과정에는 이런 내용이 없을지 의아할 정도였습니다.

요즘같이 화폐가치가 떨어지는 속도를 따라가지 못하는 상황에서 재테크 능력은 더욱 중요해지고 있습니다. 성승현 선생님의 수업을 하루빨리 한 사람이라도 더 들었으면 좋겠단 생각입니다.

— 26기 최주영

기초반 4주 수업만 듣고도 차트 하나면 세계경제의 흐름을 읽고 개별종목의 움직임을 읽을 줄 알게 됐고, 팔고 나가는 자리를 정확히 알게 됐다. 이 강의의 위력을 알게 된 나는 들어가는 자리를 배우는 심화반 수업을 바로 들었다. 이 수업은 종목을 찍어주지 않는다. 그저 차트 하나로 시장을 읽고 종목의 흐름을 읽고 들어갈 타이밍과 나갈 타이밍을 정확하게 알게 만든다. 지금껏 주식투자 안 해 본 사람도 차트를 보자마자 불과 1초 만에 투자해야 할 종목인지 나와야 할 종목인지 판단할 줄 알게 만든다.

— 28기 홍병진

명확한 기준 없이 주식투자를 하면 서서히 가난해지는 길을 피하려다 오히려 더 빠른 속도로 손실을 볼 위험이 크다. 이 때문에 주식투자 전 제대로 된 '배움'이야말로 필수인데 성승현 선생님의 강의는 투자자의 기초 체력을 쌓기 위한 최적의 수업이라고 생각한다. 최소한의 금융·경제학 지식으로 투자에 필요한 기본기를 잡아주고, 그 위에 캔들·패턴·추세·거래량·이동평균선 등 '추세추종'을 위한 기술적 분석 도구의 핵심만을 실전적으로 익힐 수 있게 구성되어 있다. 가장 큰 장점은 누구나 이해하고 바로 실전에서 실행할 수 있는 명확한 기준을 제시한다는 점이다. 불필요한 전문용어와 복잡한 설명을 걷어내고 투자에 바로 실제 사용할 수 있는 원칙만 전달한다.

주식을 처음 시작하는 분이나 그동안 기준 없이 투자해 주로 손실을 경험한 개인 투자자라면 성승현 선생님의 강의를 통해 탄탄한 기준을 세우고, 성공한 투자자의 길로 첫걸음을 내디딜 수 있다고 확신한다.

— 29기 이재림

저에게는 천재일우의 기회였습니다. 일자무식 주린이도 주식의 '원리'를 이해하고 깨우칠 수 있도록 아주 기초부터 차근차근, 탄탄하게 밟아 올라갈 수 있기 때문입니다. 이평선이 움직이는 원리라던가 패턴이 만들어지는 이유, 그런 근본적인 원리를 너무 잘 설명해 주시니까 나중에 두고두고 저 스스로 혼자 차트를 보면서도 바로바로 해석이 되었습니다. 정말 신세계가 열리는 느낌입니다. 단순하게 무슨 종목 찍어주고 그런 파편적인 정보가 아니라 시장 전체의 변동성을 보는 눈이라던지, 그때그때 어떻게 대응하면 되는지 대응 방법 자체를 알려주시니 더 이상 주식투자가 무섭지 않고 오르면 오르는 대로, 떨어지면 떨어지는 대로, 그렇게 배운 대로만 대응한다는 마인드로 정말 마음 편하게 주식을 할 수 있습니다. 마음 편한 주식이 가능해집니다.

지금의 이 수익은 선생님 수업을 들은 이후로 지금까지 매주 내가 만든 검색식 돌려가면서 스스로 종목을 찾아서 분석하고 판단해서 매매를 이어간 결과입니다. 앞으로도 배운 것을 바탕으로 저는 계속해서 경험을 쌓으며 내공을 키워 갈 것입니다. 이제는 주식이 무섭지 않습니다. 선생님의 수업으로 '주식의 코어근육'을 키웠기 때문입니다. 기존에 주식을 오래 했었던 사람이든 주식에 대해 저처럼 아예 아무것도 모르는 사람이든 이 수업 한 번으로 기존에 본인이 갖고 있던 주식에 대한 패러다임이 완전히 바뀌게 되는 경험을 하게 될 겁니다.

선생님의 수업 내용이 책으로 나온다는 소식을 듣고 기쁨을 금할 수 없었습니다. 왜냐면 주식으로 자산을 증식하는 기쁨을 맛본 사람이 많아져야 계속해서 주식시장의 규모도 커지고, 그래야 코스피도 날아가고 제 계좌도 통통해질 테니까요. 저처럼 주식 까막눈이 밝게 떠지는 신세계를 꼭 경험하시기를 바랍니다. 이 책을 읽으면 주식이 올라도, 떨어져도 마음 편히 나만의 페이스를 유지하면서 주식으로 롱-런 할 수 있는 투자자가 될 수 있습니다.

— 31기 이현미

차트를 통해 매수와 매도의 기준을 명확히 세우는 방법은 틀림이 없습니다. 어느 금요일, 선생님께서 한 주식의 추세가 꺾였다는 연락을 주셨습니다. H&S 패턴이 형성되어 있으며 급등주의 특성상 급락이 나올 수 있는 상황임을 차분하게 설명해 주셨습니다. 그 조언 덕분에 저는 무너지는 시세를 눈앞에서 맞기 전 적절한 타이밍에 매도할 수 있었고, 큰 수익을 확정 지을 수 있었습니다. 이후 9만 원을 넘던 주가는 얼마 지나지 않아 4만 원 초반까지 급락했습니다. 그 순간 저는 차트를 이해한다는 것이 얼마나 큰 차이를 만드는지 몸으로 깨달았습니다. 수익을 실현한 이후 마음은 놀라울 만큼 가벼워졌습니다. 한 종목에 집착하며 매매하던 습관에서도 벗어나 분산투자 전략으로 자연스럽게 전환되었고, 선생님이 강조하신 지수 차트 분석, 미국 연준의 발표가 시장에 미치는 영향을 읽는 능력도 실전에서 큰 힘이 되었습니다.

무엇보다도 큰 변화는 "시장 안에서 스스로 판단할 수 있는 기준"을 갖게 되었다는 점입니다. 이제는 차트를 보고 언제 들어가야 하는지, 언제 나와야 하는지 명확하게 이해하고 매매합니다. 이 기준 하나가 제 투자 인생의 방향을 완전히 바꿔 놓았습니다.

— 31기 원민영

저는 그동안 데이트레이딩과 스캘핑을 해 왔습니다. 하지만 시장참여자 대부분이 MTS를 쓰고 같은 유튜브와 텔레그램방 등의 커뮤니티에서 비슷한 정보를 비슷한 타이밍에 접하면서 제가 해 온 방식만으로는 이제 큰돈을 벌 수 없음을 느꼈습니다. 변화의 필요성을 절감한 저는 시장에 보편적으로 적용될 수 있는 원칙이 무엇인지에 대한 근본적인 질문을 던지게 되었습니다. 그리고 이 질문에 대해 성 선생님의 수업은 추세추종이라는 답을 내주었습니다.

이 책은 투자에 대한 복잡한 이론서가 아닙니다. 시장에서 살아

남기 위한 현장형 지침서에 가깝습니다. 캔들 모양을 외우게 하지 않고, 지표의 공식을 주입하지도 않습니다. 대신 실전에서 파동과 추세가 나올 때 우리는 어떻게 행동해야 하는지를 판단할 수 있게 해 줍니다. 예를 들어 모니터링하던 종목이 갑작스러운 급등을 할 때 대부분의 개인 투자자는 "이미 늦었다"는 체념과 "그래도 한번 타 볼까?"라는 욕심 사이를 오가며 갈팡질팡합니다. 하지만 수업에서 배운 추세추종 기법은 이런 상황에서 탈지 말지 기준을 정리해 줍니다.

주식투자는 기준만 제대로 세워도 절반은 끝난 것입니다. 어디서 사서 어디서 팔아야 할지만 명확해져도 불필요한 거래 횟수가 줄어들고, 흔들리지 않는 기준이 생기니까요. 제가 배운 추세추종 트레이딩은 바로 그 전환을 가능하게 해 준 다리였습니다. 이 책을 통해 저처럼 감에 의존한 매매에서 원칙을 가진 매매로 옮겨가는 경험을 하실 수 있길 바랍니다.

— 29기 염상현

나는 제도권 애널리스트, 펀드매니저 경력을 가지고 있고 현재도 관련된 업계에서 일하고 있는, 소위 금융투자를 '배운 사람'이라고 할 수 있다. 하지만 개인 투자자로서, 특히 상장 주식을 투자하고 매매함에 있어서는 내 지식과 경험이 스스로 부끄러울 정도로 항상 어려움이 있었고, 정말로 시장을 이기는 게 가능한지에 대한 의구심이 항상 있었다. 일반적인 밸류에이션을 포함한 기본적 분석으로 주식투자 하기는 결코 쉽지 않다. 더군다나 주주가치 측면에서 이슈가 많은 한국 시장에서는 실적 펀더멘털이 주가로 연결되지 않는 경우도 많이 보아 왔다. 게다가 운 좋게 접한 미공개 정보, 그것도 나한테까지 흘러들어 왔다면 정말 미공개 정보인지도 솔직히 알 수 없는 정보를 가지고 매매를 하는 경우도 있었는데 결과는 그리 좋지 않았다.

그러던 중 최근 지인의 추천을 받아 나로서는 큰 용기를 내어 선생님의 강의를 수강했다. 그리고 내가 배운 적도 없고 오히려 반감을 가졌던 기술적 분석에 대해 새로운 이해를 얻게 되었다. 수업을 듣는 내내 "이 내용을 몇 년 전에, 혹은 몇 달 전에 알았더라면"이라는 아쉬움을 수없이 많이 받았다. 나는 비슷한 고민을 가진 몇몇 지인들에게 내가 배운 내용을 공유하며 강의를 추천하여 수강하게 만들었고, 그들은 아직 강의 초반이지만 흥미롭게 받아들이고 있다. 그래서 선생님의 책이 기대된다. 이 내용이 아직도 과거의 나처럼 길을 몰라 헤매고 있는 수많은 개인 투자자에게 진정 큰 도움이 될 것으로 믿는다.

— 32기 이수창

선생님의 기술적 분석 주식 투자수업은 우연히 알게 되었습니다. 첫 강의는 학교에서 스쳐 지나갔던 지식이 살아있는 지식으로 변하는 경험을 했고 그날 배운 내용을 하나씩 연결하기 시작했습니다. 이후 선생님의 체계적인 설명과 실전 경험을 바탕으로 캔들차트와 거래량 데이터를 분석하는 기법을 배우며 새로운 시각을 갖게 되었습니다. 강의를 마치고 실전에 돌입하여 경험을 쌓아가면서 각종 뉴스, SNS, 블로그 등의 매체가 주식시장의 폭등에 환호하고 폭락에 두려워할 때, 흔들리지 않고 제 목소리와 주관을 내기 시작했습니다. 시장을 정확히 보는 힘이 생긴데다 나 스스로 종목을 검색한 후 진입과 청산을 스스로 결정할 수 있었으니까요. 선생님의 수업은 저에게 크나큰 행운입니다. 새로운 가능성을 보여주신 선생님께 진심으로 감사드립니다.

— 30기 윤보람

나는 주린이다. 그 흔한 주식 책을 한 권도 읽어 보지 않았다. 관련 용어도 기법도 아는 것이 없다. 그런데 올 1월 1일부터 선생님께 배운 대로만 주식투자를 하고 있다. 핵심은 이렇다. 차트를 보고 기준선을 돌파한 예쁜 차트가 있으면 진입한다. 추세를 타고 있으면 가만히 놔둔다. 기준선을 깨면 나온다. 세상에 이렇게 단순한 기법이 있을 수 있는가. 그런데 그걸 지켰더니 수익이 부쩍부쩍 느는 신기한 경험을 하는 중이다. 시작하며 의심과 걱정이 없었다면 거짓말이다. 그러나 수업 시간의 전율을 믿고 배운 대로 행했다. 결과는 다음과 같다. 세 자릿수 이상 수익 돌파 40회 이상. 물론

상한가 경험은 그 이상이다. 100% 이상이 중요한 이유는 선생님께서 추세를 다 발라먹는 것이 중요하다고 하셨기 때문이다. 우리 청주문파는 추세추종파다.

이제 본격적으로 투자한 지 1년을 앞두고 있다. 아직 선생님께 배운 기법을 다 사용하지 못하고 있지만 앞으로 나머지 수를 사용할 생각에 흥분이 인다. 개미 뒷다리만큼의 수익으로 땅바닥을 기어 다니던 내가 어느덧 날개를 달고 열린 하늘을 쏘다니는 비행 개미가 되었다. 주식 투자의 눈이 트이고 나서는 살 종목이 넘치는 데 비해 시드가 부족하다는 사실이 그저 아쉬울 뿐이다.

— 28기 오재우

빨간색은 상승, 파란색은 하락. 이 정도만 알고 선생님 수업을 들었습니다. 처음에는 아는 것이 너무 없어서 수업을 못 따라가면 어쩌나? 복잡한 수식이 많아서 포기하지는 않을까? 하고 걱정을 많이 했습니다. 그런데 수업은 너무나도 확실하고 명료했습니다. 그저 추세의 시작에 들어가서 추세가 끝날 때 나오면 됩니다. 그리고 그 기준은 무척 단순하고 명쾌합니다. 저 같은 주린이도 아주 쉽게 이해할 수 있고, 적용도 너무 쉽습니다.

2개월 수업이 끝난 후에 보유한 한 종목을 미련 없이 손절했습니다. 원래 이 종목은 당시 2차전지로 주식시장을 풍미하던 분의 말만 듣고 샀는데 운 좋게 일찍 들어갈 수 있어서 수익 중이었습니다. 그런데 고점을 찍더니 계속 떨어지는 것이었습니다. 반등하기를 하염없이 기다리며 손 놓고 있었는데, 마침 수업이 끝날 때쯤 수업에서 배운 기준선이 깨졌습니다. 당시에도 그 종목을 추천했던 그분은 그 종목이 향후 10배 이상 오를 것이라며 호언장담했지만 저는 그냥 다 무시하고 차트만 보고 단호하게 매도했습니다. 배운 지 2개월 만에 팔고 나갈 자리가 훤히 보인 덕분입니다. 그 종목은 제가 판 이후에도 하염없이 떨어지더니 지금은 아예 거래 중지되었습니다. 곧 상폐된다는 이야기도 있습니다. 맞습니다. 그 종목의 이름은 그 유명한 '금양'입니다. 제가 판 매도가가 9만 원이니 사실 저는 수업료의 수십 배를 수익 낸 셈입니다. 만약 수업을 안 들었다면 어땠을까 싶습니다. 아마도 속수무책으로 당했을 것입니다.

선생님 기법의 가장 큰 장점은 누구나 쉽게 할 수 있다는 겁니다. 그리고 명확합니다. 내 자산을 스스로 지키기 위해서라도 이 책을 적극 추천합니다.

— 26기 민은영

이 강의를 듣고 주식투자를 다시 시작한 건 코스피 2,400이었던 연초였다. 만약 그때 코스피 지수에 씨드를 묻어 두었다면 지금은 아마 150% 이상의 총 수익을 얻었을 것이다. 15%도 아닌, 150% 라니, 이 말을 듣는 사람의 대부분은 이론상으로 가능하지 그게 말이 되냐고 반문할 것이다. 하지만 우리 성승현 선생님께 추세추종 주식법을 배운 사람들은 다르게 느낄 것이다. 아마 올해 수익률이 150%에 미치지 못하는 사람들은 배운 대로 따라 하지 못해 제대로 못 먹은 것을 부끄럽게 느낄 것이다. 그중 한 명이 나다. 선생님의 수업을 들으면 어디가 들어가는 자리인지, 나가는 자리인지 차트만 보면 알 수 있는데 그걸 못해서 150%를 먹을 수 있는 기회를 날렸다는 것이 분하고 원통하다.

선생님의 강의는 주식에 경험이 없는 80세 노인이 들어도 따라 할 수 있을 정도로 간단하고 강력하다. 기술적 분석의 명저들을 초라하게 만들 정도로 실전성이 탁월하며 주봉, 월봉 캔들만 보면 되니 직장인들도 본업에 영향을 받지 않고 투자를 할 수 있어 일거양득이다. 선생님의 강의를 듣기 전엔 일봉에 분봉까지 들여다 봤는데, 지금 돌아보면 그 초조함 속에서 제대로 먹지도 못하고 날려버린 기회와 시간만 아깝단 생각이 든다.

주봉과 월봉 캔들을 보기 시작하면서 인생의 타이머도 여유 있게 다시 맞춰진 것 같다. 일희일비하는 일도 줄고 대범하게 세상을 볼 수 있게 된 건 오로지 성 선생님의 수업을 들은 데서 얻은 추가 소득이다. 계좌의 풍요로움과 인생의 여유를 얻고 싶다면 주저하지 말고 선생님의 책을 읽고, 또한 강의를 들으시라. 성승현 선생님의 강의를 들은 것은 내 인생에서 가장 잘 한 선택이었다고 자부한다. 나중에 인생의 끝자락에서도 그렇게 생각하지 않을까 싶다.

— 28기 김유진

음봉 양봉의 의미도 모르고 친구따라 시작한 주식, 통장에 찍힌 시퍼런 수익률에 한숨 짓던 때에 만난 선생님의 강의는 제 인생 후반에 만난 가장 큰 행운이었습니다. 이평선의 의미도 정확히 모르던 제가 기초반과 심화반 수업 후 차트를 통해 종목의 흥망성쇠와 경제의 흐름을 볼 수 있게 되었고, 검색과 차트분석을 통해 직접 고른 종목들이 상한가를 가는 값진 경험도 했습니다. 항상 십 년만 먼저 선생님을 만났으면 얼마나 좋았을까 생각합니다. 하지만 지금이라도 만날 수 있었으니 제 남은 인생의 큰 복이라 생각합니다. 아직 어린 우리 아이가 선생님 수업을 듣기에는 무리가 있어 안타까웠는데 마침 책이 나온다길래 그 책으로 아이와 함께 다시 복습해 보렵니다. 망설임은 수익을 늦출 뿐, 코스피 5000 시대는 이 책으로 준비하세요.

— 26기 이형옥

유튜브 채널이나 각종 도서에 의지하면서 혼자 공부하던 시절, 그때마다 내가 느낀 것은 "그래서? 어떻게 하라고? 결론이 뭐야, 들어가라는 거야 나가라는 거야?"였다. 시중에 배울 자료와 정보는 넘쳤지만 나의 의문을 명쾌하게 해소해주는 것은 없었다. 그러던 중에 페이스북에서 성 선생님을 접하게 되었다. 일단 과거 선생님이 써놓은 글을 읽어가면서 믿음이 생겼고. 사람이 먼저 보였다. 이분이라면 뭔가 나에게 해답을 줄 것 같아 주말마다 그 먼 김해에서 서울까지 수업을 들으러 왔다.

나의 선택은 대성공이었다. 진정 명품 중의 명품 강의였다. 어렵지 않은 내용인데 알고 보면 매우 어려운 내용이었다. 단지 설명을 쉽게 해줬을 뿐이었다. 그리고 수업은 정말 단순하고 심플한데 배우고 나면 정말 심오했다. 단순한 지식의 전달이 아니라 뭔가 깨닫게 된다. 곧, 차트는 하나의 에너지이자, 심리였으며, 파동이었다. 캔들과 패턴, 그리고 이평선 안에 숨은 심리를 찾아내고 위치마다 다른 해석을 통해 차트를 꿰뚫는 눈이 생겼다. 그런데 그게 단 두 달만에 이루어진 일이라 나도 믿기지가 않는다.

과거의 나쁜 습관이 스물스물 올라올 때마다 "Simple하게 생각하라."라는 선생님 말씀을 떠올린다. 복잡하게 생각한다고 주식투자가 잘되는 건 아니다. 심플해도 원리를 꿰뚫고 있으면 그게 진짜라는 걸 배웠다.

— 29기 진미경

나는 투자자문사에서 일도 했고 미국 회계사 자격증도 있다. 재무제표 눈알 빠지게 분석해서 저평가된 주식 찾아 묻어뒀다 가격 오르면 파는 이른바 '가치투자'와 '기본적 분석'을 20년 동안 고집했고 한 4년 정도 해저 십만 리까지 주야장천 빠지는 가치주에 물려보니 이건 아니다 싶어졌다. 그러던 차에 선생님 강의를 부산에서 두 달간 수강! 캬~ 심봉사 눈 떠버렸네요! 차트에 모든게 녹아 있다는 사실을 알았다. 주식 책 적어도 한 100권은 읽은 것 같은데 의미 없는 삽질이었음을 기초반 첫 수업부터 깨달았다. 이젠 들어갈 자리 나갈 자리가 훤하게 보인다.

솔직히 선생님 수업은 나만 알고 싶기는 하다. 그러나 그냥 묻지도 따지지도 말고 기초반 심화반 두 달만 속는 셈 치고 수강해보길 권한다. 두 달 후엔 주식시장 모든 돈이 내 돈처럼 느껴질 테니 말이다. 이 책도 같은 이유로 추천한다.

— 부울경1기 박완수

고수는 쉽게 설명하고 하수는 어렵게 설명한다. 그리고 우리 사부님께서는 자타공인 제일 쉽게 주식을 알려주신다. 그것도 너무나 쉽게, 간결하게, 그것도 기준이 명확하게. 하여 누구나 배워서 쓸 수 있다. 책 1,000권 읽는 것보다 사부님 수업 한 번 듣는 편이 주식의 비기를 얻는 비법이다.. 수업료가 정말 1원 하나도 아깝지 않았다. 주식 단축의 시간, 시행착오를 줄이고 싶다면 이 수업을 꼭 들어보셔라 권하고 싶다. 세상엔 지식은 널려 있으나 좋은, 훌륭한, 옳은 스승 만나기는 어렵지만 우리 사부님이야말로 인성도, 실력도, 가르침의 스킬도 있으신 분이기 때문이다. 믿는 자에겐 들릴 것이며 안 믿는 자는 시간이 걸릴 것이리라. 값비싼 수업료는 각오해야 하지만 물려서 마음 상하고 손실 나고, 게다가 아까운 시간은 또 어찌할 것인가? 수업을 들어야 이를 예방할 수 있다.

나는 거제도에서 5시간 반을 운전하여 주말마다 서울에 왔다. 토요일 수업 끝나고 1박 한 후 일요일 수업 끝나면 다시 5시간 반을 운전하여 귀가했다. 그렇게 지나 온 두 달이 하나도 아깝지 않다. 당시는 좀 힘들었지만 지나고 보니 내 인생에서 가장 뿌듯하고 가치 있는 시간이 아니었나 싶다. 성 선생님의 수업은 정말 그 정도의 가치가 충분한 수업이었다 단언한다.

— 27기 이은희

처음 강의를 문의하고 두 번 놀랐다. 예상보다 높은 수강료에 한 번, 그럼에도도 불구하고 이미 마감되었다는 사실에 또 한 번. 아이러니하게도 '마감'이라는 단어에서 오히려 강의에 대한 믿음이 생겼다. 강의는 복잡하지 않았다. 기준선 돌파를 중심으로 매수와 매도 시점을 명확하게 제시해 주었고, 패턴을 읽을 수 있는 안목만 생긴다면 추세 파악은 어렵지 않았다.

강사님은 수익은 열 종목 중 두세 종목에서 난다고 말씀하셨다.

그럼 나머지는 손해 보려고 매매하는가? 답은 분명했다. 수익은 길게, 손실은 짧게. 가장 중요한 것은 손절할 수 있는 용기다. 이것이 이번 수업을 통해 얻은 가장 큰 결실이었다. 이제는 조급함을 내려놓고, 다시 다짐해 본다. 매수와 매도의 시점을 정확히 배웠으니 가능한 일이다.

— 32기 오미화

수업을 거듭하면서 어렴풋하게 인지하기 시작했다. 가장 중요한 문제가 무엇인지를 말이다. 그것은 '언제 매도해야 하는가'라는 질문이었다. 수익이 났을 때도, 손실이 났을 때도 매도의 시점을 가지는 것이야말로 투자에서 가장 중요한 점이라는 깨달음이 찾아온 순간, 이 수업은 나에게 완전히 다른 의미로 다가왔다.

기준 없이 매매하는 사람의 공통점은 매수한 주식이 손실이 났을 때보다 수익이 났을 때 더 스트레스를 받는다는 점이다. 마이너스는 초연하게 버티면서, 정작 계좌가 빨간색이 되는 그 순간부터 언제 매도해야 하는지를 몰라 좌불안석, 결국 자그마한 이익만을 보고 매도를 반복하는 것을 나를 포함, 주변에서 너무나도 많이 보아 왔다. 명확한 기준을 가지고 매수하고, 그 기준에 근거하여 매도한다. 이 단순하지만 강력한 원칙을 이해한 순간부터, 나는 주식을 더 이상 두려움의 대상으로 보지 않게 되었다. 이제는 주식을 '즐길 수 있게 되었다'라고 자신 있게 말할 수 있다.

게다가 이 수업은 세계 경제의 현황부터 시작하여 개별 주식까지 아우르는 넓은 시야와, 연간 시황의 거시적 관점부터 일봉, 분봉의 미시적 관점까지 깊숙이 파고드는 트레이닝을 해 주었다. 이는 단순한 기술(Technique) 습득이 아닌, 투자의 철학(Philosophy)과 원칙(Principles)을 체득하는 과정이었다. 기초에서 심화로 이어지는 16회의 수업은 나에게 평생 가지고 갈 자산을 선물했다. 이를 통해 나는 시장을 이해하고 위험을 관리하며, 자신의 판단에 책임을 지는 투자자로 성장할 수 있었다고 생각한다.

이제 나는 매일매일 투자 정보를 습득하고 시행하며 즐거움을 느끼고 있다. 망망대해에 혼자 남겨진 조각배 위에서 어떻게 살아남고, 어디로 가야 할지를 모르던 나에게 이 수업은 고기가 어디에 있는지를 알려주고, 그물로 어떻게 잡는지 방법을 전수해 주었으며, 어느 방향에 목적지가 있는지를 알려주는 나침반을 제공해 주었다고 할 수 있다. 손실의 경험에서 얻은 깨달음, 그리고 그 깨달음을 체계적으로 정리해 준 이 수업이야말로 내 투자 인생의 전환점이 되었다고 단언할 수 있다.

— 28기 유인근

성 선생님 수업은 추세추종매매의 정석같은 수업이었습니다. 너무 일찍 사서 시간을 허비하고 너무 일찍 팔아서 수익을 적게 보거나 늦게 팔아서 손실이 나는 것이 아니라 추세가 시작될 때 들어가서 마무리될 때 나오는 명확한 타이밍을 배울 수 있었습니다. 그 타이밍이 모호한 기준이 아니라서 기계적으로 사고팔 수 있었고 무엇보다도 불안하거나 초조한 매매가 아니어서 본업에 충실하면서 마음 편히 주식투자가 가능하였습니다.

수업을 배우기 전에는 감에 의존하거나 뉴스나 주변의 추천을 받아서 투자하였는데 돌이켜보면 피땀 흘려 일한 근로소득을 사이버 머니로 취급하며 수익도 보지 못하고 손실을 겨우 복구하는 안타까운 매매의 연속이었습니다. 하지만 수업을 듣고 나서는 잃지 않는 투자를 하며 수익실현을 할 때는 최대한 크게 가져갈 수 있는 자신감을 가지게 되었습니다.

기본반 수업을 듣고 나서 전반적인 차트를 읽을 수 있게 되었고 심화반 수업과 재수강에서 그동안 배운 것을 다지고 나서는 차트만 보고도 투자자들의 심리 흐름, 패턴, 추세 그리고 앞으로 어떻게 대응해야 할지도 계획 할 수 있는 경지에 이르게 되었습니다. 불과 두 달 정도의 짧은 기간에 선생님의 몇십 년간의 노하우를 배울 수 있습니다. 이 수업을 들을 수 있게 된 것이 참으로 큰 행운이라 생각하며 선생님께 감사한 마음을 전하고 싶습니다.

— 28기 윤나리

성승현 선생님의 추세매매법을 알기 전까지 나는 까막눈이나 다름없었다. 어디 단톡에서 이 종목이 뜬다더라, 이 섹터가 요즘 핫하다더라, 하면 매수했다. 오르길래 팔았더니 더 오른 것도 있었고, 내리길래 오르겠지 하고 버티다 보니 의도하지 않은 장기투자를 하기도 했다. 그 과정에서 느낀 건 막막함이었다. 결국 주식은 운인가? 도박과 뭐가 다른가? 이런 부정적인 생각 끝에 투자를 중단한 채로 지내고 있었다.

수업을 듣고 가장 크게 변한 점은 더 이상 종목 선정을 남에게 의지하지 않는다는 것이다. 이제는 내가 차트를 보고 스스로 판단하여 종목을 고른다. 그 순간부터 신세계가 열렸다. 차트가 막막했던 사람이, 이제는 좋은 차트를 쉽게 찾고, 좋은 종목이 너무 많아 돈이 부족하다고 느끼는 단계까지 왔다. 그뿐이 아니었다. 이 수업은 시종일관 추세를 얘기한다. 추세가 살아있는가, 깨졌는가. 이 한 가지 기준으로 내가 보유한 종목을 보니 대부분 이미 추세가 깨져 있었다, 싸다고 사거나, 하락 추세로 전환된 걸 모르고 '언젠가 오르겠지'라는 미련으로 들고 있었던 것이다. 추세를 판단할 수 있게 된 후, 나는 마음을 굳게 먹고 추세가 깨진 종목을 모두 손절했다. 그리고 추세가 살아있는 종목들로 계좌를 채웠다. 그때부터 오르고 내림에 크게 연연하지 않게 되었다. 그저 주에 한번 또는 달에 한번 추세가 살아있는지 확인하면서 그저 기다릴 수 있게 되었고, 마음도 훨씬 편안해졌다.

사실, 성 선생님의 돌파매매 원칙은 매우 엄격하다. 나는 다행히 엄청난 불장에 투자를 시작해서 운좋게 수익을 보기도 했는데, 그때는 솔직히 너무 엄격한 원칙이 불만이었다. 그러나 원칙을 지켜 매수한 종목은 조정기에도 플러스 수익을 유지했고, 그제야 돌파 매매법은 원칙을 지킬 때 잃지 않는 투자법, 즉 리스크를 극단적으로 줄인 투자법이라는 걸 이해하고 철저히 지키고 있다.

이 수업을 들으며 놀라웠던 점은, 차트 분석, 추세 구분, 매매까지 이어지는 모든 과정이 너무 배우기 쉽다는 것이다. 알고 나니 너무 당연해서 "왜 이렇게 쉬운 걸 아무도 말해주지 않았을까?" 하는 생각마저 들었다. 투자 전문가라는 사람들의 말은 들으면 들을수록 어려운데, 성 선생님의 수업은 들으면 들을수록 또렷하고 단순해진다. 깊이 아는 사람일수록 쉽게 가르칠 수 있다는 말이 있다. 그게 바로 고수라는 뜻이고, 성 선생님이 딱 그렇다. 완전 주식 초보였던 내가 고작 두 달의 수업으로 차트를 보고 스스로 종목을 찾고 원칙에 따라 매수, 매도하며 또 적지 않은 수익을 내고 있다. 나 스스로도 믿기지 않는다.

세상에는 많은 투자법이 있다. 내가 배운 것이 최고라고 단언할 수는 없다. 하지만 주식에 너무 많은 시간과 에너지를 들일 수 없는, 나와 같은 사람에게는 이 매매법이 최선이라고 감히 말할 수 있다. 앞으로 나올 책을 기대 반, 아쉬움 반으로 기다린다. 나만 알고 싶지만, 나 같은 주린이를 위해 널리 알려지길 바란다.

— 32기 김민아

남편한테 주식을 배워야겠다고 말했을 때 양봉도 모르는 사람이 어찌 주식을 배우겠냐는 말까지 들었습니다. 그 정도로 주식 까막눈이어서 한 달 전에 양봉도 구분 못 하던 저였지만, 쌍봉 쌍바닥만 구분할 줄 알면 끝난다는 말은 정말이었습니다. 한 달 만에 차트가 보이기 시작하면서 들어갈 자리와 나갈 자리를 알게 되었고, 상한가도 여러 번 가는 값진 경험을 했습니다.

만일 다시 젊은 시절로 돌아가면 주식을 배울 겁니다. 주식을 어렵지 않고 쉽게 할 수 있고, 수업 내용을 잘 들으면 주식 종목을 선정을 잘 할 수가 있습니다. 상한가도 무엇인지 모르던 제가 상한가도 여러 번 가고, 동료들에게 차트를 추천도 하게 되었습니다. 한 달 수업 내용만으로 그렇게 됩니다. 자 이제 여러분 차례입니다.

— 27기 김휘경

65세 나이에도 기초 심화 수업을 연이어 듣고 스스로 검색식을 짜고 차트를 고르는 안목이 생겼습니다. 사회 경제 이슈를 주식에 연결시킬 수 있게 되었고, 차트 속에 숨겨진 마술 같은 특징점을 일목요연하게 배웠습니다. 안정적 수익을 위한 투자 기법으로는 베스트 오브 베스트에 속한다고 봅니다. 선생님 수업의 갈피 갈피에 드러나는 예리한 안목과 적절한 표현이 주식이라는 우주를 우리에게 일목요연하게 보여 줍니다. 이 책도 그런 성품과 공부가 충분히 반영되어 있다고 봅니다. 감히 주식 공부를 위한 최고의 지침서라는 주석을 달아 봅니다. 이런 사부님의 책이라면 주식의 길잡이를 넘어 새로운 경지를 열어드릴 수 있을 거라 믿습니다.

— 27기 장용성

선생님의 수업은 단순히 주식거래 방법을 배우는 시간이 아니라 세상을 읽는 눈을 넓혀가는 값진 시간이었습니다. 주가에 영향을 끼치는 전 세계 경제의 흐름과 인과관계를 비전공자도 쉽고 재미있게 이해할 수 있도록 설명해 줍니다. 성 선생님의 강의를 통해 이제는 차트의 형태뿐 아니라 그 배경에 있는 경제적 흐름도 스스로 해석해 볼 수 있게 되었고, 투자 판단에 필요한 기초를 갖추었다는 자신감이 생겼습니다. 주식과 경제 전반을 균형 있게 배울 수 있었던 유익한 강의였습니다. 덧붙여 전 이번에 신입사원으로 사회초년생이 된 큰아이에게 성 선생님 강의를 자신 있게 선물했답니다.

— 30기 홍승희

추세가 살아 있다면 보유해도 된다는 간단하지만 위대한 원칙 덕분에 5개월간 300% 넘는 수익률을 냈습니다. 이 수익은 제 아버지 재활병원의 병원비가 되었어요. 주식 초보자에게도 가능하니 여러분도 할 수 있습니다.

— 29기 추상아

이 수업을 들으면 세 번 슬퍼집니다. 첫째, 그동안 뚜렷한 기준도 없이 바보같이 투자해온 제 지난날이 떠올라 슬퍼집니다. 둘째, 수업을 듣고 나면 '오를 것 같은 주식'이 너무 많이 보여서 슬퍼집니다. 가진 돈으로 좋은 종목들을 다 사서 더 살 돈이 없어 아쉬울 따름입니다. 셋째, 배운 방식으로 돈을 벌게 되니 문제가 생깁니다. 수익이 난 돈을 쓰고 싶어도 다시 주식을 사면 오르는 게 눈에 보여 쓰려다가도 주식을 또 살 수밖에 없어서 또 슬퍼집니다. 그래도 잔고를 보면 뿌듯해집니다.

저는 원래 가치투자를 신봉하던 미생이었습니다. 수익률도 나쁘지는 않았지만 항상 '언제 사야 하고 언제 팔아야 하나'에 대한 고민이 따라다녔습니다. 그런데 이 수업을 통해 최적의 매수·매도 시점을 배웠고, 불필요하게 자본이 묶여 있던 시간을 줄여 자본 회전율까지 높이게 되었습니다.

저는 중국 칭다오에 거주하면서도 이 수업을 듣기 위해 두 달 동안 한국에 따로 머물렀습니다. 수업 과정에서 얻은 깨달음과 수업 후 얻은 수익률을 생각하면 그 시간이 조금도 아깝지 않았다고 생각합니다. 이미 수강하신 분들의 입소문과 수익률이 모든 것을 증명합니다. 더 고민할 필요가 없다고 생각합니다. 부모가 듣고 자식에게 추천하고 아내가 듣고 남편에게 추천하는 수업입니다. 현재의 망설임으로 평생 써먹을 깨달음을 놓치지 않으시길 바랍니다. 당신의 투자 인생이 완전히 달라질 수 있습니다.

— 30기 최보람

목차

1부 경제의 핵심 및 거시지표에 대한 이해

2장 상승과 하락의 파동(패턴)

3장 돈이 보이는 '추세'

0부

왜 캔들차트 투자인가?

캔들차트의 기원,
거래의 신 '혼마 무네히사'

주식 차트에는 굉장히 다양한 형태가 있다. 바(bar) 차트나 선 차트처럼 영미권에서 주로 쓰는 차트도 있고, 시가·종가·고가·저가 등을 여러 방식으로 보여 주는 차트도 있다. 미국에서 쓰는 주식 차트는 주로 '바 차트'를 쓰는데 선이 얇아 마치 뼈다귀처럼 보이기도 한다. 그중 우리에게 익숙한 형태의 차트는 바로 '캔들차트'다. 차트에 보이는 하나하나의 유닛이 마치 양초처럼 보인다고 해서 붙은 이름이다. 재미있게도 대부분의 차트가 서양에서 유래한 반면 이 캔들차트는 동양에서, 그것도 250년 전 일본에서 만들어졌다.

250년 전 일본에는 이미 미곡 선물시장이 있었다. 봄에 씨를 뿌리고 가을에 추수하는 미곡, 즉 쌀을 담보로 하여 거래권을 사고파는 시장이었다. 그리고 이 시장에서 거래하던 사람 중 혼마 무네히사라는 젊은 친구가 있었다. 혼마는 처음에는 돈을 꽤 벌었지만 욕심을 부려 크게 한탕 하려다가 결국은 쫄딱 망하고 만다. 이후 실의에 빠져 어느 절간으로 들어가 3년을 머물렀다. 그러던 어느 날, 그를 지켜보던 주지 스님이 여느 때처럼 하릴없이 뒷방에 누워서 밥만 축내고 있던 혼마에게 묻는다.

"앞에 보이는 저 산에 흔들리는 깃발이 왜 흔들리는지 아는가?"

깃발이 왜 흔들리냐고? 이 뻔한 질문에 혼마가 대답한다.

"당연히 바람이 불어서 흔들리는 게 아닙니까?"

그러자 주지 스님은 이렇게 말한다.

"바람이 불어서 깃발이 흔들리는 것이 아니라, 네 마음이 흔들려서 깃발이 흔들리는 것이다."

이 유명한 선문답에서 혼마는 큰 깨달음을 얻었다. 시장의 가격은 늘 바람이 불듯 흔들리기 마련이다. 그런데 혼마 역시 그 흔들리는 가격에 마음이 같이 흔들렸던 것이다. 그러니 실패할 수밖에.

'가격이 흔들려서 내가 망한 것이 아니라, 내 마음이 흔들려서 돈을 잃은 것이구나.'

그 이후 혼마는 절을 나와서 매일 커다란 종이를 펼쳐 놓고 그 위에 당일 시가와 종가, 저가와 고가를 기록했다. 그렇게 기록해 놓고 보니 마치 하나의 막대가 양초처럼 보였고, 그 기록이 열흘, 한 달씩 쌓이자 하나일 때는 보이지 않던 특정한 규칙과 패턴이 눈에 들어오기 시작했다. 어떤 패턴이 나오니 하락하고, 또 어떤 패턴이 나오면 상승한다는 사실을 발견하게 된 것이다.

혼마는 이 규칙을 토대로 미곡 선물시장을 석권하여 일본에서 가장 큰 갑부가 된다. 그리고 그때 만들어진 차트가 지금 우리가 사용하고 있는 '캔들차트'다. 혼마는 이후의 거래에서 이 캔들차트를 활용하여 거의 백전백승함으로써 마침내 '거래의 신', '앉아서 천하를 움직이는 사람'으로까지 불리게 된 것이다.

이후 일본이 개화되고 공식적인 주식시장이 만들어지면서 캔들차트가 공식적으로 쓰이기 시작했고, 1960년도에는 미국의 한 전문가가 이를 보급시켜 전 세계로 퍼져나가게 되었다. 특히 동아시아에서는 지금도 대부분 이 캔들차트를 사용하고 있다. 사실 주가의 패턴이나 추세를 읽는 데에는 캔들차트만큼 유용한 차트가 없다고 본다.

캔들차트란 네 개의 가격 데이터를 시각화한 이미지라 할 수 있다. 이때 캔들차트에 담긴 시가(始價)란 장이 시작될 때의 가격, 종가(終價)는 장이 마감될 때의 가격을 말하며 저가(低價)는 당일 가장 낮았던 가격, 고가(高價)는 당일 가장 높았던 가격을 말한다. 이 숫자를 만약 엑셀로 기록한다고 생각해 보자. 이러면 엑셀 테이블에는 아래 표처럼 매일의 시가, 종가, 고가, 저가가 숫자로 기록되어 쌓일 것이다.

하지만 이 엑셀 테이블에 있는 숫자들을 보고 '지금 주가가 상승

날짜	시가	종가	고가	저가
11/1	10,000	11,000	11,500	9,500
11/2	9,500	10,000	12,000	9,000
11/3	…	…	…	…

표 1 　　　엑셀 테이블 예시

세에 있네', 또는 '향후 이 자리부터는 하락하겠네'라는 식으로 예상하고 판단할 수 있는 사람이 과연 몇이나 있을까? 이는 사실상 불가능하다고 본다. 평균적인 인간의 눈으로는 단순히 숫자로 나열된 데이터 속에서 어떠한 특정 패턴이나 추세를 확인할 수 없기 때문이다.

하지만 이를 캔들로 그려 보면 어떨까? 지금까지 단순히 숫자의 나열에 불과하던 것들이 캔들의 형태로 우리 눈으로 직관할 수 있게 된다. 우리는 그때부터 어떤 패턴과 규칙이 보이고 추세까지 읽어 낼 수가 있는 것이다.

데이터 인식은 단순한 숫자의 배열보다는 시각화된 특정 형태나 규칙적인 모습을 띨 때 훨씬 쉽게 이루어진다. 그런 의미에서 캔들차트는 주가를 시각적으로 인식하고, 그 속에서 향후 주가가 어떻게 움직여 나갈지를 분석하는 데 최적화된 수단이다. 그러기에 과거 혼마는 이 이점을 활용하여 일본 최대의 갑부가 될 수 있었고, 우리 역시 이 책에서 캔들차트 분석에 대한 모든 것을 익힘으로써 향후 부자가 되는 길을 그 속에서 찾아낼 수 있을 것이다.

기본적 분석 vs. 기술적 분석,
그 해묵은 논쟁

주식 투자를 분석하는 방법에는 크게 2가지가 있다. 하나는 기본적 분석이고, 또 하나는 기술적 분석이다. 기본적 분석이라 함은 기업의 내재 가치를 측정하여 가격과의 괴리를 통해 주가를 예측하는 방법을 말한다. 반면 기술적 분석은 가격, 거래량 등이 차트에 투사되는 패턴 또는 추세 등을 분석하여 향후 주가나 금융시장을 분석하고 예측하는 방법이라 할 수 있다.

지금까지 이 2가지 방법은 주식 투자의 대표적 양대 분석기법이긴 하나 각각 장단점이 극명하게 대비됨으로써 마치 물과 기름처럼 결코 섞일 수도 없고, 서로 공존할 수도 없는 것처럼 인식되어 왔다. 비유하자면 마치 의학계에서 양의와 한의와의 사이라고 할

까? 병을 고치고 방비한다는 점에서 그 목적은 같다고 하나 접근 방법 면에서 완전히 대비되는 데다 실제 두 집단 사이에 사이 또한 좋지 못한 것처럼 말이다.

특히 주식 투자는 반드시 기업의 가치를 사고파는 행위이어야만 한다는 숭고한 신념에 사로잡힌 일부 교조주의 기본적 분석 투자가들은 기술적 분석을 매우 천박하다고 보고 인정하지 않으려 하는 경향이 강하다. 게다가 차트는 어차피 과거의 결과일 뿐이며 결코 미래를 예측할 수 없다고 단정한다. 그래서 자신들은 무림으로 비유하자면 소림이나 무당처럼 정파를 대표하는 반면 기술적 투자자들 또는 차트 분석 투자자들은 사파의 무공에 사로잡혀 무슨 독공(毒功)이나 마공(魔功)을 연마하는 집단으로 매도하곤 한다.

하지만 그게 사실일까? 결론부터 말하자면 기본적 분석과 기술적 분석 어느 것 하나 소중하지 않은 것이 없으며, 이 둘은 병행하여 사용할 수도 있고 또 각각 독립적으로 활용해도 충분히 가치가 있다. 따라서 우리에게 필요한 자세는 무엇이 옳고 그른지를 판단하기보다는 무엇이 내게 잘 맞고 적합한지를 파악하는 것이다.

결국 병을 고치는 자가 명의이며, 꿩 잡는 게 매라는 얘기다. 워렌 버핏이 기본적 분석으로 세계 최고의 가치투자자가 되었듯이, 르네상스 테크놀러지의 수장 제임스 사이먼은 기술적 투자만으로 한 해 연봉이 조가 넘는다. 따라서 '마징가Z'랑 '로봇 태권V'랑 싸우면 누가 이기냐는 그런 유치하면서도 해묵은 논쟁을 하기보다는 각각의 방법이 갖는 장단점을 파악하고 자신에게 맞는 투자 방법을 찾아가는 편이 훨씬 지혜로운 접근법이라 하겠다.

현재 나의 투자법을 정의하자면 '차트 분석을 통한 장기 투자법'이라 할 수 있다. 이름 그대로 기술적 투자자가 된 것이다. 그러나 이 말이 결코 기본적 분석 투자법이 잘못된 투자법이라 주장하는 것은 아니다. 이것은 지극히 개인적인 호불호일 뿐이며 단지 나에게 맞는 투자법이 기본적 분석 투자법보다는 차트 분석을 통해 장기적으로 투자하는 것이었다는 것이다.

덧붙여 말하자면 나뿐만 아니라 대부분의 개미투자자들에게 있어서 기본적 분석 투자법보다는 본인과 같이 차트를 통한 장기 투자법이 보다 적합하다고 여긴다. 이는 지난 10여 년의 경험을 통해 본인이 내린 결론이기도 하며, 앞으로 소개할 이 책의 핵심 내용이라고도 하겠다.

기본적 분석의 함정

기본적 분석 투자법의 원리는 간단하다. 여러 가지 방법을 통해 기업의 내재 가치를 측정하고 측정된 내재 가치가 현재가보다 높다면 매수하여 주가가 내재 가치에 수렴할 때까지 장기보유하면 되는 것이다.

하지만 이 기본적 분석 투자법에는 몇 가지 함정이 있다. 특히 이는 우리 개미투자자들하고는 상극이다. 그럼에도 많은 투자자가 기본적 분석 투자법을 마치 전가의 보도처럼 숭상하며 이를 따르고 있다. 어찌 보면 세뇌당한 셈이다. 투자의 방법은 다양할 뿐만 아니라 실제 우리 같은 개미투자자들에게는 맞는 투자법이 따로 있음에도 마치 맞지도 않는 옷을 강요당하는 집안의 막내처럼 기본적 분석만을 유일한 대안으로 섬기게 된 것이다.

이런 결과는 기존의 시장 구조와도 결코 무관하지 않다. 전문 금융기관의 애널리스트나 투자 매니저들은 대부분 기본적 분석에 의거하여 투자를 한다. 그들은 경제 분석, 산업 분석, 기업 분석을 통해 투자 대상을 선정한다. 그리고 자신의 결정이 맞았는지를 판단하기 위해 수많은 경제 지표들 말하자면 통화량, 물가, 금리, 환율, 국제수지 등을 면밀히 검토한다.

이처럼 금융권 종사자들 대부분이 기본적 분석에 치중하다 보니 시장 전체가 기본적 분석을 보다 우위에 드는 경향이 생겼다. 반면 시장에 소개된 기술적 투자자라 해봤자 대부분 개인들에 국한되어 있고, 게다가 이들 대부분이 단타 위주의 단편적 기법만을 소개하는 정도에 그치고 있어 수준의 차이가 분명해졌다. 물론 기술적 투자의 영역에도 복잡한 수학 공식과 통계학적 접근을 통한 투자와 퀀트투자와 같은 기법도 존재한다. 그러나 이러한 투자 방법들은 우리 같은 일반 투자자들에겐 미지의 영역일 뿐이다. 접근조차 허용치 않는 영역인 것이다.

덕분에 기본적 분석은 더욱 맹위를 떨친다. 그래서 지금도 많은 투자자가 잘 알지도 못하는 회계 원리와 생소한 분석 용어들과 열심히 씨름하고 있는 중이다. 그것이 과연 수익으로 연계될 것인지는 다음 문제다.

그러나 기본적 분석법의 한계는 명확하다. 그리고 이것은 일반 투자자들이 기본적 분석으로 투자하면 할수록 투자를 더 어렵게 만드는 기제로 작용한다. 투자는 쉽고 간단해야 하며 그리고 반드시 수익으로 이어져야만 한다. 그런데 자신에게 너무 버거운 방법으로 투자하다 보면 이 간단한 명제조차 지켜지지 않는 경우가 많다. 이를 더 자세히 설명해 보겠다.

1. 시차의 존재

기업의 내재 가치를 구하기 위한 재무제표는 분기마다 한 번씩, 즉 1년에 4번밖에 발표되지 않는다. 투자자가 알고 싶은 것은 현재의 내재 가치다. 이미 지나간 데이터나 자료에 의해 측정된 내재 가치가 아니란 말이다. 이렇듯 가공된 정보가 최종 소비자에게 제공되기까지 시차가 존재한다. 흘러간 물로 밥을 지으려 하니 어찌 제대로 밥을 지을 수 있겠는가? 특히 지금처럼 모든 것이 빠르게 전개되는 사회에서 말이다. 투자의 세계에서는 더할 것이다.

메이저 금융사의 전문 애널리스트나 투자 매니저에겐 고급 정보들이 거의 실시간으로 제공된다. 반면 일반 투자자들에게 있어 제공되는 정보는 매우 제한적이며 그것마저도 유통기한이 지났거나 정보로서의 가치가 상실된 지 오랜 경우가 많다.

실컷 제공된 데이터를 통해 기업가치를 측정해서 투자하려고 보면 주가는 이미 훨훨 날아가 고공행진 중인 경우가 대부분이다. 또한 반대로 내가 가지고 있는 종목에 악재가 발생했을 때 일반인들은 이를 인지하는데 상당한 시차가 발생한다. 그리고 이를 알아채고 주식을 매도하려 해도 이미 차 떠난 지 오래라 팔 수도 없는 상황에 직면하게 되는 것이다.

2. 주가와 내재 가치의 수렴기간 불특정

내재 가치가 주가보다 높은 종목을 찾아 매수한 후 무조건 기다리면 된다. 이게 기본적 분석 투자법의 메인 아이디어다. 실제로 기본적 분석 투자법의 많은 거장들이 이 방법으로 큰돈을 벌었다. 잘 알다시피 워렌 버핏은 이 분야의 산증인이기도 하다.

하지만 꼭 그렇지 않은 경우도 많다. 내재 가치가 높다고 해서 반드시 주가가 내재 가치에 수렴되는 것은 아니다. 게다가 수렴되는 기간이 생각보다 길어질 수도 있다. 극단적인 예로 매우 저평가된 주식이라서 매수했더니 내가 죽기 직전에야 내재 가치로 수렴될 수도 있는 것이다. 사실 임종 전에야 움직이는 주식을 사서 뭐하겠는가?

큰돈을 움직이는 전문 투자 매니저들이야 투자 스케줄에 따라 'buy and holding' 전략이 가능할지 몰라도 일반인들에게는 어려운

일이다. 기약 없이 떠난 이몽룡을 기다리는 춘향이 처지가 될 공산
이 크다. 소설에서는 그 기다림이 성공했지만 실전엔 변수가 많아
실패할 가능성이 훨씬 높다.

게다가 기업의 내재 가치는 나쁘지 않은데 시장 자체가 하락장
일 때가 있다. 그러면 고통이 배가되고, 의심은 증폭된다. 그럴 때
마다 시장 상승론자들은 기업가치를 믿고 버티라지만 도대체 언제
까지 버티면 될지 기약이 없다. 이러면 떨어지는 주가는 현실이고,
장밋빛 미래는 잠시 고통을 잊는 진통제에 불과할 뿐이다.

3. 주관의 개입

내재 가치란 기업의 미래 수익을 예상하여 그것을 현재가치로
할인한 결과물인데 이 과정에서 검증하기 어려운 수많은 가정이
필요하다. 특히 분석하려는 기업이 IT나 바이오같이 수익성보다는
성장성을 자양분으로 삼는 기업일 때 더욱 그러하다.

분석이란 객관성을 담보로 할 때 가치가 있는 법이다. 그러나 분
석하는 자의 주관적 개입이 완전히 배제되기는 어렵다. 그리고 그
것의 비중이 높으면 높을수록 분석이 산으로 가게 되는 것이다.

분석 방법과 기준이 업종마다 다르고 기업마다 다르니 숫자로
나온 자료들이 매우 객관적이고 정확한 것처럼 보여도 실상 그 안

을 들여다보면 분석하는 이의 주관에 따라 이어령 비어령이 되기도 함을 잊어서는 안 된다.

특히 기업 분석 시 가장 경계해야 할 것이 '내적 편향'인데, 이러면 똑같은 데이터를 가지고도 해석이 달라지게 된다. 내가 산 종목은 뭘 해도 이뻐 보이고, 언제나 상승할 것 같다면 이는 벌써 나의 주관이 개입된 것이라 분석 자체가 의미가 없어지는 것이다.

4. 과도한 학습 비용

기본적 분석을 하기 위해선 공부할 것이 태산이다. 팔자에 없는 회계 원리도 배워야 하고 경제 전반을 이해할 수 있는 식견도 갖춰야 한다. 그것뿐이겠는가? 내가 투자하는 기업의 업종별 특성이나 산업적 특징 등에 대해서도 훤해야 한다. 물론 기업 자체에 대한 공부도 게을리해서는 안 된다.

주당순이익(EPS), 주가수익비율(PER), 주가순자산비율(PBR), 자기자본이익률(ROE), EV/EBITDA 등 어렵고 생소한 용어들이 난무하는 가운데 배워야 할 것들이 산처럼 쌓인다. 이렇게 공부한다고 해서 그게 수익으로 바로 이어지는 것도 아니다. 그러니 투자자에겐 이것부터가 극복하기 어려운 허들인 것이다.

투자를 업으로 삼는 전문가가 아닌 이상 따로 시간을 내서 투자 공부를 하는 것은 그 자체로 스트레스다. 그리고 그것이 어느 정도도 아니고 거의 전문가 수준이 되어야 한다면 처음부터 불가능한 목표가 될 수밖에 없다. 만약 당신이 의사가 아니더라도 환자의 안색과 망진을 통해 내과적 의견서 정도는 개진할 정도가 되어야 하고, 간단한 약 정도는 처방할 정도로 지식을 쌓아야 한다고 한다면 선뜻 동의할 수 있겠는가? 내가 왜? 그럴 거면 차라리 처음부터 의대를 갔지 말이다.

이래서야 소수의 엘리트들을 위한 투자법이 되기 십상이다. 그렇기에 기존의 기본적 투자 방법은 투자의 주체 대부분이 투자 초기부터 소외될 수밖에 없는 구조이다. 그렇다면 우리는 과연 그것을 앞으로도 계속해 나가야 할지부터 곰곰이 따져 봐야 하는 것이 우선일 것이다.

기본적 분석의 한계에 대해 장황하게 떠벌렸다 해서 기본적 분석 투자법 자체가 잘못되었다고 말하는 것은 아니다. 기본적 분석은 매우 유용하고 효율적인 투자법이며 앞으로도 계속 그러할 것이다. 그러나 우리가 수단으로 삼는 투자법들에 대해 정확히 알고는 가야 하기에 이를 짚고 넘어가는 것뿐이다. 또한 기본적 분석은 대부분의 메이저 기관의 투자자들이 선호하는 투자법이다. 그러나 과연 그들이 선호한다고 해서 굳이 우리 일반 투자자들이 그들의 방법을 따라갈 필요가 있는가는 의문이다. 게다가 기존의 방법보

다 배우기 훨씬 쉽고 간편한 데다 활용 가능성이 영구적인 기법이
존재한다면 말이다.

결국엔 타이밍이다

세상사 모든 일의 성공 여부는 그 핵심을 찾는 데 있다. 보통 주식 투자라 하면 기업에 투자한다는 생각을 갖는다. 하지만 정확히 따지자면 결코 그렇지 않다. 기업에 투자한다는 것은 기업의 향후 성장성에 주목하여 이후 수익을 목표로 기업에 자금을 제공하는 행위를 말한다. 하지만 우리가 주식을 사는 행위는 결코 기업의 성장이나 그 이후에 나오는 수익배분에 있지 않다.

이것은 단순한 매매행위이다. 굳이 거칠게 표현하자면 '싸게 사서 비싸게 파는 것'을 목표로 하는 매우 자본주의적이고 속물적인 행태인 것이다. 따라서 진정으로 우리가 주목해야 하는 것은 기업의 가치가 아니라 주가의 향방이며, 정확히 말하자면 싸게 사서 비싸게 팔 수 있는 주식 가격의 진입과 청산 타이밍이다. 결국 매매의 목적이 이처럼 단순한 시세차익이라면 얘기가 달라진다.

아무리 기업의 내재 가치가 좋은 종목을 골랐더라도 때를 잘못 만나면 상당한 고통을 감내해야 할 수도 있다. 최악의 경우 충분히 기다리지 못하게 되는 상황에 처할 수도 있다. 이러면 수익은커녕 손실도 각오해야만 한다.

따라서 당신의 매매행태의 본질이 '시세차익'에 보다 초점을 맞추고 있다면 중요한 것은 '종목 선정'이 아니라 '타이밍'이다. 때를 잘 타면 부실기업 주식을 매수해도 돈을 벌지만, 때가 아니면 천하의 우량주를 샀다 하더라도 손실을 면할 수 없기 때문이다.

그러니 우리 같은 개미 투자자들은 지금부터 주식 투자의 패러다임을 바꿀 필요가 있다. 주식시장에서 돈을 벌기 위해서는 종목 선정보다는 타이밍이 우선이며, 주식시장에서 좋은 주식이란 시가 총액이 크고 잘 나가는 기업이 아니라 수급이 들어와 조만간 큰 시세를 앞둔 종목이라는 것을. 결국에는 타이밍이다.

다음 그래프를 보자. 어떤 기본적 분석가가 특정 기업의 내재 가치를 C로 보고 A 시점에서 매수했다고 하자. 그런데 이후 주가는 예상과 달리 하락하고 말았고, 급락 이후 바닥을 다지고 나서야 상승한 모습이다. 그리고 이를 본 기술적 분석가가 바닥 탈출의 시그널을 보고 B에서 매수했고, 이후 주가는 꾸준히 오르기 시작했다.

기본적 분석가는 주가가 과거 그가 측정했던 내재 가치(C)에 근

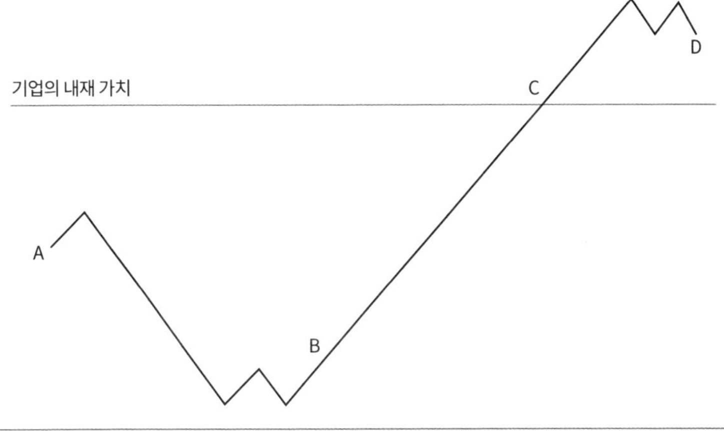

그래프   기업의 내재 가치 예 1

접하자 매도했지만, 주가란 평소 오버슈팅되기도 하는 법이다. 따라서 기술적 분석가는 주가가 상당히 오른 다음 고점에서 하락 신호가 발생한 것을 보고 D에서 매도함으로써 기본적 분석가보다 훨씬 높은 수익을 올릴 수 있었다.

이는 매우 예외적인 가정이긴 하지만 사실 이런 경우는 수도 없이 일어난다. 이처럼 타이밍이란 기업의 내재 가치를 떠나 투자에 있어 가장 중요한 이슈이며, 만약 우리가 매수와 매도 타이밍을 정확히 알 수만 있다면 괜히 하락 기간에 마음 졸일 일도 없고, 이처럼 굳이 기업의 내재 가치에 연연하지 않고도 그 이상의 수익을 경험할 수도 있다.

두 번째 예시 그래프는 더욱 극단적인 상황을 가정해 보았다. 누군가 기업의 내재 가치를 C로 보고 A에서 매수했다고 치자. 이후

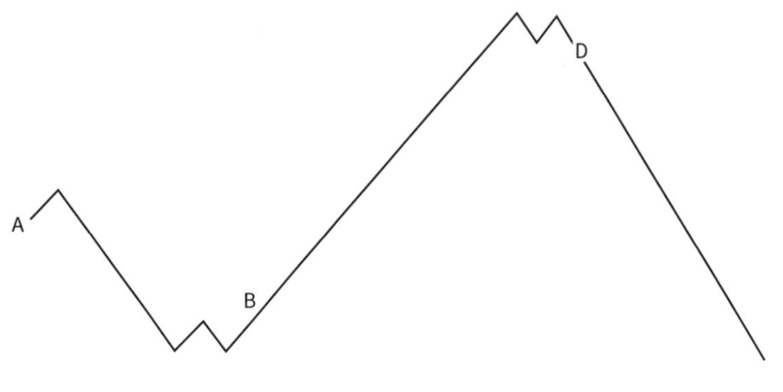

그래프   기업의 내재 가치 예 2

상당한 하락이 있었지만 해당 기업의 내재 가치를 믿고 끝까지 홀딩하자 주가가 결국 바닥을 치고 상승 전환했다.

이때 매수 타이밍을 노리고 있던 기술적 투자자는 B에서 매수하였고, 이후 주가가 쭈욱 상승하던 중 고점에서 매도신호가 보이자 D 지점에서 성공적으로 탈출한 반면, 아직 내재 가치(C)에 도달하지 못했다 판단한 기본적 분석가는 결국 다시 하락하는 주식을 부여잡고 있다가 원금마저 다시 주저앉은 모습이다.

결국 주식 투자의 본질이 '시세차익'을 노린 매매이고 이때 중요한 것이 기업의 내재 가치를 알아내는 것이 아니라, 주가의 최적 타이밍을 찾아내는 것임을 깨달았다면 차트 투자의 중요성 또한 저절로 깨닫게 될 것이다.

캔들차트 투자의 장점

차트 투자의 첫 번째 장점은 큰 공부를 하지 않고도 쉽게 배울 수 있다는 것이다. 앞에서 말한 '기본적 분석' 투자법을 제대로 하려면 일단 많은 공부가 필요하다. 사실상 증권사에서 일하는 수준의 공부량이 필요하며, 이렇게 3~5년씩 공부해서 투자를 시작해도 막상 제대로 된 분석 자료를 만들어 내기가 쉽지 않다. 게다가 기본적 분석을 철저히 한다고 해도 주가가 그에 따라 움직일지는 또 다른 문제다.

그에 비해 차트 투자는 오로지 차트만 보면 된다. 경제에 대해, 산업 동향에 대해, 개별 기업의 재무 구조에 대해서 일일이 공부할 필요가 없다. 초보자들도 두세 달 정도 공부해서 차트 분석을 이해하기만 하면 즉시 가열차게 투자를 시작한다. 사업 내용을 몰라도 차트 분석만으로 얼마든지 매수와 매도의 타이밍을 알 수 있기 때문이다. 즉 차트 투자의 가장 큰 장점 중 하나는 많은 공부가 필요하지 않기에 시간을 크게 절약할 수 있다는 것이다.

두 번째 장점은 모든 투자 분야에 범용적으로 활용할 수 있다는 것이다. 만약 내가 어떤 분야의 주식을 사고자 한다면 보통 그 분야를 집중적으로 공부할 필요가 생긴다. 광산주에 투자하려면 원자재 시장부터 지정학적 리스크까지 알아야 하고, AI 관련주에 투자한다면 AI의 개발부터 산업까지 그 범위 역시 엄청나다. 문제는 한 분야를 열심히 공부하여 유망주를 찾아낸다고 해도 이를 다른 분야에 그대로 적용할 수 없다는 점이다. 다른 분야에 투자하려면 또 처음부터 그 분야를 파고들어야만 한다. 처음부터 다시 시작해야 한다는 것이다.

하지만 차트 분석은 차트를 읽을 줄만 알게 되면 모든 '개별주'에 적용이 가능하다. 한국 주식은 물론 미국 주식 또는 모든 나라의 주식들을 망라한 투자가 가능하다. 게다가 개별주뿐 아니라 다른 업종에 대한 분석도 가능하고 Index, 선물, 외환, 코인 등 모든 투자 상품에 범용적으로 활용이 가능하다. 그러니 한번 익혀 두면 굳이 또 다른 공부를 할 필요도 없을뿐더러 평생 써먹을 수 있는 든든한 자산이 바로 차트 분석을 통한 돌파매매법이라 할 수 있다.

셋째는 배우고 나서 활용하기가 매우 용이하다는 점이다. 열심히 배워도 실전에 써먹을 수 없다면 결국은 무용지물이다. 하지만 차트 분석은 처음에 '양봉이 뭐예요?', '이평선(이동평균선)은 다 뭐예요?'하던 초보자들도 조금만 배우고 나면 혼자서 쉽게 차트를 분석하고 종목을 검색하며 즉시 실전에 적용할 수 있다. 물론 제대로 배워야 한다는 조건이 붙기에 엉뚱하게 배우면 도움이 안 되겠지만, 일단 차트 투자의 원칙과 기준을 알아 두기만 하면 누구나 차트 투자를 곧바로 시작할 수 있다.

그래서 차트 투자는 초보자는 물론이고 이미 경험이 많은 투자자에게도 새롭고 강력한 투자수단이 된다. 배우기도 쉬운데 활용 또한 쉽기 때문이다. 한 번 배우고 나면 들어가야 할 자리와 나가야 할 자리가 한눈에 보인다. 기준이 명확한 데다 직관적으로 파악할 수 있기 때문이다. 어쩌면 이게 바로 차트 투자의 가장 큰 매력이라 하겠다.

당신의 투자가
도박에 가까운 이유

투기는 지적 노력을, 도박은 눈먼 기회를 전제로 한다.

투기는 계산에 따른 모험이며, 도박은 계산 없는 모험이다.

투기는 법칙이 있기에 정당함을 인정받고,

도박은 법칙이 없기에 비난을 받는다.

— 딕슨 와츠(Dixon Wats)

    가치투자의 아버지 벤저민 그레이엄(Benjamin Graham)은 투자를 "철저한 분석에 따라 투자원금과 만족스러운 수익을 안정적으로 약속하는 것"이라 정의했다. 그러나 100% 확실한 미래는 없다. 세상 그 어떤 것도 보장된 것은 없으며 만족스러운 수익은커녕 투자

원금 역시 마찬가지다. 모든 투자는 확률적 근거에 의지해 움직이며 가치투자에서 말하는 철저한 분석 또한 이 확률을 높이는 수단적 방법에 불과할 뿐이다.

모든 투자 행위는 반드시 검증된 전략적 사고에 따라 이루어져야 한다. 전략이란 투자자의 소신과 철학을 반영해야 하며 확률적 검토 안에서 고도로 훈련된 마인드와 반복된 매매 패턴으로 완성된다. 이러한 과정 없이 행해지는 모든 투자 행위는 도박에 불과하며 결과적으로 투자자를 파산으로 몰고 갈 뿐이다. 이는 언제나 예외 없이 적용되며 투자자마다 달라지는 것이 있다면 결과에 얼마만큼 빨리 도달하느냐 늦게 도달하느냐의 차이일 것이다.

투자에 있어 운의 영역을 빼놓고 말할 수는 없다. 그러나 모든 것을 운에 맡기는 것은 투자도 투기도 아니다. 그것은 도박일 뿐이다. 투자는 결코 도박이 돼서는 안 된다. 제대로 된 원칙도 없고 나만의 투자 기법도 갖추지 못한 채 무작정 수익만을 쫓아 주식판에 뛰어드는 것은 도박이다. 그러니 유튜브에서 얻은 몇 가지 경제 상식과 각종 투자 사이트에서 던져 주는 상승 예상 종목 리스트에 의지해 이 정도면 해 볼 만하다고 생각하는 순간부터 당신의 계좌는 무너질 운명이었던 것이다.

우리의 투자란 반드시 본인이 검증한 투자전략을 토대로 나만의 소신과 철학을 확실히 정립한 이후에 이루어져야 한다. 사실 이건 상당한 시간과 노력이 투입되었을 때 비로소 얻을 수 있는 것들이

기도 하다. 물론 평생 못 깨닫는 이가 대부분이긴 하지만 말이다. 또한 모든 투자는 확률적 검토 안에서 이루어져야 한다. 100%란 것은 있을 수 없으며 현시점에서 단 1%라도 유리한 쪽으로 판단하는 것이 전략적 사고라 할 수 있다.

이런 모든 과정을 다 생략한 채 무작정 주식판에 뛰어든다면 그 결과가 어떻겠는가? 오지만을 찾아 극한의 생존을 추구하는 탐험가 '베어 그릴스(Bear Grylls)'가 단지 운이 좋아서 지금까지 살아있는 것이 아니다. 과거에 그가 어떠한 상황에서도 살아남을 수 있는 극한의 생존 훈련을 여러 차례 받아 왔기 때문이다. 만약 일반인이 아무런 장비도 없이 남극의 설원이나 열사의 사막 한가운데에 떨어진다면 단 하루도 못 버티고 삶을 반납해야 했을 것이다.

주식 투자 역시 마찬가지다. 이곳은 일반 투자자들이 살아남을 만큼 호락호락한 곳이 아니다. 이곳은 정글이자 사파리이며, 열사의 사막인 동시에 동토의 시베리아다. 별도로 훈련받은 적도 없고, 생존을 위한 기술 역시 습득한 적이 없는 이들은 순식간에 탈탈 털려서 내쫓기는 곳이 바로 이곳이다.

그러니 운에 기대어 투자하지 마라. 그것은 투자도 아니고, 투기도 아니며 단지 도박에 불과하다. 오늘 주식을 샀다가 내일 조금이라도 떨어지면 내가 믿는 신을 찾게 되는 투자는 결코 제대로 된 투자라 할 수 없다. 우리는 흔히 그걸 전문용어로 '기복투자(祈福投資)'라 부른다.

"하나님, 제발 다시 원금만 찾게 해 주세요."

"부처님, 부디 가피를 내리사 저를 가여이 여기시어 자비를 베푸십시오."

"조상 어르신, 천지신명님, 아무튼 세상의 모든 신(神)님…. 원금만 찾게 해 주신다면 앞으로 내 다시는 주식 투자하지 않겠습니다. 제발, 부디!"

이런 기도를 했던 경험이 있는 투자자라면 일단 지금 자신이 가지고 있는 투자 기법과 원칙들을 다시 한번 검토해 보기 바란다. 그런 게 아예 없다면 문제이고, 얄팍한 수준이라면 더욱 문제다. 그러니 우리는 이제부터라도 운에 좌우되는 투자로부터 과감히 탈출해야 한다.

실력이 있는 자는 오직 자신만을 믿는다. 실력이 없는 자는 자꾸 남에게 기댄다. 처음엔 주식 전문가라는 자들에게 기대고, 나중엔 추천종목 사이트에 기대고, 결국엔 종교나 신에 기댄다. 우리는 이런 투자를 결코 투자라 부르지 않는다. 이건 그냥 도박일 뿐이다. 그러니 잘 생각해 봐라. 지금 내가 하고 있는 것이 투자인지, 투기인지 아니면 단순히 도박에 불과한지 말이다.

나아가 대부분의 투자자는 자신이 투자하고 있다고 착각한다. 자신들의 투자는 언제나 이성적이고 합리적인 판단에 근거한다고 믿는 것이다. 그러나 그들에게 투자와 투기의 본질적 차이를 아냐고 물으면 대부분은 대답하지 못한다. 기껏 대답하는 것이 투자하는 것은 주식이고, 투기하는 것은 부동산이라는 정도다.

정확히 정의하자면 투자란 '미래에 예상되는 기대 수익을 위해 현재의 자원을 희생하는 행위'를 말한다. 그리고 그 행위에 의해 반드시 부가가치가 창출되어야만 한다. 그래서 투자의 범위는 매우 넓다. 단순히 기업에 투자하는 것만이 투자가 아니다. 좋은 대학에 가기 위해 학생들이 공부하는 것도 투자이고, 이자를 바라고 저축하는 행위도 투자라 하겠다.

반면 투기란 '시세차익을 노리고 하는 모든 매매행위'라 정의될 수 있다. 다소 적나라하고 노골적이지만 이것이 본질이다. 그리고 우리는 제대로 된 주식 투자를 위해서 투자와 투기의 본질적 차이에 대해 반드시 확실한 구분이 있어야만 한다.

많은 사람이 자신들이 투자를 하고 있다고 생각하고 주식을 산다. 그래서 주식 투자라 부르는 것이다. 그러나 본질적으로 주식을 사고파는 행위는 투기에 가깝다. 주식을 사면서 아무도 기업 내부의 부가가치가 오르는 것을 바라고 사지는 않기 때문이다. 그들이 바라는 것은 오직 매매차익이다.

예를 들어 보자. 여러분이 삼성전자 주식을 샀다고 치자. 그런데 삼성전자의 주식을 살 때 앞으로 삼성전자가 지금처럼 메모리 반도체 시장을 석권하고, 향후 파운드리 분야에서도 대만의 TSMC를 압도하는 실적을 내기를 기원하면서 사는가? 그래서 대한민국이 앞으로도 반도체 강국으로서 지위를 계속 유지하기를 바라면서 사는가? 아니다. 대부분의 삼성전자 매수자들은 그저 자신이 산 가격보다 훨씬 비싼 가격에 팔기를 원할 뿐이다. 물론 삼성전자의 실적이 좋아지고 수출이 잘되기를 바라겠지만 이는 삼성전자 자체가 잘되기를 바란다기보다 그로 인해 주가가 상승하기를 바라는 바가 더 크다. 매매의 목적이 시세차익이기 때문이다.

이런 관점에서 본다면 우리의 워렌 버핏도 주식 투자자라기보다는 주식투기자일 뿐이다.

그가 45년 전에 코카콜라 주식을 매입할 때 코카콜라 기업 자체의 부가가치 상승을 원하고 사지는 않았을 것이다. 궁극적으로 그의 목표는 측정된 내재 가치로 주가가 빠르게 수렴되기만을 원했던 것뿐이다. 그리고 그걸 달리 말하면 시세차익을 노리고 매수했다는 것이다. 그저 보유 기간이 상당했다는 것뿐 본질적으로는 전혀 다를 바 없다.

우리가 투자보다 투기라는 단어에 부정적으로 반응하는 이유는 과거 부동산을 사고파는 것을 국가적으로 제한했던 경험 때문이라고 본다. 그래서 투기라 하면 상당히 비도덕적이고 반사회적인 매매행위라는 편견이 있다. 그러나 서구 사회에서는 투기라는 단어에 대한 반감이 거의 드러나지 않는다. 과거 대공황 시절 그 당시 돈으로 1조 원 이상 벌어들였던 기술적 투자의 대가 제시 리버모어는 자신을 투자자(Investor)가 아닌 투기자(Speculator)로 불러 주길 원했다. 사실 제시 리버모어 같은 추세추종자가 아니더라도 주식매매를 업으로 하는 사람들은 대부분 투기자에 가깝다고 보면 된다.

우리의 주식 투자가 사실은 본질적으로 투기에 가깝다는 것을 아는 것은 매우 중요한 함의를 갖는다. 시세차익이란 결국 싸게 사서 비싸게 파는 것을 말한다. 무엇을 사더라도 싸게 사서 비싸게 파는 것이 중요하다. 이 말은 매수되는 객체의 가치보다는 매수와 매도의 타이밍이 훨씬 더 중요하다는 것을 의미한다.

돈의 흐름을 읽어야
투자의 타이밍이 보인다

보통 주식투자를 시작할 때 자연스럽게 개별주부터 떠올리게 될 것이다. 하지만 처음 차트 분석을 할 때는 개별주보다 먼저 봐야 하는 차트가 있다. 바로 '종합지수차트(Index Chart)'다. 막연하게라도 한 번쯤 들어봤을 코스피, 코스닥, 나스닥, 다우지수, S&P500 등이 모두 종합지수차트다.

만약 밖에서 장대비가 내리고 있다면 굳이 집 밖에 나가서 비를 쫄딱 맞을 필요가 있을까? 집에서 전 부쳐 먹으며 쉬는 게 최고다. 마찬가지로 주식투자를 할 때는 장이 좋은지 아닌지부터 알아야 한다. 현재 시장 상황을 고려하지 않고 무작정 종목부터 사는 것은 비가 억수같이 내리는데 무턱대고 밖으로 뛰쳐나가는 것과 같다.

원래 나무를 보기 전에 먼저 숲부터 보라고 하지 않는가.

투자를 하기 전에 가장 먼저 확인해야 할 것은 시장의 유동성이다. 시장이 상승장인지 하락장인지, 즉 돈이 들어오고 있는지 빠져나가고 있는지 파악하는 것이다. 만약 시장에 돈이 많으면 사람들이 주식을 사겠지만, 돈이 없으면 사고 싶어도 못 산다. 당장 돈을 써야 하는 일이 생기면 오히려 보유하고 있는 주식부터 팔아야 할 것이다. 즉 유동성이 풍부한 시장에서는 주가가 상승하지만, 유동성이 부족한 시장에서 주가는 떨어질 수밖에 없다.

이러한 시장의 유동성, 즉 돈의 흐름을 확인하는 가장 확실하고 편리한 방법이 바로 차트를 확인하는 것이다. 지수 차트만 들여다봐도 현재 시장이 상승장인지 하락장인지, 또 돈의 유동성은 어느 방향으로 흘러가고 있는지 파악할 수 있다.

실제로 2025년 8월과 9월은 주식 관련 유튜브마다 폭락과 대혼란이 올 것이라고 난리였지만 나는 오히려 주변 사람들에게 '가열차게 투자하라'고 말했다. 나스닥, 다우지수, S&P500, 유로스톡스50, 상하이종합지수, 니케이지수, 가권지수, 그리고 우리나라의 코스피, 코스닥까지 모든 종합지수 차트가 다 같이 상방을 향했기 때문이다. 하방으로 떨어질 기미는 전혀 없었다. 이렇게 시장 상황이 좋고 물이 들어올 때는 큰 배만 뜨는 것이 아니라 조각배도 뜨고, 나룻배도 다 뜬다. 그러니 배가 보이면 올라타기만 하면 된다.

이런 확신을 가질 수 있는 이유는 차트를 통해 세계 경제가 어디로 가고 있는지 분명히 통찰할 수 있었기 때문이다. 경제학과 대학원 수준의 공부를 하더라도 또는 경제 리포트나 경제 뉴스, 지표를 통해서 현재 시장의 방향을 예측하기란 쉽지 않다. 게다가 분석하고 판단하는 동안 시장의 흐름은 이미 지나가 버린다.

하지만 차트를 보면 지금이 투자의 적기인지, 아니면 투자를 쉬거나 보수적으로 접근해야 할 때인지 명확하게 바로 안다. 그리고 시장의 유동성, 즉 돈이 어디로 움직이고 있는지도 정확하게 보인다. 그러니 차트의 본질과 핵심 원리만 이해한다면 경제 전문가가 아니라도 누구나 시장의 흐름을 읽고 투자의 타이밍을 찾을 수 있는 것이다.

기술적 분석의 3대 공리

　우리가 여러 공부를 하다 보면 때때로 '공리(公理)'라는 것들을 접하게 된다. 공리란 어떠한 논리를 진행시키기 위해 증명 없이 참으로 받아들이는 명제를 말한다. 일종의 대전제에 해당한다고 할 것이다. 기술적 분석에도 공리가 존재한다. 특히 우리가 차트 분석을 함에 있어 이를 대전제로 깔고 가야만 차트 분석 자체가 의의를 갖게 되는 것들이 있다. 만약 여기에 조금이라도 의심을 하거나 이의를 달게 되면 이후의 차트 분석은 아무 의미가 없게 된다. 처음부터 이에 대한 확실한 믿음이 있어야만 그다음 분석이 가능하다.

　기술적 분석의 3대 공리에 대한 확실한 이해와 믿음이 함께 하면 그때부터 차트 분석은 날개를 달게 된다. 사실 대부분의 차트 분석 투자가들조차 이에 대한 명확한 인식이 부족한 상태에서 무작정 차트 분석 기법 공부를 시작하곤 한다. 이래서야 모래 위에 성을 쌓는 것과 같다. 기초가 부실한 공사만큼 위험천만한 것은 없는 것이다. 그

러니 차제에 이에 대해 확실히 공부함으로써 향후 차트
분석을 위해 굳건한 초석을 다질 필요가 있다 하겠다.

1. 모든 정보는 이미 차트에 반영되어 있다.

투자의 세계는 갈수록 복잡해지고 다양해지는 데다 우
리가 알아야 할 지식과 정보의 양은 기하급수적으로 늘고
있다. 그리고 우리 투자자들은 매번 가치 있는 정보에 연
연하지만 무엇이 정말 중요한 정보인지는 잘 모른다. 또
한 어떤 정보가 이 시점에서 반영될지도 잘 모른다. 이처
럼 일반 투자가들이 접근할 수 있는 고급 정보는 매우 제
한적이고, 기껏 알았다 하더라도 어떻게 가공하고 분석해
서 써 먹어야 되는지에 대한 지식이나 기법도 빈약한 것
이 사실이다.

이런 상황에서 차트는 투자자에게 매우 획기적이고 가
성비 높은 경험을 선사한다. 왜냐하면 차트엔 이미 모든
정보가 반영되어 있기 때문이다. 그러니 우리는 쓸데없이
정보를 찾아다니려 매번 고생할 필요도 없고, 일천한 실
력으로 분석하느라 힘을 뺄 필요도 없다. 그저 차트만 분

석하면 그만이다.

　많은 주식 투자자가 아침에 일어나서 하는 일이 전날 밤 미국 시장의 동향 파악이다. 그래서 아침부터 유튜브 채널을 통해 전일 미국 다우지수와 나스닥 동향부터 알아보는 걸로 일과를 시작한다. 하물며 그것뿐만이 아니다. 오전장 시작하기 전에 전문가들의 투자 사이트를 찾아가 각종 분석 자료들을 섭렵하고, 장중에도 여러 투자방송이나 TV 채널을 청취하는 것을 게을리하지 않는다. 장 마감되고도 할 일은 많다. 각종 투자 리포트나 기업 분석 리포트를 찾아 분석하느라 여념이 없다. 이래서야 하루가 너무나도 짧고, 몸이 하나밖에 없는 것이 한스러울 따름이다. 그래서 수익이라도 좋을까? 꼭 그렇지만도 않다. 결국 계좌도 무너지고 내 생활도 무너진다. 건강이 나빠지는 것은 필연이다.

　이 무의미하고 가성비 떨어지는 삶의 기저에는 좋은 정보에 대한 갈망이 존재한다. 조금이라도 발품을 팔아 좋은 종목을 찾아내겠다는 단순한 욕심 말이다. 하지만 우리가 넘쳐나는 정보 속에서 무엇이 좋은지 옥석을 가려낼 수도 없고, 또 그것들이 시장에서 어떻게 반영될지 모르는 상태에서 이러한 노력들이 좋은 결과로 이어지리라 기대하는 것은 어불성설이다.

한 개인이 세상의 모든 정보를 통제할 수는 없다. 그가 얻는 정보는 제한적이며, 시장에서 어떻게 반영될지는 더욱 예측 불가능하다. 이럴 때 세상의 모든 정보를 하나로 취합해서 즉각 그 반영 여부를 알려 주는 AI라도 있었으면 하는 게 우리들 바람일 것이다.

그런데 그게 존재한다. 바로 차트다. 물론 차트가 우리가 바라는 것만큼 모든 것을 다 제공하지는 않는다. 반영된 차트에 대한 분석 자체는 우리가 해야 하기 때문이다. 하지만 적어도 정보를 찾아 헤매는 수고만큼은 덜어 준다. 그리고 그 정보를 분석할 필요조차도 없다. 왜냐하면 차트엔 이미 모든 정보가 다 반영되어 있기 때문이다.

예를 들어 시장에 호재 뉴스와 악재 뉴스가 동시에 존재한다고 하자. 이럴 때 투자자들은 혼란스럽다. 시장이 어느 방향으로 움직일지 헷갈리기 때문이다. 그런데 차트를 보니 주가가 상승 중이다. 그렇다면 답은 이미 나와 있다. 지금 이 시점에선 시장이 호재 뉴스 쪽에 더 무게를 두고 있다는 사실 말이다.

어떤 경제 이슈가 발표되었는데 주가 차트에 반응이 없다면 이 또한 이미 반영된 것이다. 이는 시장이 그 이슈를 그다지 중요하지 않다고 판단한 것이라 보면 된다. 이로써 정보의 여과·선택의 문제가 모두 해결된다. 굳이 모든 정보를 우리가 분석할 이유가 사라졌다. 차트에 이미 답이 나와 있기 때문이다. 그러니 다시 한번 말한다. 모든 정보는 이미 차트에 반영되어 있고, 우리는 그저 그런 차트만 분석하면 되는 것이다.

2. 가격은 추세를 결정한다

주식 투자란 결국 추세(시세)를 파악하는 게임이다. 추세가 만들어지는 초기에 들어가서 추세가 끝나면 나오는 것을 목표로 한다. 이 간단한 것을 몰라 지금까지 우리네 투자수익이 그처럼 형편 없었던 것이다.

세상에 존재하는 모든 상품에는 가격 지수가 존재한다. 주식시장 또한 개별 종목 하나하나 모두가 주가라는 가격을 가지고 있고, 또한 그 종목들의 가격 지수를 합산한 것이 코스피지수이자 코스닥지수이다. 다우지수나 나스닥

지수 역시 별반 다를 게 없다. 그런데 이처럼 세상의 모든 가격 지수들은 또 추세라는 것을 만들어 내고 있다. 그래서 '가격은 추세를 결정한다'라 하는 것이다.

가격 지수는 일견 랜덤해 보일지 몰라도 일정한 패턴과 규칙에 따라 반드시 추세를 만들게 되어 있다. 이것이 핵심이다. 그래서 차트를 분석할지 모르는 자에겐 차트는 매우 불규칙적이고 혼란스러운 좌표들에 불과하겠지만, 차트를 볼 줄 아는 사람에겐 다양한 패턴 뒤에 만들어지는 특정한 추세의 조합이 보이게 된다. 그리고 그것은 매우 범용적으로 파악된다. 말하자면 개별 종목의 차트나 종합주가지수 차트, 그리고 선물차트의 분석의 틀이 거의 동일하다는 것이다. 그래서 한 번 알아 두면 평생 써먹을 수 있을 뿐만 아니라 모든 차트에 적용 가능하다.

결국 차트 분석의 가장 큰 목적은 추세를 아는 데 있는데 다행히 세상의 모든 가격 지수는 매번 추세를 만들기에 이것이 가능해진다. 곧 모든 상품의 가격 차트를 통해 추세가 만들어지는 때를 추적하여 적절한 매매 타이밍을 찾아내는 것이 차트투자의 진정한 핵심이다. 그리고 그 방법은 모두 동일하다. 특정 상품 투자할 때마다 차트 분석 방법이 다르다거나 특정 종목이나 업종에 따라 분석법이 다르지 않다는 것이다.

가격이 추세를 결정한다는 명제는 우리에게 또 다른 투자 기회를 선사한다. 과거 투자란 것이 주식 투자에만 한정되어 있었을 경우엔 우리가 집중해야 하는 것은 상승 추세밖에 없었다. 그러나 지금과 같이 선물이나 옵션, 그리고 ETF 및 ETN 등 상방뿐만 아니라 하방에도 투자가 가능한 시점에서 가격 지표의 방향성이 더 중요한 투자 대상이 된 지 오래다.

결국 상승 추세든 하락 추세든 그 방향성만 맞힐 수 있다면 돈이 된다는 것이며, 이야말로 이는 만약 투자상품의 방향성을 초기에 파악하여 진입한 후 추세가 무너지기 전까지 버틸 수 있는 기법만 존재한다면 매우 큰 돈을 벌 수 있다는 것을 의미한다. 물론 이 책에서는 그 기법을 아주 자세히 제공한다. 그러니 명심하자. 가격은 추세를 결정하게 되고 따라서 모든 가격 지표가 있는 상품은 우리의 투자 대상이며, 추세를 결정하는 바로 그때가 진정한 투자 기회라는 것을 말이다. 이거야말로 진정 획기적인 전제이다. 깨닫는 순간 부자로 가는 특급열차의 승차권을 얻은 것이나 마찬가지라 하겠다.

3. 역사는 반복된다

인간의 탐욕은 끝이 없고, 역사는 반복된다. 이는 투자의 주체가 결국 인간이기 때문이다. 아무리 과학문명이 발전하고 시대가 변한다 해도 이는 변함이 없다. 투자를 하는 주체, 즉 우리 인간이 탐욕을 버리지 못하는 한 결코 이 명제는 바뀌지 않을 것이다.

사실 17세기 네덜란드에서 발생한 튤립 파동이나 최근 가상화폐의 극적인 가격변동은 본질적으론 그 궤를 같이 한다. 시장에 돈이 넘치자 시장은 새로운 투자상품을 구하기 시작했고 이것이 인간의 탐욕과 엉키자 엄청난 버블을 만들어 냈다. 그리고 그 버블이 터지는 과정 역시 동일하다.

지금까지 인류 근대사에 기록된 수많은 버블의 생성과 이후에 이어지는 가격 지표의 극단적인 상승과 추락의 역사는 모두 다 내용은 다르지만 본질은 유사하다. 그리고 그것이 차트상에서 표현되는 형태는 언제나 똑같았다. 말

그대로 역사는 반복될 뿐이며 차트 또한 이를 정확하면서
도 아주 간결하게 보여 준다.

　혹자는 과거의 역사는 이미 지나간 일일 뿐이며 현재
를 설명할 수도 없고 미래를 예측할 수도 없다 말한다. 차
트상에 나타난 모든 것들은 이미 과거의 흔적일 뿐 그 어
떤 유용성도 가질 수 없음을 지적한다. 지나간 일들에 대
해선 꿰어맞추기 식의 설명은 할 수 있겠으나 앞으로 펼
쳐질 미래를 예측하는 데에는 결코 도움이 되지 않는다는
것이다. 그러나 이는 반은 맞고 반은 틀린 해석이다. 차트
를 조금만 들여다보면 동일한 패턴들이 끊임없이 반복된
다. 일봉차트에서는 물론 주봉, 월봉도 다르지 않다. 심지
어 분봉차트에서도 마찬가지다. 그런데 분봉차트에서 발
생하는 패턴은 찰나일지 모르겠지만, 주봉이나 월봉차트
에서 발생하는 패턴은 그 자체가 기록이자 역사이다.

　수주 아니 수개월에 걸친 경제 이슈들이 차트상에서는
특정한 패턴으로 반복적으로 형상화된다. 실제로 IMF나
IT 버블, 그리고 리먼 사태 발생 시 차트상에선 고점 쌍봉
이 발생하였다. 그리고 정확히 바닥에서 쌍바닥 패턴 만
들고 이후 상승하기 시작했다. 만약 우리가 차트를 통해

이를 미리 알았더라면 위기는 피할 수 있었고, 투자 기회 또한 우리 것으로 만들 수 있었다. 그러니 패턴 그리고 그 이후 추세의 반복은 우리에게 엄청난 기회를 선사함을 잊지 않아야 한다.

반복되는 역사는 그 자체가 기회이다. 원인과 이유는 다르더라도 차트상에서 동일한 패턴으로 해석되는 순간 엄청난 수익 기회의 길이 열리는 것이다. 차트는 그 반복되는 역사에 대한 소중한 기록물이자 이정표이며, 네비게이션이다. 따라서 우리는 그저 차트상에서 반복되는 패턴만 찾아내어 이를 해석할 수 있으면 된다. 그러니 이 얼마나 쉬운 일인가?

1부

경제의 핵심 및
거시지표에 대한 이해

차트에는 우리가 알아야 하는 모든 정보가 다 담겨 있다. 다만 차트만 들여다보면 차트가 왜 이렇게 움직이는지에 대한 의구심으로 차트를 완전히 신뢰하기 어려울 수 있다. 차트 분석에 앞서 '왜 이런 차트가 나오고 있나?'에 대해 대략적인 이해를 가지고 있으면 차트 분석과 시너지 효과를 일으켜 시장 상황에 대해서 더 폭넓게 파악할 수가 있다.

다만 경제를 이루고 있는 각종 요소와 지표를 속속이 다 배우고 외울 필요는 없다. 시장 상황이 어떻게 흘러가는지를 차트와 병행하여 추적할 수 있는 기본적인 거시 경제 관련 지식만 알고 가도 차트를 이해하는 데 큰 도움이 되며, 차트 투자 효율이 극대화될 것이다.

실제로 사람들을 가르치다 보면 차트 분석부터 시작하는 것보다 투자에 필요한 경제 지식을 사전에 깔아주고 차트 분석으로 들어갔을 때 이해도가 훨씬 높았다. 그런 차원에서 이번 장에서는 주식 투자를 하기에 앞서 적어도 이 정도는 알아야 하는 아주 핵심적인 것들만 담았다.

수업하다 보면 이런 농담을 한다. "여러분은 나처럼 서울대 경제학과 나온 사람한테 주식 투자를 배우는 것을 운 좋은 줄로 알아야 한다. 왜냐하면 서울대 경제학과에서 배우는 매우 아카데믹하고 실제로 돈 버는 데에는 아무 쓸모 없는 그런 것들은 일단 모두 제외하고 정말 핵심적인 것들만 배울 수 있으니까."

맞다. 나는 투자의 미니멀리즘을 추구한다. 우리는 배움을 추구하는 학자가 아니며, 단순 투자자에 불과하다. 그러기에 굳이 투자에 도움이 되지 않는 것들은 결코 배울 필요가 없다. 그래서 쓸모없다고 판단한 것은 다 빼고, 오직 핵심적이고 투자에 도움이 되는 것들로만 채웠다.

1장

통화(通貨)와 유동성

돈을 벌고자 한다면 돈이 움직이는 속성부터 알아야 할 것이다. 그런 의미에서 통화(通貨)의 메커니즘 공부는 필수적이다. 돈이 어떻게 만들어지고, 그 돈이 어떻게 유통되며 또한 투자의 세계에서 어떤 역할을 수행하는지, 그리고 우리는 그 돈의 속성을 배움으로써 어떤 식으로 투자에 활용할 것인지가 이 장의 핵심이다.

많은 투자자가 주식을 시작할 때 기업의 가치를 분석해야 한다고 생각하지만, 사실 시장을 움직이는 힘은 다름 아닌 '돈'에서 나온다. 주식 차트가 오르내리는 것은 결국 돈이 어느 방향으로 움직이고 있는지 보여 주는 지표와 마찬가지다. 우리는 돈의 표면적인 금액뿐 아니라 실질적인 가치에 대해서 제대로 알고 있을까? 돈은 어떻게 시장을 움직이며, 또 그 돈의 흐름이 어떻게 주식 시장에 영향을 미치는 것일까? 금융 시장과 함께 통화의 기본적인 이해를 갖춰야 시장의 상승과 하락을 제대로 읽어 낼 수 있을 것이다.

현물 화폐와 신용 화폐

우리가 일상에서 사용하는 화폐는 사회가 작동하는 데 필요한 중요한 가장 필수적인 도구 중 하나다. 화폐가 도구로서 기능하기 위해서는 몇 가지 기본적인 특성을 갖춰야 한다. 우선 필요할 때 즉시 사용할 수 있는 환금성이 필요하다. 현금은 모든 자산 중에서도 바로 사용할 수 있다는 점에서 환금성이 가장 높다. 또한 물물 교환을 대체하는 교환 가치, 또 현재의 가치를 미래까지 보존하게 하는 저장 가치를 가져야 한다. 더불어 주식처럼 더 높은 수익을 기대하고 활용하는 투자의 성격도 갖는다. 그러므로 우리가 돈을 은행에 저축하는 것 역시 금리 수익을 기대하는 투자의 한 형태다.

그렇다면 돈은 어떻게 생성되고 유통될까? 그 메커니즘을 알아야 어떤 식으로 돈의 유동성이 커지고 작아지는지도 파악할 수 있게 된다.

통화는 현물 화폐와 신용 화폐로 나눌 수 있다. 오늘날 전 세계에서 지폐나 동전을 화폐로 사용하지만, 과거 100년 전만 해도 화폐는 금이나 은, 구리처럼 가치가 있는 금속으로 만들어졌다. 그런데 이런 현물 화폐의 가장 큰 특징은 그 금속 자체가 특정한 재화의 가치와 '등가(等價)'의 가치를 갖는다는 것이었다. 즉 쌀 10석이 금화 1닢이라면 꼭 금화가 아니라 그만한 크기의 금으로도 쌀 10석을 살 수 있었다는 뜻이다.

이러한 방식은 화폐를 만들기 위해서 반드시 그만큼의 금속을 확보해야 한다는 한계가 있었다. 금속을 주조해서 화폐로 만드는 과정에서 오히려 원재료값에 주조 비용까지 들기에 사실 국가 입장에서는 돈을 찍어 내는 것 자체가 손실이었던 셈이다.

그렇다면 오늘날 통용되고 있는 화폐들은 어떨까? 우리가 쓰는 지폐에는 한국은행 총재의 날인이 찍혀 있다. 이는 한 장의 종이에 불과한 지폐를 거기에 쓰여있는 액면가만큼의 가치로 통용하자는 제안이자 사회적 합의다. 당연히 지폐를 주조하기 위한 원가는 그만한 가치의 금속을 확보하는 것보다 훨씬 적다. 사실 대한민국의 5만 원권 한 장을 찍어 내는 데 드는 원가는 약 100원 정도밖에 안 든다. 결코 등가가 아니라는 것이다. 그럼에도 그것을 5만 원의 가치로 대한민국 국민 전체가 인정하는 이유는 국가가 이를 담보하기 때문이다. 따라서 현대 화폐의 가치는 그 종이 자체가 아니라 이처럼 국가에서 인정한 약속, 국가의 신용에서 나온다.

이와 같이 오로지 국가의 신용에 의해 만들어진 화폐를 바로 '신용 화폐'라 부른다. 그래서 신용 화폐는 현물 화폐와 달리 '비등가(非等價)'의 특징을 가지기에 돈을 찍어 낼수록 더 많은 화폐 주조 차익이 발생하게 된다. '화폐 주조 차익'이란 중앙은행이나 정부가 화폐를 발행할 때 액면가에서 발행비용을 뺀 이익을 뜻한다. 그렇기에 5만 원권 한 장의 화폐 주조 차익은 무려 원가의 500배에 달한다. 1만 원권이라도 벌써 100배다. 이런 연유로 국가에서는 화폐를 주조하는 권력을 절대 포기할 수 없는 것이다. 이처럼 수지맞는 장사가 없기 때문이다.

다만 화폐 주조 차익을 위해 화폐를 무작정 찍어 낸다면 문제가 하나 생긴다. 바로 인플레이션(inflation)이다. 인플레이션이란 한 국가의 재화와 용역 가격 등의 전반적인 물가가 지속적으로 상승하는 경제 상태를 말한다. 이를테면 원래 5만 원으로 커피 10잔을 살 수 있었는데, 돈이 지나치게 풀려 그 가치가 떨어지면서 같은 5만 원으로 커피를 5잔밖에 살 수 없게 되는 것이다.

공급이 늘어나며 현금 가치가 떨어지면 사람들은 현금을 보유하는 대신 빨리 물건을 구매하여 손해를 줄이려고 할 것이다. 그러다 보면 상품 가격은 더 빨리 오르고 인플레이션은 걷잡을 수 없이 커진다. 심하면 짐바브웨처럼 한 해 물가가 약 2억 3천만%씩 급등하기도 한다. 밥 먹는 도중에도 가격이 바뀌는 수준이다. 따라서 국가에서는 화폐를 발행할수록 화폐 주조 차익을 얻지만, 지나치게 돈을 많이 찍어 내면 결국 인플레이션으로 화폐 시스템이 붕괴할 수 있으므로 적정량만 발행하며 시스템을 유지하게 된다.

신용 화폐의 탄생과
금본위제의 몰락

전 세계 무역은 대부분 달러로 이루어진다. 특정 국가의 화폐 대신 전 세계가 공통으로 유통하는 화폐인 달러가 '기축통화'이기 때문이다. 기축통화(world currency)란, 금과 더불어 국제간 결제나 금융거래에서 통용되는 통화를 가리킨다. 그래서 현물 화폐의 대장이 '금'이라면 '달러'는 신용 화폐의 대장이라고 할 수 있다.

기축통화를 발행한다는 것이 어떤 의미일까? 우리나라에서 발행한 화폐는 국내에서만 사용 가능하지만, 달러는 전 세계 어디에서나 쓰인다. 즉 일반 국가에서는 자국에서만 화폐 주조 차익이 발생하지만 기축통화를 발행하는 국가는 전 세계적으로 엄청난 화폐 주조 차익을 얻을 수 있다는 뜻이다. 미국에서 100달러짜리 화폐를 발행할 때 원가는 12센트에 불과하지만 그 수익은 전 세계적으로 888배에 달한다.

종이와 물감, 그리고 윤전기만 있으면 특별한 노력을 하지 않아도 막대한 화폐 주조 차익이 발생한다. 이것이 미국이 자국 달러의 가치, 기축통화의 지위를 결코 놓치고 싶지 않은 이유이기도 하다. 반면 미국 외 다른 국가들은 그 달러를 얻기 위해 엄청난 노력을 해야만 한다. 기축통화 보유국과 그렇지 않은 나라의 차이이다.

그러다 보니 전 세계가 이 기축통화국의 지위를 얻기 위해 다툼 중이다. 최근 미국과 중국의 무역 분쟁도 본질적으로는 무역 분쟁이 아니라 기축통화의 지위를 노리는 화폐 전쟁이라고 할 수 있다. 그러기에 기축통화의 지위는 강력한 군사력이 뒷받침되지 않고는 유지될 수 없다. 미국이 11개 항공모함 전단을 띄워 놓고 전 세계 경찰국가를 자처하는 것 또한 기축통화의 지위에 도전하는 국가들을 통제하려는 의도가 강하다.

그렇다면 언제부터 미국이 기축통화의 지위를 갖게 되었을까? 2차 세계대전 이전까지만 해도 기축통화는 '해가 지지 않는 나라'였던 영국의 파운드화였다. 그러나 2차 세계대전으로 유럽이 초토화되면서 1944년 미국 뉴햄프셔주 브레튼우즈에서 44개국이 모여 연합국 통화 금융 회의를 연다. 그리고 이 브레튼우즈 회의에서 달러가 새로운 기축통화로 결정되었다.

당시 미국의 제조업이 활발하게 성장하고 있었고, 실제로 미국은 약 4,800톤에 이르는 막대한 금을 보유하고 있었다. 그래서 미국에서는 전 세계가 달러를 통용하면 이를 언제든지 금으로 바꿔 주겠다는 약속을 했다. 이것을 '금본위제(金本位制)'라고 한다. 화폐의 가치를 금의 가치로 나타내는 것으로, 금을 담보 삼아 달러를 유통하기로 결정한 것이다.

그런데 1960년대 베트남 전쟁을 겪으면서 문제가 터진다. 전쟁 비용을 충당하느라 미국에서 금 보유량보다 많은 달러를 몰래 발행하기 시작한 것이다. 담보인 금보다 달러의 발행량이 많아지며 달러의 가치가 급락하자 프랑스의 드골(Charles de Gaulle) 대통령이 달러를 금으로 교환해달라고 요구한다. 하지만 미국의 닉슨(Richard Nixon) 대통령은 단호히 이를 거부한다. 그리고 더 이상 달러를 금으로 바꿔 주지 않겠다는 닉슨 대통령의 선언과 함께 기존의 금본위제는 완전히 붕괴되고 만다.

벨기에의 경제학자인 로베르 트리핀(Robert Triffin)은 금본위제가 유동성 문제와 신뢰성 문제라는 양자의 딜레마 속에서 언젠가 무너질 수밖에 없는 체제였다고 지적한다. 세계 경제의 발전과 함께 달러의 수요는 많아지지만 금의 생산량은 제한적이므로 유동성 문제가 발생하는데, 만약 이를 해결하기 위해 달러 공급을 증가시키면 달러 가치에 대한 신뢰성이 하락한다는 것이다.

금본위제의 몰락은 투자의 세계에 패러다임을 바꾸었다. 이제는 모든 국가에서 금 보유량과 상관없이 임의대로 화폐를 무한정 발행할 수 있는 시대가 도래한 것이다. 물론 과도하게 화폐를 발행하면 인플레이션이 발생하겠지만 지난 과거를 돌이켜보면 금융위기 때마다 어마어마한 돈이 풀렸고 이렇게 풀린 돈은 다시 자산 가격을 부풀리며 주식과 부동산 시장을 끌어올렸다. 2000년 IT 버블 및 2008년 리먼 사태나 2020년 코로나 시기와 같은 위기가 왔을 때 미국을 포함한 여러 국가에서는 경제를 지탱하기 위해 막대한 양의 돈을 시장에 공급했는데 그 결과 현재 전 세계에는 어마어마한 돈이 풀려 있다. 그러므로 우리 투자자들은 알아야 한다. 이제 투자의 바로미터는 기업의 실적이 아니라 시장의 유동성이라는 것을 말이다.

시장의 유동성이
차트를 움직인다

과거에는 주식 투자에 있어서 기업의 실적이나 매출, 내재 가치가 중요했다. 그래서 투자자들도 기업 분석을 매우 중요하게 여겼다. 실제로 《주식시장 흐름 읽는 법(한국경제신문, 2021)》을 쓴 우라가미 구니오에 의하면 시장은 4개의 국면이 있고 이는 '금융장세-실적장세-역금융장세-역실적장세'의 단계를 가진다 했다. 특히 그는 금리 수준과 함께 기업의 실적을 중요시했는데 이는 많은 투자자로부터 시장을 이해하는 바이블처럼 여겨졌다.

하지만 지금의 시장은 다르다. 현재 금융 시장은 '시장에 돈이 얼마나 풀려 있는가', 즉 오로지 유동성에 따라 주가가 움직인다. 실물 섹터에 비해 금융 섹터의 규모가 압도적으로 커지면서 기업 실적의 중요성은 조금씩 줄어들고 있다 봐야 한다.

만약 기업 실적이 주가를 좌우한다면 시장 상황이 좋아도 실적 나쁜 기업의 주가는 떨어지고, 시장 상황이 나빠도 실적 좋은 기업의 주가는 올라야 할 것이다. 그러나 실제 차트를 보면 그렇지 않다. 유동성이 늘어난 구간에서는 대부분의 주가가 같이 오르고, 유동성이 줄어드는 구간에서는 함께 떨어진다.

이는 국가 단위 지수에서도 마찬가지다. 세계 주요국 지수 차트를 보면 유동성이 풍부할 때는 전 세계 지수가 다 같이 상승하고, 유동성이 축소될 때는 전 세계 지수가 모두 하락한다. 이런 현상을 '커플링(coupling)'이라고 한다. 세계의 금융 흐름 전체가 같은 방향으로 움직인다는 것이다.

예를 들어 보자. 몇 년 전 코로나 사태 터졌을 때 전 세계 경제가 마비됐다. 무역도 안 되고, 공장도 멈추고, 다들 집에서 꼼짝도 못 하는데 오직 주가만 올랐다. 그것도 끊임없이 사상 최고가를 경신하면서 말이다. 말이 되는가? 위기상황인데 말이다. 이유는 딱 하나다. 미국이 돈을 풀었던 것이다. 그 넘쳐나는 돈이 갈 곳이 없다 보니 주식 시장으로, 부동산으로 쏟아져 들어온 것이다.

반대로 2022년 1월부터 전 세계 주가가 떨어졌다. 그 전까지 잘나가던 기업들이 도산을 한 것도 아니고 특별히 실적이 떨어진 것도 아닌데 말이다. 그 이유 역시 동일하다. 미국 연준이 "금리 인상할거야, 돈 거둬들일 거야."라고 하니까 유동성 축소에 따라 주가가 다 같이 빠진 것이다.

그래서 기업 실적에 따라 개별 투자를 하기에 앞서 현재 시장의 유동성이 확장되고 있는 구간인지, 축소되고 있는 구간인지부터 먼저 확인해야 한다. 그런데 만약 이론적인 분석으로 경제의 흐름을 파고든다면 이미 시장의 흐름은 지나간 후일 것이다. 이때 차트 분석의 위력이 드러난다. 실시간으로 시장의 유동성을 정확히 파악할 수 있는 도구가 바로 차트, 특히 캔들차트이기 때문이다.

그런데 여기서 우리가 알아 두어야 할 것이 있다. 우리가 시장에서 주목해야 하는 유동성은 오직 '달러 유동성'이다. 기축통화인 달러가 시장에서 얼마나 유통되고 있는 것이 중요한 것이지 그 외의 화폐들은 무시해도 좋다. 대한민국 증시도 일본 증시도 그리고 영국, 프랑스, 독일 및 전 세계 모든 나라의 증시들 역시 달러 유동성에 의해 큰 흐름이 결정되지 자국 화폐의 유동성은 부수적 요인이라는 것을 알아야 한다. 게다가 모든 나라들이 미국 달러의 눈치를 보고 있다. 각국 화폐의 유동성 역시 달러 유동성에 연동되므로 크게 개의치 않아도 된다. 그러니 명심하라. 오직 우리가 주목해야 하는 것은 달러 유동성이다.

결국 금본위제가 폐지되어 화폐를 무제한으로 발행할 수 있게 되면서 시장에는 너무나 많은 달러가 풀려 나갔고, 바로 이 엄청난 유동성이 전 세계 시장을 움직이고 있다는 사실을 이해해야 한다.

현재 전 세계 금융 부문의 규모는 실질적인 기업 활동 규모의 수십 배에 달한다. 세계 최대 자산운용사 '블랙록'이 운용하는 투자금의 규모가 물경 1경 7천조 원에 달한다. 우리나라 정부의 1년 예산이 700조 원 정도니 대략 24배가 넘는 규모다. 여러분들이 깨달아야 할 것이 있다. 내 주머니에만 돈이 없는 것이지, 세상에는 돈이 정말로 엄청나게 많이 풀려 있다는 것이다. 일개 자산운용사가 운용하는 자금이 웬만한 나라 한 해 예산의 수십 배라는 것은 그만큼 전 세계에 엄청난 양의 돈이 풀려있다는 것을 의미한다. 그리고 이렇게 거대한 자산운용사의 막대한 자금이 특정 섹터에 들어오게 되면 시장은 돈의 유동성이 흐르는 방향으로 따라갈 수밖에 없다.

따라서 앞으로 우리는 기업 실적에 의해 시장이 좌우된다는 오래된 프레임에 갇혀 있어서는 안 된다. 우리는 그동안 시장에 풀린 유동성이 어떻게 시장을 자극하고 현재 어떤 모습으로 움직이고 있는지에 더욱 예의 주시할 필요가 있다. 결국 유동성 중심으로 재편된 현재의 세계 금융시장을 이해하고 차트를 통해 빠르게 그 방향을 읽는 훈련을 해야 할 필요가 생긴 것이다. 그러니 앞으로의 투자에서 가장 중요한 것은 오직 '달러 유동성'이다. 이를 명심하도록 하자.

'중앙은행'의 역할

중앙은행(中央銀行)은 화폐 발행 및 통화량 조절을 위해 운영되는 은행으로 일반적으로 한 국가는 하나의 중앙은행을 갖고 자국의 화폐를 관리한다. 세계 최초의 중앙은행은 1668년에 설립된 스웨덴 국립은행이며 대한민국은 1950년 설립된 한국은행이 있다. 또한 전 세계에서 가장 유명한 중앙은행은 미국의 연방준비위원회(연준)이다.

모든 국가는 주권을 가지며, 이 중에는 통화 주권도 포함되는데 이는 즉 국가가 돈을 찍어 내는 권한을 갖는다는 의미이다. 이에 따라 국가는 화폐를 발행하고 그 총량을 관리하는 권한을 가진 기관을 필요로 하는데 형편에 따라 이를 민간이 운영하는 상업은행에 위임하기도 하지만 대체로는 하나의 중앙은행을 두고 여기에 그 권한을 위임한다. 상업은행에 위임하는 경우는 특이한 경우로 20세기 초의 미국 또는 현재의 홍콩이나 마카오 등이 여기 해당한다.

중앙은행의 업무는 화폐를 발행하고 통화량을 조절하는

것으로 통화량 조절을 위해 기준금리 결정과 지급준비율을 결정할 수 있는 권한을 가진다. 중앙은행은 예금을 받거나 대출을 해 주는 등 일반적으로 생각하는 은행의 업무를 하지 않으며 이는 시중은행, 또는 상업은행이 맡아 하고 있다.

일반적으로 중앙은행의 책무는 법으로 규정되며, 법 조항에는 중앙은행의 최우선 목표가 '물가 관리' 또는 '인플레이션 방지'이다. 정확히 말하자면 중앙은행은 화폐를 발행하여 상업은행에 대출하거나 국채를 사줌으로써 통화량만 조절할 뿐이며, 이를 통해 '자국 화폐의 안정성'을 최고 목표로 삼으며 이 외에 업무는 아주 예외적인 것 빼고는 그 어떤 책임도 지지 않는다. 가끔 중앙은행이 경기부양에 대한 책임도 지는 곳으로 오해하는 경우가 있는데 대한민국만큼은 결코 그렇지 않다. 이는 경기를 부양해 유권자들의 표를 얻어야 하는 집권정부와 종종 대립하게 되는 원인이 되기도 한다.

중앙은행이 최초 발행하는 통화를 '본원통화'라고 한다 이 본원통화를 상업은행에 기준금리를 받고 대출해 주면 다시 상업은행은 이 돈을 민간 부문의 기업이나 개인에게 대출해 준다. 이때 모든 돈이 시중에 나가게 되면 막상 은행의 운영자금이 부족하므로 이를 막기 위해 중앙은행은 상업은행이 대출 시 대출금의 일정 비율은 항시 은행에 보관토록 비율을 정해 주는데 이를 '지급준비율' 제도라 한다.

예를 들어 지급준비율이 10%이고, 어떤 은행이 1,000억 원의 예금을 보유하고 있다면 이중 무조건 100억 원(10%)을 은행이 실제로 보관하고 나머지 900억 원만 대출이 가능하다. 이렇게 대출과 예금이 반복되다 보면 시중엔 1,000억 원 이상의 돈이 유통되게 되는데 이를 신용통화가 새롭게 창조되었다 하여 '신용 창조'라 부른다. 그리고 중앙은행은 이 지급준비율의 비율을 조정함으로써 시중의 유동성을 통제하게 된다.

2장

돈의 상대적 가치, 환율

환율이란 말 그대로 '두 나라의 화폐 간 교환 비율'을 말한다. 이때 분모와 분자를 구분하여 대입해 보면 된다. 분모에 기준이 되는 화폐를 두고 분자에 비교 대상인 화폐를 두었을 때 이를 얼마의 비율로 교환시켜줄 것인가? 즉 달러대비 원화 환율이 1,450원이라면 이는 분모에 있는 미국의 1달러를 분자에 있는 한국 원화 1,450원에 교환해 주겠다는 뜻이다.

즉 환율은 절대적인 것이 아니라 상대적이다. 또한 금리나 경제 수준 등 여러 원인에 따라 달러 또는 각국의 화폐 가치는 변동될 수 있다. 이때 화폐의 가치가 오르는 것을 '가치절상'이라고 하고, 가치가 내리는 것은 '가치절하'라 한다. 화폐 역시 가격이 존재하는 상품이기 때문에 투자 대상이 될 수 있으며, 환율에 따라 그 가치가 평가된다.

환율의 상승 vs. 하락

화폐 가치는 각국의 경제 수준이나 성장률, 수요와 공급, 물가, 정치적 리스크 등 다양한 요인에 의해 변동되지만 가장 큰 영향을 미치는 것은 다름 아닌 금리다.

미국 금리가 오르면 달러 가치가 절상되었으므로 달러를 얻기 위해서 더 많은 원화를 내야 한다. 이때 1달러 대비 원화의 환율이 올라가는 것을 '고환율'이라 부른다. 반대로 금리가 낮아지면 같은 1달러를 얻기 위해 원화를 더 적게 내도 되는 '저환율'이 될 것이다. 미국 달러의 가치뿐 아니라 반대로 한국의 금리에 따라서도 당연히 환율이 달라진다. 만약 우리나라 금리가 오르면 우리나라 원화에 대한 수요가 많아져서 원화 가치가 상승하게 되고 같은 달러를 사기 위해 지불해야 할 원화가 줄어드는 저환율이 된다. 반대로 금리가 낮아지면 원화 가치가 절하되어 달러를 사기 위해 더 많은 원화를 지불해야 하므로 환율이 높아져서 고환율이 되는 것이다.

즉 분모에 있는 달러의 가치가 오르면 환율은 상승하고, 분자에 있는 원화의 가치가 오르면 환율은 하락한다. 이 메커니즘만 이해하면 환율에 대해서 쉽게 파악할 수 있다.

그렇다면 환율의 상승과 하락에 따라 어떤 일이 발생하게 될까? 원화가 가치절하되어 환율이 상승하게 되면 상대적으로 달러 가치는 높아지게 된다. 그렇다면 수출 기업들은 자국의 상품을 미국에 팔았을 때 동일한 달러를 더 많은 원화와 교환하게 되니 매출이 올라가는 셈이다. 반면 수입 기업들은 동일한 달러 금액의 물건을 들여오기 위해 더 많은 원화를 지불해야 하는 어려움에 처한다. 즉 수출 시장은 좋지만 내수시장은 어려워진다. 또한 해외 유학생 자녀를 둔 가정이나 기러기아빠의 경우에도 같은 금액의 달러를 송금하기 위해 더 많은 원화를 마련해야 하므로 가계 부담이 커지는 불리한 상황이 된다.

반대로 환율이 하락하여 원화가 절상되면 정반대의 상황이 발생할 것이다. 원화 가치가 상승하여 달러를 더 싸게 살 수 있으니 수입 기업이 유리해지고 원유·원자재·농수산물 등 주요 수입품 가격이 떨어져 내수 물가가 안정되는 효과가 나타난다. 해외 유학생이나 기러기아빠의 입장에서도 같은 원화를 달러로 환전할 때 더 많은 달러를 받을 수 있으니 부담이 줄어들 것이다. 반면 수출 기업은 외국 시장에서 가격 경쟁력이 떨어지게 된다.

우리나라는 경제를 떠받치는 산업 대부분이 수출에 의지하고 있는 수출 중심의 구조이기 때문에 실제 정책에서는 저환율을 추구하기가 매우 어렵다. 저환율이 되면 수출 기업이 가격 경쟁력에서 밀리게 되고, 기업의 힘이 빠지며 한국 경제 전체가 흔들릴 수도 있기 때문이다. 정권이 바뀌어도 기본적인 방향은 고환율을 선호하는 구조에서 크게 벗어나지 않는다.

이처럼 정부의 환율정책이 고환율을 채택하게 되면 수출기업의 실적은 좋아지는 반면 수입기업이나 내수 위주의 기업들 실적은 나빠지게 된다. 이때 대형 수출주 위주의 코스피는 상승하게 된다. 실제로 과거 이명박 정부 시절에는 '기업 프렌들리 정책'으로 수출기업의 경쟁력을 높이기 위해 인위적으로 환율을 상승시켜 원하의 가치절하를 유도하는 시도를 하기도 했다. 그 결과 수출 물가가 떨어지며 수출 기업의 수익성이 크게 신장되었고 코스피지수도 상승했다. 그러나 수입 물가 급등으로 인해 노무현 정부 시절 리터당 900원이던 휘발유 가격이 1,600원까지 오르는 등 내수 경제 부담도 현실화 되었다.

이와 같이 환율 정책의 변화는 향후 내수 경기에 도움이 될지, 수출 경기가 호황이 될지를 어느 정도 판단할 수 있는 중요한 지표 중 하나다. 환율에 따라 앞으로 어떤 산업이 유리해지고 시장이 어떻게 변화해 갈지 가늠해 볼 수 있을 것이다.

또한 향후 외환 상품이나 금 투자를 고려할 때도 환율에 대한 거시적 관점이 필요하다. 예를 들어 달러 가치가 높아진다면 달러 자산을 보유하는 것이 유리하겠지만, 반대로 달러 가치가 떨어진다면 다른 화폐 자산을 보유하는 것이 훨씬 좋다. 달러는 전 세계 외환 시장의 기준 축이기 때문에 그 외 유로, 파운드, 위안, 엔화 등 모든 통화가 달러의 대척점에 있다. 즉 달러 가치가 상승하면 나머지 통화의 가치가 하락하고, 달러 가치가 하락하면 나머지 통화가 상승하는 구조다.

따라서 기준이 되는 달러의 방향성을 판단하여, 만약 달러 가치가 오른다면 유로화의 하방 쪽에 투자해 볼 수 있을 것이다. 이때도 물론 매수와 매도 지점은 차트로 확인하면 된다.

달러의 대척점, 안전자산 '금'

금은 오래전부터 금융 시장 속에서 꾸준히 주목받아 온 대표적인 자산이다. 금에 투자할 때는 2가지 핵심을 기억해야 한다. 첫째로 금은 안전자산이며, 둘째로 '현물 화폐의 대장'으로서 신용 화폐의 대장 격인 달러와는 반대 방향으로 움직인다는 점이다.

모든 자산이란 가격이 오르내리며 변동된다. 그런데 특정 위기 상황에서도 꾸준히 안정적인 가치를 유지하는 자산을 안전자산이라고 부른다. 대표적인 안전자산은 미국 국채로, 사실상 달러라고 보면 된다. 리먼 사태처럼 미국의 금융 시스템이 무너질 뻔한 최악의 위기에서도 미국의 달러 가치는 오히려 급등했다. 위기 상황일수록 안전자산을 확보하기 위해 다들 달러로 몰리다 보니 이러한

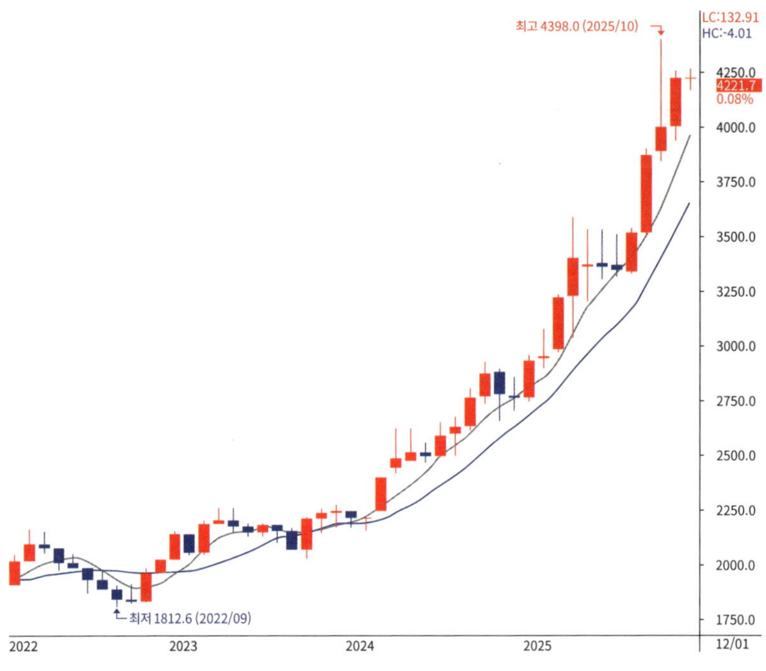

그래프　　　금 선물 월봉 차트

　아이러니한 현상이 발생한 것이다. 그만큼 미국 달러는 안전자산 중에서도 첫 번째로 꼽히며 두 번째는 금, 세 번째는 유로화다.

　전쟁과 같은 위기 상황 속에서도 금의 가격은 올라간다. 은은 부피가 크고 실용성도 떨어져 자산을 대체하는 수단으로 적합하지 않지만, 금은 휴대성도 뛰어나고 그 가치가 유지되는 안전자산이기 때문에 투자 수단으로서도 주목해 볼 수 있다.

　또한 금은 현물 화폐를 대표하는 동시에, 신용 화폐를 대표하는 달러와 반대로 움직이는 성향을 가지고 있다. 즉 달러의 가치가 상승하면 금 가격이 떨어지고, 달러의 가치가 하락하면 금 가격이 오른다. 최근 3년간 금 가격이 꾸준히 상승한 것도 같은 맥락이다. 트럼프 정부 이후 미국 국채, 즉 달러 자산에 대한 신뢰도가 떨어지면서 반대편에 있는 금으로 투자자들의 수요가 이동한 것이다. 금 선물차트에서도 이러한 상승의 흐름이 뚜렷하게 나타나며 차트를 통해 청산 자리도 명확하게 포착할 수 있다.

다만 반대로 금 가격이 오른다고 해서 달러 가치가 떨어지는 것은 아니다. 달러가 기준점에 있고 금은 종속 변수로서 달러에 반응하는 것으로 보면 된다. 즉 달러의 가치에 의해 금 가격의 변동이 결정되며, 달러의 가치를 결정하는 가장 주된 지표는 바로 미국 금리다. 최종적으로 금 투자도 환율과 마찬가지로 달러의 방향성과 금리에 주목해야 하는 구조다.

돈의 가격을 결정하는 금리

시장은 늘 고정되어 있는 것이 아니라 끊임없이 분위기가 변하며 주가가 요동친다. 그런데 같은 자산을 들고 있어도 그 가치가 달라지는 이유의 핵심은 다름 아닌 금리의 변동 때문이다. 특히 세계 경제를 좌우하는 실질적 패권은 미국 달러에 있다. 따라서 달러의 금리는 우리나라의 금리는 물론이고 주가, 환율, 부동산 등의 모든 자산 가치에 영향을 미친다. 그 말은 금리에 집중하면 시장의 분위기와 자금의 유동성을 가장 빠르게 읽을 수 있다는 뜻이기도 하다.

사실 앞으로 투자를 하면서 가장 중요하게 여겨야 하는 경제 지표를 딱 하나 들라면 당연히 '미국 금리'다. 왜냐하면 미국 금리가 미국 달러의 가치를 결정하고, 달러의 유동성이 모든 투자자산의 가격에 영향을 미칠 테니까.

투자 판단의 나침반 기능

금리를 이야기할 때 보통 예금 금리를 생각하지만, 투자자의 관점에서 보는 금리는 돈의 가치를 결정하는 요인이라 해도 과언이 아니다.

우리가 저축이나 주식과 같은 투자 판단을 내릴 때 항시 염두해 두어야 하는 것이 바로 '기대 수익률'이다. 기대 수익률이란 투자자가 미래에 얻을 것으로 예상하는 평균 수익률로 투자의 세계에서는 투자의 향방을 결정하는 아주 중요한 지표이기도 하다. 만약 저축의 기대 수익률, 즉 예금 금리가 연 2.5%인데 주식에서 기대되는 수익률이 10% 이상이라면 당연히 저축보다 주식으로 이동할 것이다. 또 부동산이 폭등하면 오히려 은행 대출을 받아 부동산에 투자하게 된다. 기대 수익률의 등고차에 의해 투자자들의 방향이 결정되는 것이다. 그런데 금리는 돈에 투자했을 때 얻을 수 있는 기대 수익률, 다시 말해 돈의 가격이라고도 볼 수 있다.

돈은 이미 가격이 결정되어 있지만 실질적인 돈의 가치는 물건과의 교환 비율에서 결정된다. 돈의 가치가 떨어지면 같은 돈으로 살 수 있는 물건의 양이 줄어드니 반대로 물건의 가치는 올라가는데 이걸 인플레이션이라고 부른다. 반대로 돈의 가치가 올라가고 물건 가치가 떨어지는 것은 디플레이션이라고 한다. 돈의 가치는 금리가 결정하기 때문에 금리에 따라 돈의 가격도 변동된다. 한마디로 금리를 올리면 해당 화폐의 가치가 오르며, 금리를 내리면 해당 화폐의 가치가 떨어진다고 공식처럼 기억해 두면 좋다.

이처럼 돈의 실질적인 가치를 결정하는 금리는 경제에서 2가지 중요한 기능을 수행한다. 바로 자금 수급 조절 기능과 자금 배분 기능이다.

우선 금리는 돈을 빌리려고 하는 수요와 빌려주고자 하는 공급을 조절하는 기능을 한다. 예를 들어 자금이 부족해 돈을 빌리려는 사람이 더 많아지면 더 높은 금리를 주어야 돈을 빌릴 수 있기 때문에 자연스럽게 금리는 오르게 된다. 이때 금리가 오르면 돈을 빌리는 데 드는 비용이 커지니 자금 수요는 줄어들고, 반면 돈을 빌려주는 대가로 받는 이자가 많아지니 자금의 공급은 늘어난다. 이런 과정을 통해 결국 수요와 공급의 균형을 맞추게 되는 것이다.

이걸 자금 수급 조절 기능이라고 한다.

　다음으로 금리는 국가의 경제 전반에서 자금이 보다 효율적으로 배분되고 사용할 수 있도록 하는 자금 배분 기능을 갖는다. 공급받은 자금으로 더 많은 이익을 낼 수 있는 산업 부문에서는 높은 금리를 감당할 수 있기 때문에 더 많은 자금을 끌어오게 되지만, 반대로 수익성이 낮은 산업 부문으로는 자금이 유입되기 어렵다. 이처럼 금리는 보다 성장률이 높고 경쟁력 있는 산업으로 더 많은 자금이 흘러가 쓰일 수 있도록 하는 나침반의 역할을 하기도 한다.

금리의 종류

금리는 계산하는 방법에 따라 단리와 복리로 나눌 수 있다. 단리는 원금에 대해서만 이자를 계산하는 방식이고, 복리는 원금에 대한 이자뿐 아니라 이자에 대한 이자도 함께 계산하는 방식이다. 단리와 복리 외에도 금리를 이해하기 위해 반드시 구분해서 알아 두어야 할 금리의 종류가 있는데, 바로 명목금리와 실질금리다. 이는 돈의 가치 변동, 즉 물가 변동을 고려하는지에 따라 구분된다.

명목금리는 물가 상승에 따른 돈의 가치 변동을 고려하지 않은 금리를 말한다. 은행에서 예금 금리가 2.5%라고 공시하는 것이 '겉으로 보이는 금리', 즉 명목금리다. 실질금리는 명목금리에서 물가 상승률을 뺀 금리를 말한다. 예를 들어 예금 금리인 2.5%의 기대 수익률을 기대하고 저축을 했는데, 물가 상승률이 10%라면 실질적으로 얻을 수 있는 금리는 -7.5%가 될 것이다. 즉 이때 실질금리를 -7.5%라고 하는 것이다. 이러면 돈을 가진 사람 입장에서는 쓸데없이 저축하기보다는 물건을 사는 게 훨씬 합리적이고 유리한 행위가 된다.

극단적인 예로 최근 3년 전에 아르헨티나 페소화 가치가 급락하며 하이퍼 인플레이션이 발생한 적이 있었다. 아르헨티나 상업은행에서 예금 금리를 89%나 줬는데, 물가 상승률은 91%였다. 그렇다면 실질금리는 결국 -2%가 되고 만다. 이 경우 은행에 저축하는 것보다 차라리 물건을 구매하는 것이 유리한 상황이 되고, 결국 소비가 늘어나며 물건 가격이 오르니 물가가 상승하며 다시 돈의 가치가 떨어지는 인플레이션의 악순환이 일어났다.

그래서 우리가 보통 명목금리로 이자를 계산하지만, 투자자 입장에서는 명목금리가 아니라 실질금리가 더욱 중요하다. 실제로 투자를 하거나 예금을 할 때 실질금리가 실질적인 기대 수익률이 되기 때문이다. 만약 1년 만기 정기예금의 명목금리가 연 5%이고 물가 상승률이 연 2.5%라고 하면 실질금리는 연 2.5%에 불과하다. 하지만 주식 투자의 기대 수익률이 연 10%라고 한다면 실질 기대 수익률은 7.5%이므로 주식을 하는 것이 훨씬 합리적인 투자 결정이 될 것이다.

금리 향방에 따른 영향과 투자 방법

금리의 움직임은 저축, 기업가의 투자활동, 물가 수준, 국가 간의 자금 흐름 등 여러 분야에 영향을 미친다.

우선 저축을 어떻게 할 것인지는 기본적으로 소득 수준의 영향을 받겠지만, 금리의 영향도 매우 크다. 대체로 금리가 오르면 예금으로 받는 이자가 커지기 때문에 사람들은 저축을 늘리고 소비를 줄이게 된다. 반면 기업 입장에서는 대출 이자가 늘며 투자에 따른 비용 부담이 늘어나니 투자를 줄일 수밖에 없다. 반대로 금리를 낮추면 사람들은 저축을 줄이게 되며 소비와 투자는 늘어난다. 그래서 각 국가의 중앙은행에서는 경기가 안 좋을 때 소비와 투자를 진작시키기 위해 금리 인하를 검토하게 된다.

두 번째로 금리가 상승하느냐 하락하느냐에 따라서 물가가 함께 움직이게 된다. 금리가 오르면 기업의 투자활동이 위축되고 개인도 소비보다는 저축을 많이 하는 등 경제 전체적으로 상품을 사고자 하는 수요가 줄어들게 되므로 금리 상승은 물가를 하락 시키는 요인으로 작용한다. 그러나 한편으로는 이자가 상품의 생산 원가에 포함되기 때문에 금리가 오르는 것은 제품 가격을 올리는 요인이 될 수도 있다. 실제로는 원가 상승 효과보다 수요 감소 효과가 더 크기 때문에 물가가 떨어진다는 것이 일반적인 견해에 가깝다.

마지막으로 금리 수준의 변동은 국가 간의 돈의 움직임, 즉 자금의 흐름에도 영향을 미친다. 환율 등 다른 여건이 동일한 경우, 우리나라의 금리가 올라 외국의 금리보다 높아지면 외국인 입장에서는 우리나라에서 돈을 운용해야 자국보다 많은 이익을 얻을 수 있으므로 우리나라로 자금이 들어오게 된다. 반대로 외국 금리보다 우리나라의 금리가 낮아지면 보다 높은 이익을 찾아 해외로 빠져나가게 될 것이다.

이처럼 금리는 금리의 변동을 가져오는 요인과 영향을 서로 주고받으면서 투자, 소비, 물가 등 실물 부문으로 파급되는데 금리가 국가 경제에 미치는 영향은 매우 폭넓고 다양하다. 결국 금리는 실물 경제의 수준을 결정짓는 가장 중요한 요소일 뿐만 아니라 환율을 결정하는 데도 영향을 미치며, 투자 포트폴리오에 있어서도 항상 고려해야 하는 경제 지표라는 사실을 명심해야 한다.

중앙은행의 역할과 기준 금리

한국은행을 포함한 대부분의 중앙은행이 하는 가장 중요한 업무는 바로 그 나라의 기준 금리를 결정하는 것이다. 기준 금리는 말 그대로 한 나라의 금리 중 기준이 되는 금리를 말한다. 금리를 낮추면 소비와 투자가 늘어나니 시장의 유동성이 높아지고, 주가는 오르게 된다. 반대로 금리를 높이면 소비와 투자가 위축되면서 주식 시장의 유동성도 축소된다.

그래서 중앙은행은 기준금리를 올리거나 떨어뜨리는 방식으로 시장의 유동성을 통제한다. 이때 보통 '한국은행이 경기를 살리기 위해 금리를 조절한다'고 오해하는 사람들이 많은데, 시장의 유동성을 통제하는 이유는 경기를 진작시키거나 조절하기 위해서가 아니다. 중앙은행에는 경기를 활성화해야 하는 의무가 없으며, 오로지 단 하나의 목표를 추구한다. 바로 '그 나라 화폐 가치의 안정성 유지'다. 한국은행에서는 원화 가치의 안정성을 유지하는 것이 유일하고도 가장 중요한 의무라는 이야기다. 화폐 가치가 떨어지면 그 나라의 전체 시스템이 붕괴해 버리기 때문이다.

그렇다면 화폐 가치의 안정성 유지를 위해 어떤 식으로 유동성을 통제할까? 우선 중앙은행은 "올해는 얼마만큼의 돈을 발행하겠다"는 계획을 세우고, 조폐공사에 해당 액수만큼의 화폐를 발행하도록 지시한다. 이렇게 만들어진 화폐를 '본원통화(M0)'라고 한다. 이 본원통화는 바로 유통되는 것이 아니라 시중의 상업은행에 공급되는데, 이때 상업은행은 기준금리에 해당하는 이자를 내고 자금을 대출받는다. 이제 이 돈은 기업과 가계로 대출되면서 소비와 투자에 쓰이게 된다.

다만 이때 은행이 보유하고 있는 자금을 모두 대출해 주어서는 안 되며, 예기치 못한 인출 요청에 대비하려면 반드시 일정 비율의 돈을 따로 남겨두어야 한다. 이것을 지급 준비율이라고 하는데, 만약 지급 준비율이 10%라면 은행이 중앙은행에서 1,000억 원을 대출해 왔더라도 시장에는 900억 원만 투입될 수 있다는 뜻이다.

그런데 여기에 중요한 핵심 포인트가 있다. 기업과 가계에서 900억 원을 사용하다가 다시 은행에 전부 예금을 했다고 치자. 그러면 그 예금 가운데 다시 90%가 대출될 수 있고, 그렇게 810억 원이 시중에 풀렸다가 예금되어 은행에 돌아오면 또 90%는 대출되어 쓰일 것이다. 이렇게 되면 처음 중앙은행이 공급한 1,000억 원보다 훨씬 많은 돈이 시중에 풀리게 되는 효과가 발생한다. 이를 전문용어로 신용 창조라고 한다.

보통 지급 준비율이 10% 정도라면 본원통화의 7배 정도 신용이 창조된다. 즉 본원통화가 1,000억 원이었다면 약 7,000억 원 규모의 유동성이 발생한다는 이야기다. 즉 중앙은행에서는 지급 준비율과 기준금리 조정을 통해 시중 유동성에 관여하지만, 시장의 흐름보다는 그 나라 화폐의 안정성에 최우선 목표를 두고 이를 조절하고 있다.

특히 기준금리는 중앙은행이 향후 경제를 바라보는 시각을 알 수 있는 가장 중요한 지표로서 이는 투자 시 고려해야 할 가장 중요한 지표이기도 하다. 이때 한국은행의 기준금리보다 더 중요한 것은 물론 미국 연방준비은행이 결정하는 미국의 기준금리다. 전 세계가 하나의 경제권으로 통합되어 있는 시점에서, 달러라는 기축통화의 수요와 공급을 결정하는 것이 다름 아닌 미국의 기준금리이기 때문이다. 다시 한번 말하지만 투자를 하는 데 있어서 단 하나의 경제 지표를 읽는다면 한국 원화 가치의 유동성보다 무엇보다 미국 달러의 유동성에 초점을 맞춰야 한다.

캐리 트레이드

캐리 트레이드(carry trade)란 저금리로 조달된 자금으로 외국 자산에 투자하는 거래를 뜻한다. 보통 통화 캐리 트레이드가 대부분인데 이자가 싼 국가에서 돈을 빌려서, 이자가 비싼 국가에 자금을 유치하여 차익거래를 하거나 수익률이 높을 것으로 예상되는 국가의 주식 또는 부동산에 투자하여 수익을 추구하는 투자법이다.

보통 양국의 금리차로 인한 차익을 보고 이루어지나 이후 환율 상승에 따른 환차익도 기대할 수 있고, 최종적으로 자금이 투자된 국가의 자산 가격 상승에 따른 차익을 목표로 하는 글로벌한 투자전략이라 하겠다.

예를 들어 과거 일본이 오랫동안 제로금리 상태에 있자 일본 투자자들(일명 '와타나베 부인')이 일본에서 거액의 돈을 빌린 다음에 미국을 비롯한 해외주식과 부동산, 채권을 사들였다. 이를 엔화를 빌려서 캐리 트레이드 했다 하여 '엔화 캐리 트레이드'라 부른다.

최근에는 2008년 리먼 사태 이후 세계적인 경기침체와

이에 대응하기 위한 양적완화와 저금리 기조가 이어지자 가치가 떨어진 미국 달러를 가지고 신흥국에 공격적으로 투자하는 '달러 캐리 트레이드'가 성행했으며, 2020년 코로나 사태 이후 달러 유동성이 더욱 커지자 투자 규모 또한 급증하였다. 덕분에 이렇게 퍼져나간 달러로 말미암아 한국을 위시하여 중국 및 많은 신흥국가의 부동산, 주식 가격이 급등하는 결과로 이어졌다.

이처럼 캐리 트레이드에 의해 해외로 투자된 자금들은 그 나라 부동산 및 주식 등 자산 가격을 급등시켜 유동성 장세를 심화시키는 기제로 작동하는 바, 주식 투자자들은 기존 캐리 트레이드 자금들의 향방에 촉각을 곤두세우고 지켜볼 필요가 있다.

반면 이렇게 캐리 트레이드된 자금들이 청산되는 경우엔 자금 시장의 변동성을 키워 시장의 공포심이 극에 달하며 이로 인해 전 세계적인 주가 폭락을 야기하기도 한다. 2024년 8월 일본은행이 기준금리 인상을 선포하자마자 일본 닛케이지수는 단 하루만에 12.4% 대폭락했고, 코스피 역시 8.77% 폭락하기도 했다. 일본이 금리를 인상하면 엔화의 가치가 올라가고 전 세계로 풀린 엔화가 다시 일본으로 회귀하게 될지도 모른다는 공포심이 시장을 짓눌른 결과였다.

　최근에도 일본 내 금리 인상 압박이 가중되고 있어 이로 인한 엔화 캐리 트레이드 자금의 청산 우려가 커지고 있다. 만약 엔화의 청산이 본격화되면 우리는 공포심에 휘둘리지 말고 오히려 일본 닛케이지수 인버스나 숏 상품 등에 대한 투자를 본격화해야 할 것이다.

4장

경기의 순환

일상적으로 '경기(景氣)가 좋다' 혹은 '경기가 나쁘다'는 표현을 많이 사용한다. 이때 말하는 경기란 곧 '경제의 기운'을 말한다. 경기가 좋다는 것은 물질적 부를 생산하는 활동이 순조롭고 원활하다는 것으로, 곧 시장 주체들의 살림살이가 나아졌다는 뜻이다. 반대로 경기가 나쁘다는 건 경제 활동이 원활치 못해 시장에 수요가 사라짐에 따라 재고가 쌓이고 실직자들이 증가하고 있으며, 돈이 제대로 돌고 있지 않다는 것이다. 경제 활동을 하는 상인들을 만나 물어보면 10년 전이나 지금이나 늘 "경기가 안 좋다"고 평가한다. 그러니 투자의 관점에서는 우리가 체감하는 경기보다 좀 더 포괄적이고 객관적인 시각으로 바라볼 필요가 있다.

수출 경기와 내수 경기

경기는 수출 경기와 내수 경기로 나눌 수가 있다. 수출 경기는 환율의 영향을 받고 내수 경기는 대부분 금리, 즉 소비와 투자에 의해 결정된다. 그런데 내수 경기가 원활하게 돌아가려면 나라 인구가 1억 명 정도는 되어야 한다. 반면 우리나라 인구는 5,000만 명밖에 안 되어 내수 경기를 안정적으로 끌고 가기 어려운 구조다. 게다가 꾸준한 인구 감소로 내수 경기의 기반 자체가 점점 더 약해지고 있다.

이러한 어려움을 타개하기 위한 극단적인 방법으로 통일을 꼽을 수 있다. 남한 인구 5,000만 명에 북한 인구 2,500만 명을 합치면 전체가 8,000만 명에 육박하게 된다. 게다가 중국 동북3성 및 러시아 연해 주 등도 대한민국의 유사 경제권으로 편입되며 내수 경제의 규모가 커져 자급 시스템이 얼추 가능해질 것이다. 또 북한을 개발하기 시작하면 북한의 GDP 성장률이 1년에 30~40%에 이르게 된다. 현재 대한민국의 GDP 성장률인 1.2%에서 6.5~7%까지 끌어올려지는 셈이니 주가 지수 역시 급상승할 것으로 예측할 수 있다.

수출과 내수 경기를 중국집에 비유해 보면 이해가 쉬울 것이다. 중국집 홀이 100석 정도의 규모라면 굳이 배달을 하지 않아도 충분한 매출이 나올 것이다. 하지만 홀 규모가 10석밖에 되지 않으면 배달 수입이 훨씬 중요하다. 지금 우리나라는 홀 규모가 작은 중국집과 마찬가지이기 때문에, 수출 경기에 의존할 수밖에 없다. 이러한 구조 탓에 우리나라 경기는 항시 수출 경기를 우선시할 수밖에 없다. 대한민국에선 어떤 정부가 정권을 잡아도 항시 고환율 정책을 펼치는 이유이기도 하다.

호황과 불황의 반복,
경기의 순환

경기는 늘 좋기만 하거나 늘 나쁘기만 한 것이 아니라 지속적으로 반복되며 순환한다. 경기가 좋으면 호황이라고 하고, 나빠지면 불황이라고 하며, 불황이 지속되면 공황이 되고 10년 이상 이어지면 대공황이라고 부른다. 역사적으로는 1929년부터 1939년까지 10년 동안 미국 경제가 곤두박질치며 전 세계가 악영향을 받았던 대공황이 있었다.

이렇게 경기가 순환하는 과정에서 하강 국면으로 떨어질 때는 완만하게 떨어질 수도, 급격하게 떨어질 수도 있다. 완만한 하강은 연착륙, 급격한 하강은 경착륙이라고 하는데 대부분의 경기 하락은 경착륙에 가깝다. 이 구간에 들어서면 시장의 주체들이 경기

하락에 대비하지도 못하고 돌발적인 상황을 맞게 되므로 후유증이 심할 뿐 아니라 주가도 폭락하게 된다. 하지만 무작정 당하고만 있을 것이 아니라 경기 순환을 염두해 두며 전략적인 대응을 해야 한다. 돌이켜보면 리먼 사태나 코로나 시기의 주가 급락 구간이 오히려 최저가 매매 시점이었던 것처럼 말이다.

그리고 이 경기 순환을 보다 쉽게 이해할 수 있는 4가지 모델이 있다.

1. V자형 경기회복

IMF 외환위기 후나 2003년 신용대란 이후처럼 경기가 폭락했다가 급반등하는 경우다. 코로나 시기도 마찬가지다. 보통 경제 위기 시에 자주 보이는 패턴이기도 하다.

2. W자형 경기회복

1929년 미국 대공황이나 중남미 금융위기 때처럼 추락하던 경제가 한번 반등하긴 하지만, 하락의 관성에 의해 다시 떨어지고 재반등하는 것을 말한다. 이를 더블 딥(Double Dip)이라 부르기도 한다.

3. U자형 경기회복

완만하게 추락했던 경제가 다시 서서히 좋아지는 경우다. 경기 침체 시 정부의 수요 진작 정책이 시간 차를 두고 점진적으로 효과를 보는 것인데, 차트상으로는 원형바닥의 형태를 보인다. 현실에서는 드물게 나타난다.

4. L자형 경기회복

경기가 줄기차게 떨어지다가 장기간 반등 없이 오랜 침체에 빠진 경우다. 이 경우 급락 이후 오랜기간 바닥권이 형성되며 L자형 패턴이 만들어진다. 1980년대 말에 일본의 닛케이지수가 3만 8천까지 떨어진 뒤에 살아나지 못하고 이러한 L자형 장기불황 패턴을 보였다.

이러한 경제 순환 모델을 바탕으로 우리는 현재 시장이 어떤 식으로 움직이고 어떤 방향을 향해 가고 있는지 어느 정도 예측할 수 있다. 다만 문제는 반등하는 지점이나 다음 흐름을 정확히 맞히기 어렵다는 점이다. 경기가 조금 반등한다고 해도 본격적인 반등인지, 일시적인 회복 후 다시 폭락할 것인지 헷갈릴 수밖에 없다. 긴 가민가하면서 주식 투자를 하다가는 반등의 타이밍에 기회를 놓치거나, 혹은 내가 매수했더니 그대로 하락하는 상황에 처하게 되는 것이다.

경기 순환 모델을 알더라도 바닥이 어디인지, 반등 구간이 어디인지 알지 못하면 투자의 타이밍을 잡을 수 없다. 이때 차트 분석은 이를 비교적 빠르게 파악하고 대응할 수 있다는 장점이 있다. 실제로 리먼 사태 당시에는 W자 반등을, 코로나 시기에는 V자 반등을 차트에서 확인할 수 있었다. 이런 반등 패턴을 초기에 제대로 포착한다면 큰 수익을 거둘 수 있을 것이다. 결국 대박의 핵심은 타이밍이다. 경기가 상승 구간에 있는지 하락 구간에 있는지 파악하여 바닥에서 사고 고점에서 파는 것이 우리의 목표다. 차트를 통해 그 타이밍을 찾아 대응하는 능력이 투자 성과를 결정지을 수 있다.

경기지표로 미래를 읽는 법

경기를 파악하고 추론하는 데 있어 중요한 지표가 몇 가지 있다. 대표적으로 경기선행지수와 경기동행지수를 꼽을 수 있다. 이는 여러 경제 지표를 종합하여 경기가 좋아질지 나빠질지 파악하고 이를 정부 정책에 활용할 수 있도록 나타내는 지표다. 한국은행이나 통계청에 들어가서 확인해 볼 수 있으며, 사실 경기는 이미 차트에 반영되어 있기에 종합주가지수 차트를 보는 것만으로도 충분하다. 다만 어떠한 기준으로 미래의 경기를 예측하는지 대략적인 내용을 알고 있으면 참고가 될 것이다.

경기선행지수는 향후 경기가 좋아질지 나빠질지 미리 예측하는

데 사용되는 지수다. 선행지수가 상승 중이라면 미래 경기가 좋아질 가능성이 높으나 하락 중이라면 미래 경기가 나빠진다는 것을 암시한다. 정책 결정 및 집행 시 판단 근거로 쓰이는 동시에 투자자에게도 가장 중요한 지표 중 하나다. 경기선행지수를 도출하기 위한 세부 지표에는 여러 가지가 있다. 건설수주액, 기계류 내수출하지수, 구인·구직비율, 재고순환지표, 소비자 기대지수, 수출입 물가 비율, 장단기 금리차, 코스피, 국제 원자재 가격지수 등이다.

이중에서는 장단기 금리차에 주목할 필요가 있다. 일반적으로 장기채권의 금리는 단기채권 금리보다 높은 것이 상식이다. 미래 전망이 긍정적이라면 사람들은 안전자산인 채권보다 상승률이 기대되는 주식을 선호하므로, 장기채권 금리가 상승하여 장단기 금리차가 확대된다. 반대로 경기가 나빠질 것으로 예상되면 안전자산인 장기채권의 인기가 높아져 금리가 낮아지고, 장단기 금리차는 축소된다. 특히 장단기 금리차가 역전되면 18~24개월 이내 경기 급락이 예고되므로 이는 경기 전망에 대한 중요한 신호가 된다.

경기 동행지수는 현재의 경기가 얼마나 잘 돌아가고 있는지 보여 주는 지표로, 경기 선행지수와 마찬가지로 여러 지표를 통계적으로 합산하여 산출한다. 광공업 생산지수, 소매판매액지수, 서비스업 생산지수, 건설기성액, 내수출하지수, 수입액, 비농림어업 취업자수 등이 포함된다.

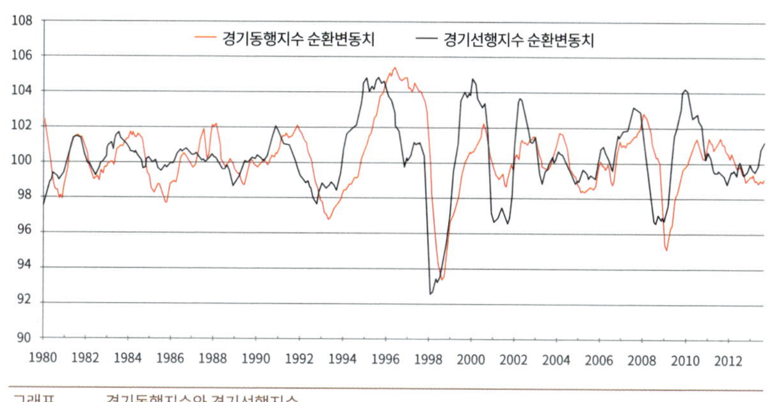

그래프   경기동행지수와 경기선행지수

두 지수가 밀접한 연관이 있기 때문에, 위 표를 보면 경기동행지수가 경기선행지수를 약 6개월 시차를 두고 따라가는 모습을 관찰할 수 있다. 이 두 지표의 흐름만 제대로 읽을 수 있어도 경기 방향을 상당 부분 예측할 수 있으며, 투자 타이밍을 잡는 데 강력한 도구가 된다.

만약 경기선행지수가 호조를 보인다면 정말 경기가 좋아지는 지를 종합주가지수 차트에서 재차 확인한 후 개별주 투자에 박차를 가하면 된다. 반면 경기가 나빠지는 신호가 나오고 있다면 이 또한 차트에서 확인한 후 지수 인버스 상품 등에 투자할 수 있다.

5장

물가와 인플레이션

금리, 환율, 경기 상황이나 물가의 흐름은 모두 큰 연결고리를 가지고 있다. 우리가 소비를 할 때 '너무 비싸졌다'고 체감하는 것이 결국 물가의 문제다. 물가는 궁극적으로 해당 국가의 화폐가 얼마나 힘이 있는지, 또 어느 정도의 재화와 교환 가능한지의 척도를 나타내는 것이다. 특히 미국 연준(Fed)이 금리를 결정할 때 가장 중요하게 참고하는 지표 역시도 바로 물가다. 물가가 얼마나 오르내리고, 또 어떤 속도로 움직이고 있는지 판단한 뒤 금리를 결정하고, 금리가 결국 환율이나 자산 가치, 각국의 경기에 영향을 미치게 된다.

고용지표와 물가지수

미 연준이 금리를 결정하는 가장 중요한 지표 2가지가 있다. 하나는 '고용지표'이고 또 하나는 '물가지수'이다. 이중에서 고용지표는 실업률, 구인구직 비율, 단위 시간당 노동 비용, 주간 실업수당 청구 건수 등으로 확인된다. 실직한 사람들이 많다면 경기가 나빠지고 있으니 향후에 경기 회복을 위해 금리를 인하해야 한다. 금리가 내려가면 미국 달러의 가치가 약해지며 금을 비롯한 각국의 통화 가치는 상승하고, 나스닥 및 전 세계 지표의 지수도 함께 오르게 될 것이다.

이때 고용지표보다 더 민감하게 참조하는 것이 바로 물가지수다. 만약 물가가 지나치게 높아지면 인플레이션이 발생하며 화폐 가치가 떨어지면서 화폐 시스템 자체가 붕괴될 수 있다. 따라서 물가가 오르면 화폐의 가치가 높아져야 소비를 줄이고 저축을 하게 될 테니 금리를 상승시킨다.

반대로 물가가 낮아지면 경기가 안 좋아 소비가 위축되었다는 뜻이므로 금리를 인하한다. 예금의 기대 수익률보다 자산 투자나 소비 쪽의 기대 수익률이 높아지도록 시장을 유도하는 것이다. 금리를 내리면 시장에 돈이 돌아 소비나 투자가 늘어나고 부동산 및 주식의 자산 시장으로 유동성이 흘러가며 해당 자산 가격을 상승시키게 된다.

물가지수는 대표적으로 생산자물가지수와 소비자물가지수로 나누어 살펴볼 수 있다. 생산자물가지수는 아직 소비자에게 물건이 팔리기 전, 기업이 생산 과정에 지출하는 비용의 변화를 측정하는 것이다. 인건비가 오르거나 원자재 가격이 급변동하면서 발생하는 물가 수준으로, 이후 소비자 가격에도 영향을 미치게 된다. 선행지수 역할을 하므로 물가수준을 측정하는 데 매우 중요하다.

소비자물가지수는 소비자가 실제로 물건을 구매할 때 발생하는 물가의 변동을 측정하는 것이다. 생산자 물가지수는 경기 선행지수에 해당되며, 소비자물가지수는 경기 동행지수라고 보면 된다. 만약 생산자물가지수가 높아지고 있다면 조만간 소비자물가지수도 올라갈 가능성이 높으니, 금리를 높여 소비를 지양하도록 하는 정책을 펼쳐야 할 것이다.

　그 외에 수출입물가지수도 물가 지표로 활용된다. 수출입 상품의 가격변동이 국내 물가에 미치는 영향을 사전에 측정하는 것인데 이는 환율에 의해 가장 큰 영향을 받는다. 환율도 결국 금리와 연결되어 있기 때문에 물가지수 대부분이 결국 금리에 귀속된다고 볼 수 있다. 그래서 이러한 물가지수의 측정을 바탕으로 경기가 좋아 물가가 급등하면 금리를 높여 물가를 떨어뜨리며 반대로 물가가 과도하게 떨어지면 경기 침체를 우려하여 금리를 낮춰 대응하게 된다.

물가 결정 요인

1. 경기

아무래도 경기가 좋으면 소비나 투자가 활성화되며 물가가 상승하게 되고, 경기가 나쁘면 수요 감소로 물가 역시 하락한다. 다만 경기가 나쁜데도 물가 수준이 상승하는 스태그플레이션이나 경제 시스템이 무너져 물가가 폭등하는 하이퍼 인플레이션은 예외다. 또 수출 경기 역시 물가와 관련이 깊다. 수출이 잘 되면 외국으로부터 돈이 들어와 내수 경기를 자극하므로 물가가 상승하게 되는 반면, 자국 화폐의 가치가 상승해 환율이 떨어지므로 수입 물가는 하락하게 되는 상반된 효과가 있다.

2. 통화량(유동성)

시중에 돈이 많이 풀리면 물가를 자극하게 되어 물가가 상승하고, 반대로 돈이 줄어들면 수요 하락에 따라 물가 역시 하락하게 된다. 정부의 현재 금융통화정책을 보면 향후 시장의 유동성 추이를 알 수 있고, 또한 물가가 상승할지 하락할지도 예측할 수 있다.

3. 환율

환율이 하락하면 수입 물가는 떨어져 국내 물가를 떨어뜨리는 반면, 환율이 상승하면 수입 물가가 상승해 물가 역시 상승하게 된다. 환율은 무역수지에 따라 결정되기도 하지만 각국의 경제 상황 및 금리 추이에 따라서도 변화되며 물가 역시 영향을 받는다.

4. 원자재 가격

국제 유가 및 철광석, 구리 등의 원자재 가격의 경우 산업 전반에 영향을 미치는 중요 요소로 이들 품목의 가격 변동에 따라 물가 역시 연동되어 변화한다. 특히 유가는 산유국 동향 및 국지 분쟁,

정치적 요인 등에 의해 변동이 심한 관계로 물가 변동의 여파 역시 크게 작용하는 편이다. 이외에 국제 곡물 가격 등도 중요한 변동 요소인데 특히 기후에 따라 작황 변동이 많은 탓에 단기적인 임팩트가 강하다.

각종 인플레이션의 정의

일반적으로 인플레이션은 물가가 오르고 화폐의 가치가 하락하는 것을 의미한다. 보통 부정적인 의미로 느껴지지만, 적정 수준의 인플레이션은 오히려 경제가 성장하고 있다는 신호다. 만약 GDP 성장률이 3%라면 물가 상승률도 평균 3% 수준으로 오르며 그만큼 활성화되었다는 의미다.

그래서 대부분의 국가들은 매년 목표 인플레이션을 발표하며, 우리나라의 경우는 약 2% 정도로 설정하고 있다. 물론 인플레이션이 계속되면 화폐를 가지고 있는 사람들이나 월급 생활자들에게 불리한 부분도 있지만 물가가 전혀 오르지 않는 것도 나라 경제가 정체되어 있다는 뜻이기 때문에 긍정적으로 보기 어렵다. 일본

같은 경우 지난 30년 동안 물가가 거의 오르지 않은 디플레이션을 경험했는데 이는 달리 말하면 경제가 전혀 성장하지 않았다는 의미이기도 하다. 소비자 입장에선 물건을 싸게 살 수는 있었을지 몰라도 국가 경제적으로는 오히려 후퇴한 셈이 된다.

그런데 문제는 GDP 상승률에 비해 인플레이션이 너무 크게 발생하는 상황이다. 만약 GDP 성장률이 3%인데 물가가 6% 상승했다면, 재산은 늘었지만 실질적인 구매력은 -3%가 되므로 화폐를 보유하는 것 자체가 손실인 셈이다. 그래서 사람들이 화폐를 버리기 시작하면 그 나라의 화폐 가치가 급락하고, 이어서 물가가 갑자기 급상승하는 '하이퍼 인플레이션'이 발생하게 된다.

하이퍼 인플레이션이 발생하고 물가 상승률이 100%가 넘어가면 더 이상 아무도 그 국가의 화폐를 가지려고 하지 않는다. 즉 화폐로서의 신뢰를 완전히 잃게 되면서, 베네수엘라처럼 화폐로 공예품을 만들어 파는 게 더 높은 가치를 지니는 극단적인 상황이 벌어지는 것이다. 이처럼 통제되지 않은 인플레이션은 국가 경제의 기반을 완전히 무너뜨릴 수 있다.

그래서 각국의 중앙은행에서는 무엇보다 화폐 가치의 안정성을 추구한다. 인플레이션이 어느 정도 높은 수준에서 유지되다 보면 갑작스러운 '퀀텀 점프'로 화폐 가치가 완전히 무너지기 때문이다. 따라서 각국 중앙은행의 총재들은 물가 수준을 통제하기 위해 매우 세밀한 단위까지 물가를 조정하며 신중하게 시장을 살핀다. 정

치권에서 유동성을 위해 '돈을 더 풀라'고 압박해도 화폐 가치의
조정을 통한 장기적인 안정성을 우선시해야 하는 것이다.

제국의 흥망과 인플레이션

역사 속 강대국이었던 제국은 대부분 제조업으로 시작하여 금융업으로 발전했다가 결국 인플레이션으로 멸망했다. 산업혁명으로 발전했던 영국도 글로벌 금융의 중심지로 자리 잡았으나 1, 2차 세계 대전을 겪으며 화폐 가치가 급락하고 쇠퇴의 길을 걸었다.

로마 제국도 마찬가지다. 처음에는 이탈리아의 한 작은 도시에 불과했으나 제조업으로 점차 성장해 나갔고, 로마의 은화 '데나리우스'가 전 세계에 통용되기 시작했다. 데나리우스는 90%의 은과 10%의 구리로 만들어졌는데 불순물이 거의 없이 등가가 정확하다 보니 국제적으로 신뢰받는 화폐였다. 그렇게 금융업으로 번성해 갔으나 이후 제국이 커지면서 은 함량을 조금씩 줄이기 시작했고,

결국 데나리우스의 가치는 폭락하며 화폐로서의 기능을 잃게 됐
다. 전쟁을 위해 용병을 고용할 때 은화 대신 소금으로 월급을 지
급할 정도였다. 화폐보다 소금의 가치가 높아졌던 것이다. '샐러리
(salary)'라는 단어가 바로 여기에서 유래했다. 결국 통화 시스템의
붕괴는 로마 제국의 몰락을 재촉하는 결과로 이어졌다.

알렉산더 대왕의 사례도 인플레이션의 극단적인 영향을 보여 준
다. 페르시아 원정을 통해 막대한 양의 황금을 손에 넣은 알렉산
더는 자국인 마케도니아에 이 엄청난 황금이 유입되면 물가가 폭
등하여 사회에 혼란이 올 것을 우려했다. 그래서 인도 원정을 떠나
는 길에, 자신의 충직한 장군에게 황금을 절대 마케도니아로 반입
하지 말 것을 당부한다. 그러나 알렉산더가 풍토병으로 갑작스레
세상을 떠나자 본국의 압력으로 결국 막대한 황금이 마케도니아로
유입되었고, 단 1년 만에 물가가 10배 이상 치솟으며 끝내 멸망하
고 만다. 막대한 유동성의 급격한 유입이 강력한 인플레이션을 불
러온 것이다.

역사 속에서 알 수 있는 인플레이션의 영향은 오늘날에도 여전
히 유효하다. 미국은 제조업 강국으로 성장했지만 1970년대 이후
제조업을 타 국가로 이전하며 완전한 금융업 중심으로 탈바꿈했
다. 현재 미국이 가장 경계하고 조심하는 것도 바로 인플레이션이
다. 기축통화인 미국 달러의 화폐 가치가 떨어지면, 그래서 아무도

달러를 쓰지 않으려 하게 된다면 우리나라를 포함한 전 세계의 금융 시스템이 흔들리게 되고, 극단적으로는 기축통화 지위를 얻기 위해 제3차 세계대전이 발발할 수도 있을 것이다.

극단적인 인플레이션은 이처럼 한 국가의 흥망성쇠를 결정하고 전 세계를 뒤흔들 수도 있다. 하지만 경제가 발전하는 한 물가 상승은 꾸준히 이루어지기 마련이라는 사실을 명심해야 한다. 그래서 투자자의 관점에서는 언제나 통화량에 집중해야 한다. 통화량이 늘어나더라도 공급량을 자유자재로 늘릴 수 없는 자산은 결국 가격이 폭등하게 되어 있다. 공급량을 마음대로 늘릴 수 없는 자산은 대표적으로 주식과 부동산을 꼽을 수 있다. 즉 향후에 유동성이 커지면 반드시 주식도 오르고 부동산도 오른다.

또한 인플레이션율에 따른 실질적인 예금 금리율을 산정하여 저축이나 투자에 대한 판단을 내리면 될 것이다. 따라서 인플레이션에 대비하는 마음가짐이 항상 필요하며, 유동성의 방향을 좇아 지금 시장에 돈이 풀리고 있는지 마르고 있는지 판단해야 한다. 이를 바탕으로 투자의 타이밍을 발견한다면 그때는 겁내지 말고 자신 있게 접근해도 좋다.

주식 투자자가 반드시 알아야 하는
최고의 등식

$$M \times V = P \times Q$$

좌변의 통화량(M, money supply)은 경제 내에서 유통되는 돈의 총량을 말하며, 화폐 유통 속도(V, velocity)란 돈이 경제 내에서 얼마나 빠르게 거래되는지를 나타내는 지표다. 그리고 이것을 곱한 것이 우변에 자리한 모든 재화의 공급량(Q, quantity)과 그 재화의 가격(P, price)을 곱한 총량이 된다.

사실 이는 통화량과 화폐의 유통속도에 따른 인플레 유발정도를 표시하는 공식이다. 하지만 우리가 이를 제대로 이해하면 향후 부동산이나 주식의 투자를 함에 있어 매우 중요한 투자 단초를 얻을 수 있는 공식이기도 하다.

많은 사람이 가끔 이런 얘기들을 한다. 1997년 IMF 때나 2008년 리먼 사태, 그리고 최근의 코로나 사태 같은 금융위기 때 과감하게 주식이나 부동산을 샀어야 했다고. 그때는 겁에 질려 살 엄두를 내지 못했는데 지나놓고 보니 그때야말로 자산 가격 폭등이 시작되는 시점이었고, 부자가 될 수 있는 절호의 기회였다는 것이다.

그런데 위 등식을 보면 이런 투자자들의 탄식이 그대로 드러난다. 보통 금융위기가 오면 중앙은행은 금리를 낮추고 시장에 유동성(M)을 공급하게 된다. 하지만 그때에도 시장위기는 여전하고 사람들의 심리는 경색되어 있기에 섣불리 투자를 감행하지 못한다. 반면 결국 시장에 공급된 유동성은 우변의 상품 가격(P)을 상승시키거나, 공급량(Q)을 늘리는 쪽으로 작용하게 된다.

이때 공급이 원활한 재화라면 가격은 크게 오르지 않고 공급량이 많아지게 된다. 코로나 초기의 마스크 가격을 보면 알 수 있다. 최초 한두 달은 마스크 품귀 현상으로 가격이 급등했지만 이내 공급이 많아지면서 오히려 코로나 전보다 가격이 떨어졌다.

반면 부동산을 생각해 보자. 부동산은 공급이 매우 제한된 상품이다. 시중에 돈이 풀렸다고 해서 곧바로 공급이 이루어지는 것이 아니라 2~3년 정도의 시간 차가 생긴다. 돈은 많은데 공급량이 부족하니 그렇다면 가격이 폭등하게 된다. 주식도 마찬가지다. 주식상장총수는 일정한데 갑자기 늘리거나 줄일 수 없는 구조다. 그런데 만약 시장에 돈이 많이 돌게 되면 어떻게 되겠는가? 결국 주가가 올라가게 되어 있다.

이처럼 주식이나 부동산은 공급에 제약이 많기 때문에 시장 유동성이 늘어나게 되면 반드시 가격부터 오르게 되어 있다. 게다가 금융경색이 풀리며 시장심리가 완화되면 화폐 유통 속도가 빨라지게 되는데 이러면 가격은 급등을 넘어 폭등하게 된다.

이런 원리로 시장에 유동성이 풀리면 우리 투자자들은 우선 과감하게 부동산이나 주식에 투자하는 용기가 필요하다. 금융위기가 발생할 때마다 시장은 추락하고 자산 가격 또한 급락하였다. 하지만 영원한 하락은 없고, 언제나 시장은 오히려 더 큰 상승을 이어갔다. 돌이켜보면 위기야말로 진정한 기회였던 것이다.

이는 차트상에서 더욱 명확하게 확인할 수 있는데, 과거 지수차트를 보면 모두 다 한결같이 바닥에서 상승 패턴을 만들고 이후 급등하기 시작했다. 1997년 IMF 당시

그래프   IMF 당시 대한민국 종합주가지수 월봉 차트

한국 코스피 종합주가지수 월봉차트를 보면 위기가 한창이던 1998년 주가지수가 277까지 빠졌지만 결국 저점에서 쌍바닥 패턴을 만들고 급등한 것을 확인할 수 있다.

하지만 당시만 해도 나라가 모라토리엄에 빠져 오늘내일 하던 때라 사람들은 결코 투자할 엄두도 내지 못하던 상황이었다. 그렇지만 차트는 명확히 그때야말로 절호의 투자 적기임을 보여 주고 있다. 그러니 명심하라. $MV=PQ$로서 금융위기가 발생할 때마다 시장엔 막대한 유동성이 공급되게 되고, 이는 결국 공급이 제한된 부동산이나 주식의 가격을 밀어 올릴 테니 그때야말로 과감히 투자해야 할 때임을. 그리고 투자 타이밍은 이처럼 차트로 확인할 수 있으며, 이 책을 통해 패턴과 추세를 배우고 탑 다운(top-down) 방식으로 지수차트 분석하는 법을 배우면 이후 금융위기 때마다 평생 써먹을 수 있을 것이다.

6장

시장을 읽는 핵심 경제 지표

주식 시장은 매일 출렁이는 것처럼 보이지만, 시장의 유동성에 따라 분명히 우리에게 상승과 하락의 신호를 주고 있다. 이때 각종 경제 지표를 미리 이해하고 있다면 어떤 뉴스가 나오거나 시장의 변동 상황이 생겼을 때 주식의 흐름을 즉각적으로 예측하는 일도 가능하다. 단순히 경제 지표를 이론적으로 암기하는 것이 중요한 게 아니라, 그로 인한 시장의 반응과 영향을 알아야 하는 것이다. 이를테면 '어디선가 전쟁이 발생했다면, 이 사실은 물가를 자극하여 인플레이션을 만들 것인가?, 경기를 떨어뜨리며 디플레이션을 만들 것인가?' 등에 대한 해석을 바로 할 수 있어야 한다. 인플레이션이 발생할 요인이 생겼을 때 금리가 인상되면 나스닥지수는 어떻게 움직일 것인가? 경제 지표는 개별 종목보다 먼저 시장의 방향을 알려 주는 신호이기 때문에 각종 경제 지표의 연쇄적인 연관성을 이해하고 있으면 주식 시장의 흐름을 읽는 일이 훨씬 편해질 것이다.

개인의 소비 지표

1. 자동차 판매

자동차는 평소에 쉽게 구매하는 물건이 아니며, 구매하려면 당연히 충분한 소득 수준이 갖춰져야 한다. 소득이 꾸준히 상승하거나 연말 보너스를 받는 등의 여유가 생긴다면 자동차 구매로 이어질 수 있기 때문에, 대출을 받아서라도 큰 구매를 하려는 사람이 많다면 호황이라고 판단할 수 있다.

2. 체인스토어 판매

미국은 체인스토어가 매우 발달해 있다. 체인스토어와 같은 소매업 판매가 미국 소비의 상당수를 차지하므로 매출 확인이 경제지표로서 매우 중요하다. 그래서 이를 판단하기 위해 주차장을 드나드는 차의 출입 대수를 찍어 그 정도를 추적하기도 한다. 실제로 유명 장난감 체인점이 망하기 6개월 전부터 주차장이 텅 비어 있는 사진이 보고되었고, 이는 결국 실제 폐업으로 이어졌다.

3. 소비자 심리

소비자들이 현 경제 상황을 긍정적으로 느끼는지는 실제 소비활동에 큰 영향을 준다. 심리가 위축되면 소비가 줄어들고, 개선되면 소비가 살아나기 마련이다.

4. 기존 주택 판매

기존 주택이 거래되면 그에 따라 벽지·가구·싱크대·조명 등 각종 인테리어와 가전 교체가 이루어진다. 즉 연쇄적인 추가 소비가 이루어진다는 뜻이다. 그래서 신규 분양을 제외한 부동산 매매가 활발히 이루어지면 호황으로 보며, 신규 주택 판매의 경우는 경기 선행지표로 활용된다.

5. 불완전 고용

계약직, 파트타임과 같은 불완전 고용율이 늘어난다는 것은 안정적인 일자리가 그만큼 줄어들고 있다는 뜻이므로 불황의 신호다.

기업의 투자 지표

1. 수주출하비율

기업이 새로 받은 주문이 실제 출하량보다 많다면 향후 생산을 확대해야 한다는 의미이므로 호황의 신호이며, 반대로 출하가 수주보다 많다면 기존 재고를 소진해야 하므로 경기 둔화 신호로 해석될 수 있다.

2. 구리 가격

구리는 산업 전반에서 쓰이지 않는 곳이 없다고 봐도 과언이 아니다. 그래서 구리 가격이 상승하고 있으면 산업 전반이 호황이며, 구리 가격이 내려가면 전체적으로 불황이라는 의미다. 그래서 현재 경기가 어떤지 알고 싶으면 '닥터 쿠퍼(Dr. Copper)에게 물어보면 된다'는 말까지 있다.

3. 내구재 주문

건물이나 기계 설비 등 내구재 주문이 증가한다면 호황이다. 내구재의 수요가 많다는 건 향후 자동차, 기계, 건물 등에 생산과 투자 가능성이 높다는 뜻이기 때문이다.

4. 주택착공과 허가 건수

주택공사 건수가 증가한다는 것은 중장기적으로 경기회복의 징조다. 새 주택을 짓기 위해서는 건설 분야의 투자를 비롯해 향후 부대 소비가 발생한다는 뜻이므로 투자의 지표로서 중요한 의미가 있다.

5. 산업생산과 설비가동률

공장 생산량이 많고, 설비를 최대한 가동한다는 것은 현재 경기 상황이 호조를 보인다는 뜻이다.

6. 공급관리자협회 제조업지수

제조업 구매 담당자가 신규 주문을 많이 하면 호황으로 본다. 실제로 공장의 구매 담당자를 대상으로 향후 구매를 늘릴 것인지에 대한 설문조사도 이루어진다. 만약 구매가 줄어들면 생산과 투자가 위축되고 있다는 뜻이므로 경기 둔화를 예상할 수 있다.

7. JoC-ECRI 산업재 가격지수

주요 산업재 가격이 오른다는 것은 경기 회복의 신호다.

8. 런던 금속거래소 재고

금속 재고가 적으면 제조업 활기를 띠고 있다는 뜻이므로 경기는 호황이다.

9. 개인 저축률

저축은 실물이 아니라 돈에 투자하는 행위다. 개인은 경제가 불안할수록 현금을 보유하려 하고 저축을 더 많이 하게 되므로, 저축률이 높아지면 투자는 약화된다.

10. 단위노동비용

노동자 한 명을 한 시간 고용하는 데 드는 비용으로, 단위노동비용이 올라가면 그만큼 일이 많고 구인 비율이 높으며 경기가 호황이라는 뜻이다. 특히 미국에서 금리를 결정할 때 주간 실업수당 청구 건수 다음으로 중요한 지표로 보는 것이 단위노동비용이다. 단위노동비용이 올라가고 있다면 금리도 인상된다고 보면 된다.

11. 공급관리자협회 비제조업지수

　서비스업 구매 담당자가 경제를 낙관적으로 보는가를 파악하는 지표로, 지수가 높아질수록 경제 활동이 활발하게 이루어지고 있다는 뜻이다.

순수출 지표

1. 발틱운임지수

화물을 실어 나르는 컨테이너 하나를 빌리는 비용을 말한다. 운임지수가 높아진다는 것은 무역량이 많아지고 세계적으로 경기가 활기를 띠고 있다는 의미다. 조선업, 해운업, 무역업 등의 경기 파악에 가장 유용한 지표다.

2. 빅맥지수

맥도날드의 '빅맥' 가격을 비교하여 자국 통화가 저평가인지, 고평가인지를 판단하는 지표다. 환율의 상대적 가치를 판단할 때 참고하면 된다.

3. 경상수지 적자

GDP의 5% 이상이면 외환 위기 도래 위험이 커지므로 외환 위기의 가능성을 경고하는 지표이기도 하다.

4. 원유 재고

원유 재고가 증가한다는 건 산업 전반에 원유 소비가 줄고 있다는 뜻이므로, 경제 전체가 약세라는 신호다.

5. 단칸지수

일본은행(BOJ)이 분기별로 발표하는 기업 경기 전망 조사로, 일본기업이 경제를 낙관하고 있는지를 예측하는 지수다. 과거에는 일본이 제조업대국이라 세계 경제에 중요한 영향을 주는 지표로 여겨졌지만 현재는 관광업 중심으로 이동하여 영향력이 크게 감소했다.

6. 해외자본 유출입 동향 보고서

해외 투자자들이 미국에 자금을 빌려주거나 투자하려는 의향이 높으면 달러 강세, 반대로 자금이 빠져나가면 달러 약세로 이어진다.

국내총생산 구성요소 관련 지표

1. 베이지북

미 연준에서 매년 발간하는 보고서로, 경제 현황과 전망을 총괄적으로 분석한 것이다. 미국 경제 분위기를 파악하는 데 유용하며 인터넷에서도 다운받아 볼 수 있다.

2. 크렉스프레드

원유 가격과 원유를 정제해 생산하는 제품의 가격 차이를 의미

한다. 그 격차가 넓어지고 있으면 정유산업의 이익이 증가해 에너
지 기업에 대한 투자가 유망하다고 볼 수 있으며, 좁아지면 그 반
대다. 즉 2가지 경제 지표의 격차를 통해 현재 경기를 파악하는 것
이다.

3. CAO(Credit Availability Oscillator)

신용 이용 가능성을 나타내는 지표다. 신용 이용 가능성이 올라
대출이 쉽게 이루어질수록 경제는 확장되고, 대출이 막히면 경제
는 둔화된다.

4. 연방기금금리

미국 기준금리인 연방기금금리가 오르면 경제 하강, 내리면 상
승의 신호다. 미국 금리는 전 세계의 금융 시장에 영향을 미치므로
가장 중요하게 관찰해야 하는 지표이기도 하다.

5. 출산율

출산율이 변하면 특정 상품에 대한 수요가 함께 변한다. 출산율이 상승하면 유아용품이나 교육, 부동산 등의 수요가 늘어 특정 산업의 중장기 수요에 영향을 미치게 된다.

6. 리보금리

전 세계 은행들이 서로 돈을 빌릴 때 적용하는 금리로, 은행 간 금리가 높으면 호황으로 본다.

7. M2 통화공급량

가장 중요한 유동성 지표 중 하나로, 시중에 풀린 자금량이 증가하면 경기 과열이며 반대로 통화량이 줄어들고 위축되면 경기도 불황으로 볼 수 있다.

8. 신규 주택판매

판매량이 늘어나면 건설업을 비롯해 인테리어까지 연쇄적 소비
가 발생하므로 경기호황을 예상할 수 있다.

9. 필라델피아 연방준비은행 ADS

미국 경제를 구성하는 주요 데이터를 종합해 경제 전체를 분석
하는 지표로, ADS 지수가 상승하면 경기 호황으로 본다.

10. 필라델피아 연방준비은행 기업경기 전망 보고서

미국판 '단칸지수'로 볼 수 있는 지표다. 미국 기업들이 경기를
낙관하면 경기 과열 신호로 본다.

11. 실질금리

명목금리에서 물가 상승률을 뺀 실질금리가 오르면 경기 위축, 내리면 경제 성장으로 본다. 명목금리와 구분하여 해석해야 한다.

12. 공매도 잔고

공매도는 보유하지 않은 주식을 빌려서 먼저 팔고, 주가가 떨어지면 낮은 가격에 다시 사서 갚는 방식을 말한다. 공매도가 늘어나는 시점에서는 주가가 떨어지지만, 안정된 추세가 계속 이어진 상태에서 잔고가 많다면 호재다. 공매도 잔고가 많다는 건 언젠가 사서 갚아야 하는 대기 매수자가 그만큼 많다는 의미이기 때문이다.

13. 주간선행지수

불황의 끝과 시작을 알 수 있는 경기 순환 예측지수다. 지수가 상승하면 불황이 끝나고 경기 회복이 시작되는 것으로 해석할 수 있다.

14. 수익률곡선(Yield Curve)

전 세계 투자자의 판단이 모인 지표로, 수익률곡선이 마이너스가 되면 불황을 예고하는 것이다. 신뢰도가 높은 지표지만 일반인이 이해하기 다소 어려울 수 있다.

15. 1인당 국내총생산

국민 1인당 평균적인 경제력 수준을 보여 주는 지표로, 한 나라의 성장 수준이나 생활 수준을 판단할 때 주로 활용된다.

인플레이션, 공포, 불확실성 지표

1. GDP 디플레이터

경제가 실제로 성장한 것인지 확인하는 지표로, 물가 변동을 반영하기 때문에 외환 거래 시 유용하게 쓰인다.

2. 금 시세

금은 대표적인 안전자산이므로 수요가 높다는 것은 경기 불안 심리가 증가했다는 뜻이다. 최근처럼 미국 국채에 대한 수요가 줄며 달러 가치가 떨어질 때도 그에 대비되는 금에 대한 수요가 늘기 때문에 금값이 상승하는 것이다.

3. 고통지수

실업률과 물가 상승률을 반영하는 지수로, 경제가 어려울수록 고통지수도 오르게 된다.

4. 생산자물가지수

생산 단계에서의 물가를 측정하여 미래 인플레이션 가능성을 예측하는데, 지수가 증가하면 소비자 물가도 오르며 인플레이션 가능성이 높아지는 것으로 본다.

5. 신용스프레드

3년 만기 회사채 금리와 3년 만기 국고채 금리의 차이를 말한다. 국채 금리보다 회사채 금리가 높아야 하는데, 그 간격이 넓어질수록 성장 둔화로 본다.

6. TED스프레드

3개월 만기 영국 리보(LIBOR) 금리와 3개월 만기 미국 국채 금리의 차이를 보여 준다. 세계 금융시장의 상황을 반영하는 지표로서, 스프레드가 좁으면 은행 간 신뢰도가 높다는 의미로 경제 성장의 신호다.

7. VIX (CBOE Volatility Index)

투자자의 불안심리를 체크하는 공포지수로, 투자 심리를 직관적으로 보여 준다. 지수가 높아지면 공포감이 높다는 뜻이므로 급락 가능성이 있다.

8. 미국 물가연동국고채(TIPS) 스프레드

물가연동국고채는 국채의 원금 및 이자지급액을 물가에 연동시

켜 국채투자에 따른 물가변동위험을 제거하고 채권의 실질 구매력
(Purchasing Power)을 보장하는 국채다. TIPS 스프레드(금리 격차)는
국채수익률에서 TIPS 수익률을 뺀 값으로 명목금리에서 실질금리
를 뺀 기대인플레이션, 즉 향후 인플레이션의 발생 가능 정도를 나
타낸다. 즉 인플레이션을 예측하는 지표로 활용된다.

9. 빅센지수

숫자로는 드러나지 않지만 경기 신호를 측정하는 비공식적인 지
표 중 하나가 빅센지수다. 식당 종업원의 매력도가 높아지면 경기
가 나쁘다는 것인데 이처럼 숫자로는 표시되기 힘들지만 실제 상
황을 모니터링하여 경기를 파악하는 지수들이 있다. 실제로 과거
미 연준 의장이던 앨런 그린스펀(Alan Greenspan)은 경기 판단을 위
해 쓰레기통을 들여다보기도 했다. 다 먹지 않은 음식이 많이 버려
져 있다면 노숙자도 먹지 않았다는 뜻이니 경기가 좋다는 의미고,
싹싹 비워져 있다면 그만큼 경기가 나쁘다는 신호로 본 것이다.

10. 텍사스 좀비은행 비율

은행의 부실 위험을 측정하는 지표로, 이 비율이 100%가 넘는 은행은 파산할 위험이 높다.

캔들차트 실전 투자법

차트에는 시장 참여자의 심리와 돈의 흐름이 고스란히 드러난다. 기업의 내재 가치를 일일이 분석하지 않아도 차트를 통해서 시장의 상승과 하락을 읽어 낼 수 있기 때문에, 짧은 시간 안에 필요한 정보를 모두 파악할 수 있는 가장 좋은 도구이기도 하다. 다만 차트의 구조적인 부분을 분절적으로 하나하나 디테일하게 깨닫지 못하고 넘어가면 차트를 한눈에 읽기 어렵다. 각종 보조 지표를 배우는 대신에 차트를 구석구석 들여다보면서 단 1초 만에 내가 사야 하는 주식인지 아닌지, 또 들어갈 자리인지 나갈 자리인지 찾는 눈을 갖춰 보자.

캔들차트 '5대 분석기'

차트를 분석하는 일은 그다지 어렵지 않다. 또한 아주 많은 전문 지식이 필요한 것도 아니다. 핵심만 알면 누구나 다 쉽게 할 수 있는 일이며, 이를 통해 큰 수익을 얻을 수 있다.

그런데 사람들은 차트 분석이 매우 전문적인 수준의 영역을 알아야 한다고 착각한다. 수학이나 통계학의 어려운 공식들을 섭렵해야만 가능하고, 퀀트와 같은 금융공학적 접근만이 기술적 투자의 정수라 오해하고 있다. 아니다. 절대 그렇지 않다. 그렇게 어려운 것이었으면 처음부터 여러분에게 소개도 하지 않았고, 추천도 하지 않았을 것이다. 실제로 차트 분석을 함에 있어 우리가 알아야 하는 것들은 그다지 많지 않다. 중요한 것은 핵심을 아는 것이며,

알 필요가 없는 것들은 굳이 배우지 않아도 된다.

과거 필자가 주식 사부를 처음 만났을 때 앞으로 평생 암기하되 금과옥조처럼 여기라 하며 일종의 수수께끼 같은 문장을 알려 줬는데 다음과 같았다.

거래가 두 번 이루어지면 캔들이 하나 생기고,
캔들이 두 개 만들어지면 파동이 하나 발생하며,
파동이 두 개 겹치면 추세가 하나 만들어진다.
그리고 이것들은 모두 이평선 위에 존재한다.

참으로 간결하면서도 오묘하다. 그러면서도 차트 분석에 있어 모든 정수를 담은 문장이기도 하다. 사부는 차트 분석을 하는데 굳이 많은 것들을 알 필요 없이 '거래(량), 캔들, 파동(패턴), 추세, 이평선' 오직 이 5가지만 정확히 알면 된다고 했다. 그리고 이 5가지를 따로 '차트 분석의 5대 분석기'라 불렀다.

매매, 즉 거래가 이루어지지 않으면 시장도 존재하지 않으며 그 어떤 것도 발생하지 않는다. 따라서 시장에서 가장 중요한 것이 이 거래다. 그런데 캔들 하나가 만들어지려면 하루에 적어도 두 번은 거래가 이루어져야 한다. 그래서 거래가 두 번 이루어지면 캔들이 하나 생긴다 한 것이다.

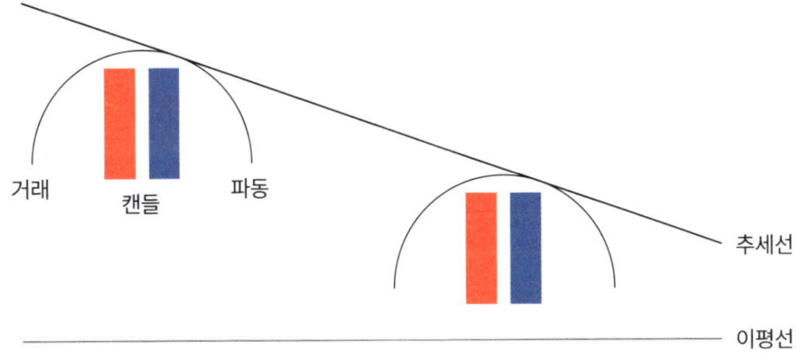

파동이 만들어지기 위해선 음봉과 양봉이 교차하면 된다. 음봉 다음에 양봉이면 상승 파동이 만들어질 것이고, 양봉 다음에 음봉이라면 하락 파동이 만들어질 것이다. 따라서 파동이 만들어지기 위한 최소 캔들 단위는 두 개다. 그래서 캔들이 두 개 만들어지면 파동이 하나 만들어지게 되는 것이다.

추세도 마찬가지다. 파동과 파동을 연결한 선이 추세선이다. 파동의 고점과 고점을 연결하면 하락 추세선이 될 것이고, 파동의 저점과 저점이 연결되면 상승 추세선이 될 것인데 이때도 추세를 하나 만들기 위한 파동의 최소 개수는 두 개다. 이처럼 파동이 두 개가 겹치면 추세가 하나 만들어진다 하겠다.

그리고 이 모든 것들은 이평선 위에 존재한다고 했다. 하필이면 이평선 아래도 아니고 이평선 위를 강조했음에 주목하자. 이는 차트 분석에 있어서 가장 중요한 부분이다. 주가가 아무리 상승하려 해도 이평선이 위에 있다면 이는 모두 저항선이다. 따라서 주가가 제대로 힘을 받고 상승하기 위해선 이평선이 차트 아래에서 단단하게 지지선 역할을 해 주고 있어야 한다. 그래서 제대로 된 차트가 되기 위해선 반드시 이 모든 것들이 이평선 위에 존재해야 한다한 것이다.

차트 분석을 함에 있어서 핵심 중의 핵심이 이 5대 분석기이다. 우리는 더 이상 더하거나 뺄 것 없이 딱 이것만 공부하면 충분하다. 문제는 본질을 정확히 알아야 한다는 것이다. 따라서 차트가 만들어지는 원리부터 하나하나 배울 필요가 있다. 기법은 그다음이다. 그런데 시중에 나와있는 차트 분석 교재 대부분은 단순한 기법에 대한 소개나 매매법에 치중되어 있는 경우가 많다. 이래서야 제대로 된 분석이 이루어질 수 없다.

차트는 결국 지도다. 원래 차트는 과거 해도(海圖)를 뜻하는 말이었다. 따라서 독도법부터 배우는 것이 순서다. 지도를 읽기 위해선 먼저 지도에 나와 있는 모든 도형이나 기호에 대한 숙지가 이루어져야 하고, 등고선을 보면서 산, 계곡, 강 등의 생김새를 형상화시켜 가며 길을 찾는 훈련을 해야만 한다. 지도를 활용하여 등산 시에 등반 경로를 결정하거나 군인의 경우 전략 및 전술을 짤 수도 있겠으나 이는 모두 독도법을 완벽히 익히고 난 다음 이야기이다.

차트도 마찬가지다. 차트를 통해 매매에 활용하는 것은 그다음 문제이고, 정확한 차트 분석을 하기 위해서 차트를 정확히 읽고 파악하는 능력부터 배양할 필요가 있다. 그래서 본 장에선 5대 분석기에 대해 매우 자세히 분절적이면서도 해부학적 관점에서 분석하는 법을 가르친다. 경험상 이런 자세한 설명 없이 뭉뚱그려서 배우는 경우 막상 실전에서 정확한 분석이 이루어지지 않는 경우가 많았다. 차트를 제대로 읽지도 못하면 이후의 차트 분석은 요원한 일일 뿐이다. 따라서 차트 분석을 위해 가장 필수적인 요소인 5대 분석기에 대해 아주 철저히 해부하듯이 가르칠 예정이다. 그리고 이 5가지의 본질과 핵심만 숙지하면 차트는 저절로 해석될 것이다.

1장

에너지의 응축, 캔들

자, 이제부터 본격적으로 캔들을 공부하도록 하자. 캔들차트에서 캔들은 가장 중요한 유닛이다. 그럼에도 이에 대한 본질적인 접근은 거의 없었다. 캔들은 결국 네 개의 가격 데이터를 시각화한 이미지로써 시가, 종가, 고가, 저가의 움직임에 따라 몸통과 꼬리로 구분된다. 몸통은 시가와 종가에 의해 결정되며, 꼬리는 고가 또는 저가에 의해 결정된다. 캔들은 양봉과 음봉으로 구분되는데 양봉은 빨간색, 음봉은 파란색으로 표현된다.

캔들의 음양: 음봉 vs. 양봉

음양(陰陽)은 캔들의 색깔을 뜻한다. 매일 아침 9시부터 15시 30분까지 총 6시간 30분 동안 장이 열린다. 장이 시작되면 '시가'가 생기고, 장이 마감될 때 '종가'가 나온다. 그동안 주가가 오르내리면서 고가와 저가를 기록하게 되고, 이 4가지 지표로 하나의 일봉이 만들어진다. 일봉으로 봤을 때 시가보다 종가가 높게 상승으로 끝나면 양봉, 당일 시가보다 종가가 낮게 끝나면 음봉이다. 즉 주가가 상승하는 양봉은 빨간색, 하락하는 음봉은 파란색이다.

시장은 에너지에 의해 움직이기 마련이고, 차트 안에는 에너지가 담긴다. 그리고 그 에너지의 상태는 색으로 표현된다. 붉은색의 양봉(陽峰)이 매수세의 양의 에너지라 한다면, 파란색의 음봉(陰峰)

종류	색상	의미
음봉	파란색	주가 하락 (종가 < 시가)
양봉	빨간색	주가 상승 (종가 > 시가)

표　　　음봉과 양봉의 구분

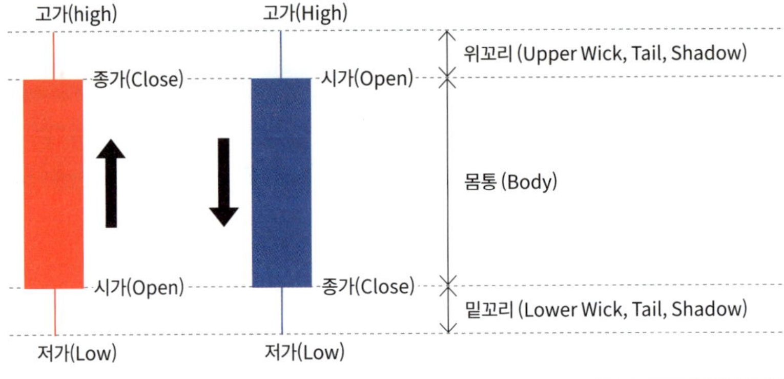

그림　　　양봉과 음봉의 구성

은 매도세의 음의 에너지라 할 수 있다. 캔들은 결국 매수세의 양의 에너지와 매도세의 음의 에너지가 치열하게 싸운 전투의 결과물인 셈이다.

　일봉이 하루 동안의 음양의 교차를 보여 준다면, 주봉은 일주일 동안의 음과 양의 전투 결과물이며, 월봉은 한 달이라는 다소 긴 기간의 결과물이라 할 수 있다. 이때 차트 마지막 캔들의 색이야말로 해당 기간 마지막에 남은 에너지가 음인지 양인지를 보여 주는 것이고, 캔들의 몸통 길이나 꼬리 길이는 그 남은 에너지들의 크기를 나타낸다.

그런데 그 에너지는 어디서 나오는 것일까? 만약 우리가 게임머니를 가지고 게임을 한다고 치자. 이건 있어도 그만 없어도 그만인 그저 가상의 돈일 뿐이다. 그러니 게임머니를 잃었다거나 땄다고 해서 감정의 기복이 크게 일어나지 않는다. 그러나 실제 돈이 걸린다면? 이때부터 사람의 마음은 크게 요동친다. 조금만 따도 세상을 다 가진 것처럼 환호하다가도 또 조금만 잃어도 세상을 다 잃은 것처럼 행동한다.

그러니 시장을 움직이는 에너지의 본질은 다름 아닌 돈과 심리다. 사람은 매수하는 직후부터 심리가 요동치게 되고, 이는 다 돈이 실렸기 때문이다. 그러니 차트는 바로 그런 돈과 심리의 에너지의 장이며, 캔들의 색깔이야말로 당일 어떤 에너지가 우세했는지를 보여 주는 가장 기본적인 표시라 하겠다.

캔들의 상쇄:
남은 양의 에너지의 행방

캔들이 음양의 에너지를 보여 주는 기본 단위라 할 때, 우리는 반복되는 캔들의 모습들을 통해 음양이 서로 중첩되고 상쇄되는 과정을 추론할 수 있다. 그리고 차트의 맨 오른쪽에 남아 있는 에너지가 무엇인지도 쉽게 알아낼 수 있다. 캔들은 자체적으로 에너지를 가지므로 각각 서로를 상쇄하면서 해당 에너지가 살아있거나 사라지게 된다. 캔들 상쇄의 개념을 알아야 캔들의 생과 사가 느껴지고, 각각의 캔들 유형에 대한 이해가 확실해지며 주가 방향을 판단할 수 있는 기초 자료를 확보할 수 있다.

그런데 캔들 상쇄를 논할 때는 특히 양의 에너지가 음의 에너지에 의해 얼마나 많이 상쇄되었는지가 매우 중요하다. 왜냐하면 주

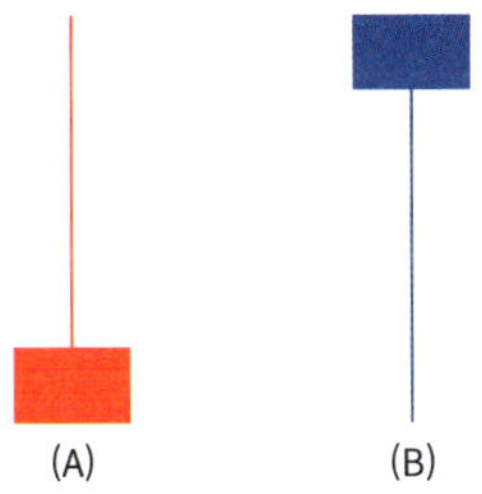

그림   가짜 양봉과 진짜 양봉

가란 상승할 때 의미가 있는 것으로서 결국 현재 양의 에너지가 얼마만큼 남아있느냐가 관건이기 때문이다.

양봉이 거듭 발생할 때, 즉 양의 에너지가 중첩될 때 상승이 일어난다. 반면 음봉의 반복적 발현은 양의 에너지를 상쇄시키기에 주가의 상승은 꺾일 수밖에 없다. 만약 음이 양을 압도한다면 결코 상승은 일어나지 않을 것이며, 반대로 양의 기세가 강한 반면 음의 상쇄 정도가 약하다면 급등이 일어날 수도 있다. 따라서 우리는 차트상에서 끊임없이 이 상쇄의 정도를 파악하며 마지막에 남은 에너지가 어느 쪽인지 파악하는 것이 매우 중요하다.

다만 캔들의 음양을 보이는 색깔 그대로 이해해서는 안 된다. 음 속에 양이 있고, 양 속에 음이 있기 때문이다. 캔들을 보이는 그대로 보다가는 반대로 보는 경우가 생길 수 있다. 색깔에 의한 착시 현상이 빈번하기 때문이다.

위 두 개의 캔들에서 A와 B중 양봉캔들은 무엇일까? 대부분의 사람은 색깔만 보고 A가 양봉이라 생각할 것이다. 하지만 실제로

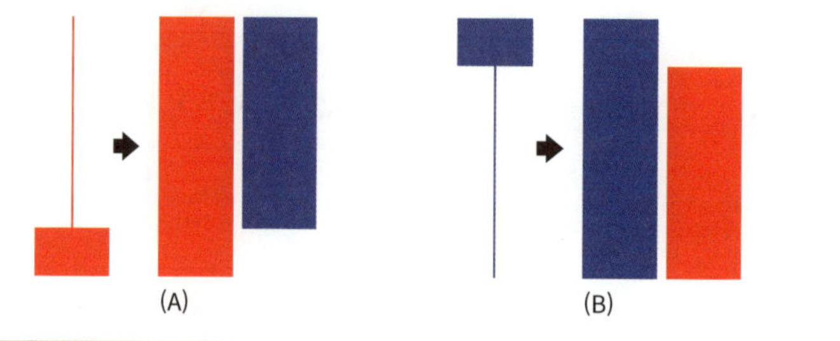

그림　가짜 양봉과 진짜 양봉 - 풀이

는 B가 양봉이다.

　A 캔들을 두 개의 캔들로 쪼개보도록 하자. 당일 A의 경우 오전에는 크게 올랐지만 오후 들어 매도세가 출회되며 크게 하락한 모습이다. 그렇다면 오전에 오른 양의 매수세는 오후에 발생한 음의 매도세에 이미 대부분의 에너지가 상쇄된 모습이다. 따라서 A가 색깔은 붉은색으로 양봉의 모습을 띠고 있지만 본질적으로는 음봉이다.

　반면 B의 경우엔 오전에 매도 물량이 집중되며 크게 내렸지만 오후 들어 매수세가 살아나며 이를 대부분 회복하였다. 따라서 음의 매도 에너지는 이미 양의 매수 에너지에 의해 거의 상쇄되었다. 결국 B 캔들은 본질적으로는 음봉이 아니라 양봉이다. 이처럼 차트를 보다 보면 여러 가지 착시 현상으로 그 본질을 제대로 보지 못하는 경우가 많다. 특히 캔들의 겉만 보고 그 속살을 보지 못하면 이런 착각을 하게 된다.

물극필반:
극에 달하면 반대로 해석하라

모든 에너지는 정반합의 과정을 거친다. 차트도 마찬가지다. 양의 에너지가 극에 달하면 음으로 화(化)하고, 음의 에너지가 극에 달하면 양이 서서히 생겨난다. 이는 물극필반(物極必反)의 이치로서 차트 분석을 할 때에도 주의해서 살펴볼 부분이다.

예를 들어 주가가 계속 상승한다고 하자. 그러면 차트상에서는 주가가 급등하며 매일 양봉이 이어진다. 그렇다면 이는 양의 에너지가 극에 달해있다 할 수 있다. 매수가 결집되고 있기 때문이다. 반면 그 종목을 가진 사람들의 심리는 다르다. 주가가 오르면 오를수록 팔고자 하는 욕구는 극대화되며, 언제 팔지 눈치만 보게 된다. 이는 말 그대로 매도의 에너지가 점차 커지고 있는 모습이다.

그리고 그 음의 에너지가 극에 달하면 결국 물량이 터져 나오게 되고, 주가는 급락하게 된다. 급등하면 급락하는 이유가 바로 이런 이치에서 연유한다.

반대로 주가가 연일 떨어져서 바닥을 치고 있다고 치자. 이제 이 종목엔 아무도 관심을 가지지 않게 되었다. 사는 이도 없고, 파는 이도 없는 상태다. 겉으로 보기엔 음이 극에 달해 매수세가 실종된 모습이다. 아니다. 이미 음의 에너지는 오랜 기간 조정을 통해 거의 소멸되었고, 따라서 조금만 모멘텀이 생겨도 주가는 이때부터 상승하게 된다. 사실은 양의 에너지가 조금씩 축적되는 과정이었을 뿐이다.

캔들 '몸통'은
당일 변동성을 나타낸다

캔들의 몸통 길이는 에너지의 크기를 나타낼 뿐만 아니라, 변동성의 크기를 나타낸다는 점에서 매우 중요하다. 변동성이 크다는 것은 현재 해당 종목에 관심이 증가하고 있음을 나타내므로, 즉 수급이 만들어진다는 뜻이다. 캔들의 몸통 길이에 따른 종류는 장대봉, 눈

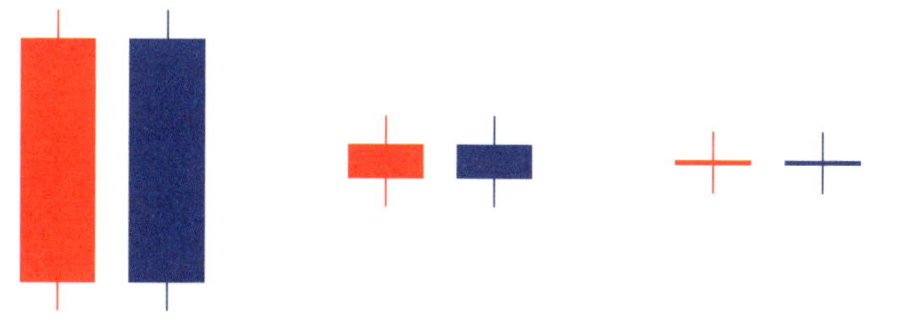

그림 　　 왼쪽부터 장대봉, 눈썹 캔들, 도지 캔들

썹 캔들, 도지 캔들(십자형)이라는 딱 3가지만 제대로 알면 된다.

1. 장대봉

장대봉은 몸통이 긴 캔들을 말하는데 빨간색은 '장대양봉', 파란색은 '장대음봉'이라고 부른다. 차트에서는 수급이 들어오는 종목을 찾는 것이 무척 중요한데, 캔들의 몸통이 길다는 건 수급이 들어오고 나가는 에너지가 그만큼 크다는 뜻이다. 이때 장대양봉은 '물량 매집'으로 보고 장대음봉은 '물량 출회'로 본다. 따라서 장대양봉이 나오면 세력이 물량을 매집하였기에 상승할 가능성이 높아지는 반면, 장대음봉 출현 시에는 시장에 물량이 출회되며 개미들에게 분산되었기 때문에 에너지가 모이기 어렵고, 이로 인한 강한 하락을 예상할 수 있다.

2. 눈썹 캔들

눈썹 캔들은 몸통의 길이도 짧고 꼬리의 길이도 매우 짧은 캔들을 말한다. 캔들의 길이가 짧다는 것은 그만큼 당일 해당 종목에 대한 변동성이 적었다는 것을 말하며, 거래량 또한 적을 수밖에 없다. 그래서 보통 눈썹 캔들은 추세를 잠시 쉬어가거나 해당 종목에 대한 시장의 관심도가 매우 적을 때 발생한다. 눈썹 캔들이 연속되며 거래량이 미미하다면 상승의 매집세가 만들어지지 않고 있음을 의미한다.

3. 도지 캔들

도지 캔들은 시가와 종가가 동일한데 꼬리의 길이가 매우 짧은 캔들을 지칭한다. 도지 캔들 역시 거래량이 거의 없기에 시장의 관심도가 떨어질 때 발생하는 캔들이지만 가끔 발생 위치에 따라 중요도가 올라가기도 해 해석 시 이 점에 유의할 필요가 있다.

이처럼 캔들의 몸통은 당일의 변동성을 의미하며, 이를 시장의 관심도로 보기도 한다. 특히 거래가 많이 이루어진 곳에서는 사람의 심리도 더 잘 드러나기 마련이다. 개인보다 세력의 매집이나 출회는 하나의 방향성으로 에너지가 집중되기 때문에 캔들 하나만 봐도 그 심리를 읽기 쉽다.

대개는 몸통의 길이에 따라 거래량이 비례하지만 때로는 그렇지 않은 경우도 있다. 예를 들어 장대봉임에도 거래량이 적은 경우가 있고, 반대로 눈썹이나 도지 캔들인데 거래량이 크게 들어오기도 한다. 이는 대부분 세력이 개미들을 속이기 위해 눈속임을 하는 것이므로 보통 '세력이 구라를 친다'고 하여 '구라 캔들'이라고 지칭한다. 캔들 크기나 모양에 맞는 합당한 거래량이 없으면 장대양봉이라 하더라도 속 빈 대나무나 마찬가지다. 진정한 장대양봉이라고 볼 수 없는 것이다.

그런데 구라 캔들이야말로 세력이 만든다. 그 때문에 차트에서 보였을 때 매매에 역이용할 수도 있다. 해당 종목에 세력이 존재한다는 반증이므로, 차트 분석 시 캔들 몸통과 거래량이 비례하지 않는 구라 캔들이 보이면 예의주시할 필요가 있다. 왜냐하면 세력이 존재한다는 것은 조만간 그 종목이 크게 갈 수도 있음을 암시하기 때문이다.

다음 에코앤드림 주봉 차트를 보면 주가가 오랫동안 240이평선 밑에 붙어서 물량을 매집해 나간 모습이 보인다. 이후 급등하면서 240이평선을 뚫었지만 뚫자마자 주가를 패대기치며 급락시켰다. 재밌는 것은 A의 장대음봉이다. 보통 저 정도의 장대봉이 만들어지려면 상당한 거래량이 수반되어야만 한다. 그런데 아래의 거래량을 보면 매우 적다는 사실을 알 수 있다. 한마디로 구라 캔들이다. 240이평선을 강하게 뚫는 과정에서 개미들이 달라붙자 세력이 이를 떨구는 과정에서 의도적으로 만들어진 것으로 보인다. 저 캔들의 하락률이 −23%이다. 저 정도 급락했음에도 물량이 나오지 않았다는 것은 개미들을 겁만 줘서 떨구어 냈을 뿐 세력 자체 물량

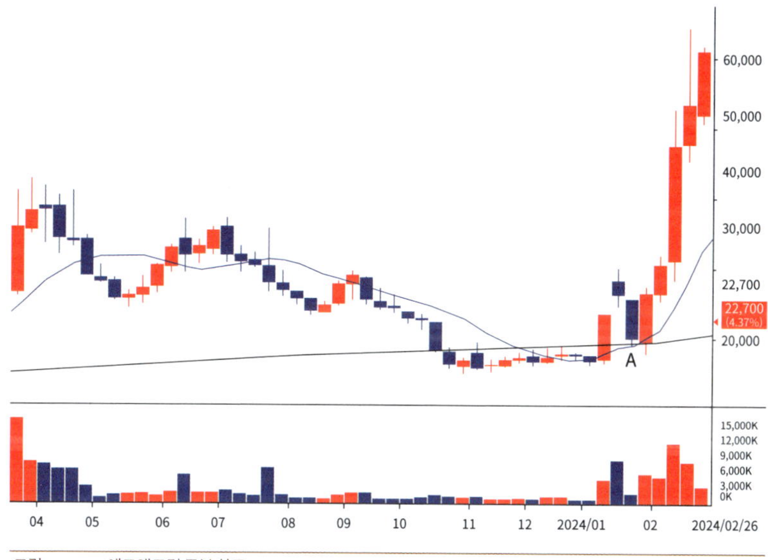

그림   에코앤드림 주봉 차트

은 전혀 안 나갔다고 해석할 수 있다. 굳이 240이평선이나 10이평 선을 지켜나간 부분이 이 해석에 더욱 신빙성을 갖게 한다.

아나나 다를까, 다음 주부터 주가가 급등하며 돌파 가격 대비 200% 이상 상승했다. 이처럼 구라 캔들이 보이면 세력이 존재하고 있다는 반증이며, 매우 유력한 급등코드임을 명심하자.

차트에 숨어 있는 장대양봉

차트 분석은 결국 상승 종목을 찾아내는 것이 목적이므로 캔들의 몸통 중에서도 가장 중요한 건 당연히 장대양봉이다. 장대양봉은 세력의 매집이 있었음을 보여 주는 중요한 단서로서, 차트 분석의 첫 단계는 결국 이 장대양봉이 차트상에서 어디에 어떻게 분포되어 있는지 찾아내는 것이다. 수급이 들어오지 않는 종목은 결코 상승할 수 없으며 수급이 들어왔다면 응당 장대양봉을 만들기 때문이다. 몸통 길이가 적어도 전일 대비 5~7% 이상인 장대양봉이 반복적으로 나온다면 그만큼 매수세가 반복되고 있다는 뜻이므로 상승 가능성이 높다.

그러나 차트상에서 장대양봉을 한눈에 파악하는 것은 그리 쉬운

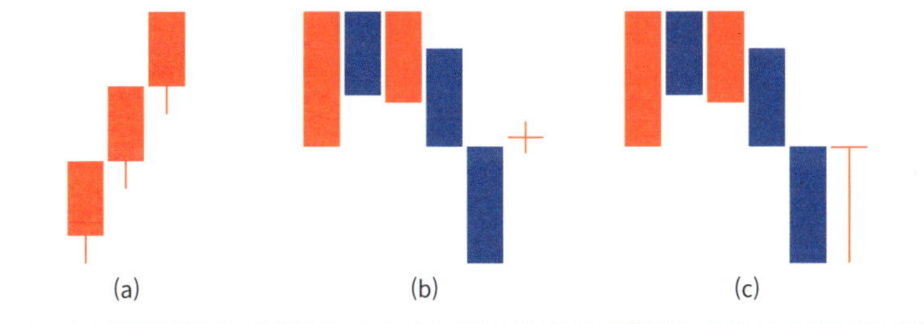

그림   숨어 있는 장대양봉

일이 아니다. 세력이 종종 장대양봉을 숨겨 놓기 때문이다.

(a) 캔들을 보면 길이가 짧은 양봉 세 개가 연속적으로 만들어졌다. 언뜻 봐서는 장대양봉처럼 느껴지지 않지만, 사실은 꾸준히 물량 매집이 일어나고 있는 중이다. 세력 입장에서는 장대양봉이 크게 섰을 경우 데이트레이더나 단타쟁이들이 따라붙는 걸 원하지 않는다. 그들은 어차피 소기의 목적만 달성하면 곧바로 나갈 것이기 때문이다. 따라서 이렇게 3~4일에 걸쳐 나누어 매집함으로써 착시 현상을 일으키게 된다. 그러면 이는 장대양봉임에도 비교적 시장의 주목을 받지 않을뿐더러 검색식에도 걸리지 않는다. 따라서 이처럼 작은 몸통의 양봉들이 연속되는 경우엔 이 또한 장대양봉으로 보아야 한다.

(b)는 장대음봉이 나온 후 갑자기 그 위에 훌쩍 도지 캔들이 만들어졌다. 보통 도지 캔들은 시장이 쉬어가거나 수급의 힘이 없을 때 만들어지므로 사람들이 이를 무시하기 쉽다. 그러나 위의 경우엔 장대음봉의 매도세를 모두 상쇄하고 급등한 케이스로 봐야 한

다. 따라서 전일 종가에서 시작한 장대양봉이 숨어 있다고 판단해야 할 것이다.

ⓒ는 상승의 힘이 더욱 강한 장대양봉이라 봐야 한다. 그런데 차트상에선 긴 밑꼬리로만 보이기 때문에 이걸 장대양봉이라 파악하는 발상의 전환이 필요하다. ⓑ의 도지 캔들이 오전 동시호가에 밀어붙여서 올린 케이스라면, ⓒ는 장중에 다시 밀렸다가 이걸 다시 상쇄해서 올린 경우니 상승의 힘이 더욱 크다고 볼 수 있다. 말하자면 장 시작 전 동시호가로 밀어 올린 장대양봉과 함께 장중 밀렸던 주가를 다시 밀어 올리면서 만들어진 장대양봉이 동시에 존재한다는 말이다. 그러니 맨 마지막 긴 밑꼬리 캔들 안에서는 캔들 세 개를 볼 줄 알아야 한다.

이처럼 차트상에는 종종 숨어 있는 장대양봉들이 존재하기에 매우 주의 깊게 보지 않으면 놓칠 가능성이 높다. 차트에 숨어 있는 장대양봉을 찾는 것은 매우 중요하며, 이는 캔들을 쪼개고 합쳐 봐야 비로소 발견할 수 있다.

장대양봉 4등분선 기법

장대양봉이 나올 정도의 주가 상승은 반드시 일정 수준의 매도 물량을 부른다. 단기 수익을 찾아 먹고자 하는 '수익실현욕구'가 자극되기 때문이다. 따라서 장대양봉 직후 만들어지는 음봉이 양의 에너지를 어느 정도 상쇄시켰는지 파악하는 것은 매우 중요하다. 만약 지나치게 많은 매도 물량이 나온다면 기껏 끌어올린 주가 상승분을 크게 반납하는 것은 물론 추가 상승의 가능성도 사라지게 된다.

이때 장대양봉을 통해 만들어진 상승의 양의 에너지가 이후 발생하는 음봉의 위치에 따라 어느 정도 상쇄되었는지를 파악하는 방법이 '장대양봉 4등분선 기법'이다. 방법은 어렵지 않다. 일단

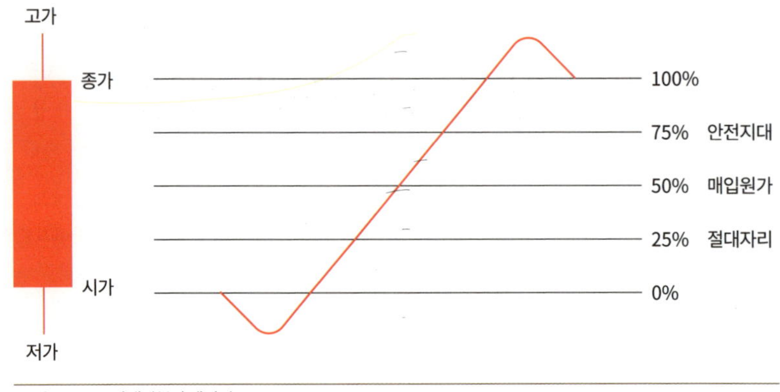

그림　장대양봉의 에너지

장대양봉의 몸통을 4등분하기만 하면 된다. 이때 캔들의 꼬리 부분은 제외된다. 장대양봉의 몸통을 4등분했을 때 몸통의 바닥에서 25% 되는 위치는 '절대 자리'라 부른다. 그리고 정중앙 가운데 50% 위치는 '매입원가', 몸통에서 75% 높이 되는 자리는 '안전지대'라고 한다.

만약 주가 급등으로 장대양봉이 발생하였는데 다음날 음봉이 나왔다면 이 4등분선 위치를 통해서 상승의 양의 에너지가 어느 정도 남아 있는지를 가늠할 수 있다.

비록 다음날 음봉이 나왔다 하더라도 종가 기준으로 안전지대 75% 위에 위치하고 있다면 결코 걱정할 일이 없다. 양의 에너지는 거의 상쇄되지 않았기 때문이다. 보통 이러면 다음번 상승을 위해 쉬어가는 자리라 보면 된다. 따라서 이런 경우엔 상승의 양의 에너지가 25% 깎인 75%만 남아있다 하지 않고 100% 온전히 남아 있는 것으로 본다. 아니, 오히려 이후 나온 음봉 역시 급등 후 이익을 실현하는 물량을 자연스레 받아낸 매집으로 봐서 (100+)%로 간주할 수도 있다.

그런데 이때 음봉의 길이가 다소 길어서 전일 양봉의 중간까지 왔다고 치자. 보통 세력은 자신이 매집한 가격의 평균가를 건드리는 것을 매우 싫어한다. 따라서 되도록 상승 이후에 매입 원가만큼은 지키려는 마음이 강하다. 계산을 간단히 하기 위해 장대양봉 몸통 전체를 한 사람이 매집했다고 치자. 그렇다면 그 가운데가 매입 원가가 되는데 이때 세력은 웬만하면 그 밑으로 주가가 빠지는 것을 원하지 않는다. 그러다 보니 장대양봉의 가운데, 즉 매입 원가 아래로 양의 에너지가 상쇄되는 것을 꺼리게 된다. 따라서 만약 음봉 종가가 매입 원가를 건드렸다면 이는 향후 상승에 빨간불이 켜졌다고 보고 언제 나갈지를 고민할 때다. 매입 원가만큼은 어떤 일이 있어도 지켜야 하는 것이다.

그렇다면 익일 발생한 음봉이 전일 장대양봉의 25% 자리까지 내려왔다면 양의 에너지는 얼마나 남아 있다고 여길 수 있을까? 결론부터 말하자면 0%다. 장대양봉의 절대 자리가 훼손되었다면 이미 상승의 여력은 완전히 상쇄되었다 봐야 한다. 그래서 이 자리를 '절대 자리'라 부르는 것이다. 절대적으로 지켜야 되는 자리라서 그렇다. 만약 이 절대 자리까지 음봉이 침범하였다면 장대양봉의 생명은 다했다고 보면 된다. 하락 에너지가 매우 커졌기 때문에 곧

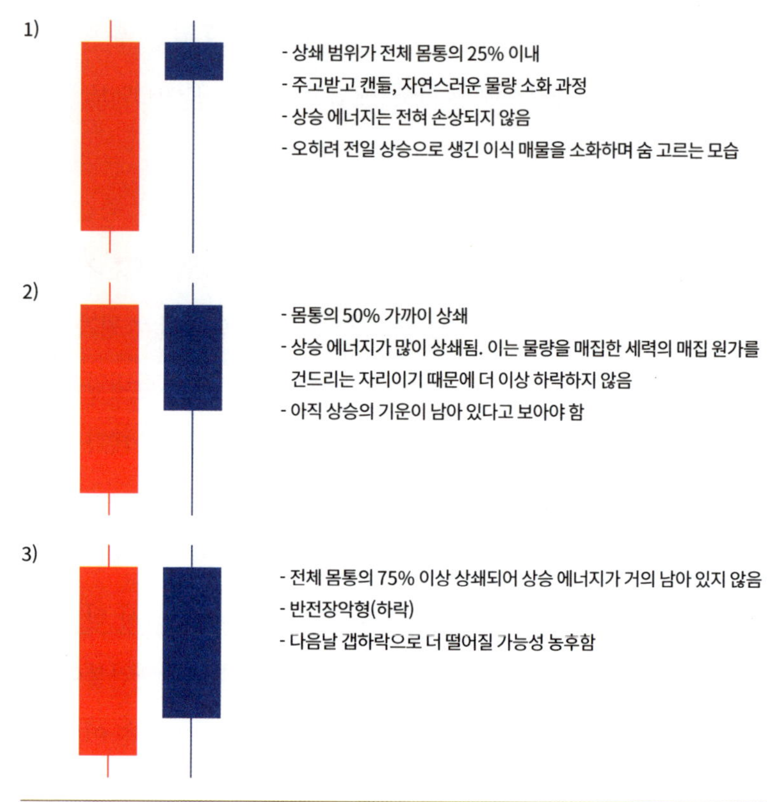

그림　　　장대양봉 4등분선 해석의 예

붕괴될 가능성이 높다.

　이처럼 장대양봉이 서면 항상 사등분해서 보는 습관을 들여야 한다. 그리고 이후 나오는 음봉의 종가 위치가 어디냐에 따라서 장대양봉의 양의 에너지가 얼마큼 남아있는지를 파악하는 훈련을 할 필요가 있다. 만약 다음날에도 이어서 장대양봉이 섰다면 맨 위의 장대양봉만 사등분해도 되지만, 장대양봉들 전체를 하나로 합쳐서

4등분해 볼 수도 있다.

이 '4등분선 기법'은 이처럼 캔들뿐만 아니라 파동, 추세에도 적용할 수 있다. 상승 파동이나 상승 추세를 4등분선으로 구분해 놓고 각각의 위치에 따라 그 의미를 해석한다는 면에서 방법은 동일하다.

캔들 꼬리의 이해:
숨어 있는 장대봉을 찾아라!

보통 캔들을 분석할 때 캔들의 몸통은 중요시하나 꼬리는 크게 고려하지 않는다. 그러나 꼬리 역시 캔들에 있어선 매우 중요한 분석 대상이며, 그 길이나 유무에 따라 세심한 구분이 필요하다. 보통 캔들의 꼬리는 그 길이에 따라 짧은 '위꼬리'와 짧은 밑꼬리, 그리고 긴 위꼬리와 긴 밑꼬리 등 총 4가지로 구분할 수 있다.

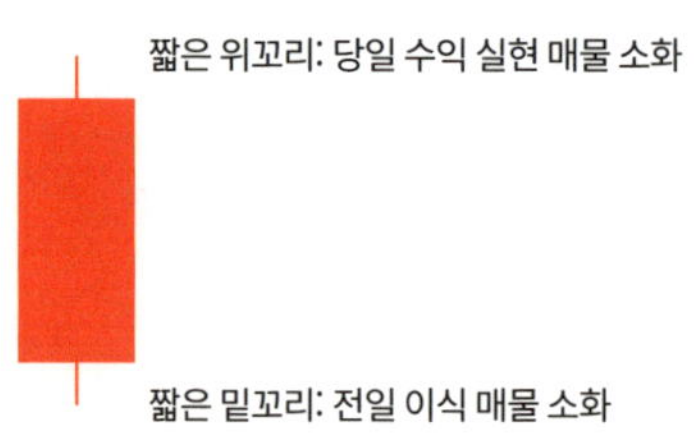

그림 짧은 위꼬리와 짧은 밑꼬리

1. 짧은 밑꼬리

보통 매일 오전 장 시작 전에는 전일 나가지 못한 대기 매도 물량이 존재하곤 하는데, 이를 '이식 매물'이라고 한다. 그런데 주가를 올리고 싶어 하는 세력 입장에서는 굳이 나갈 물량까지 비싸게 사줄 의향이 없을 것이다. 그래서 오전 중에 이 이식 매물을 소화해 내는 과정에서 짧은 밑꼬리가 발생하게 된다. 큰 의미를 부여할 필요 없는 자연스러운 상황이다.

2. 짧은 위꼬리

보통 데이트레이더들은 오버나잇을 하지 않기 때문에 장 마감 전에 매도 준비를 하고 나가게 된다. 또한 위 장대양봉처럼 주가가 당일 크게 오르면 주식 보유자 중 일부는 수익실현욕구가 커질 수밖에 없다. 이처럼 장 마감 전에 데이트레이더 물량이나 수익 실현

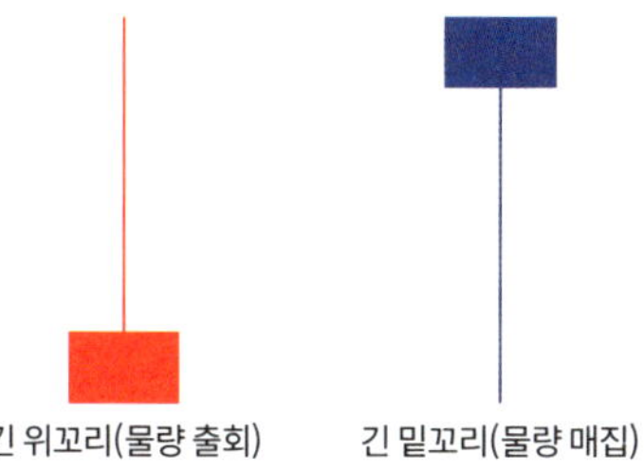

그림   긴 위꼬리와 긴 밑꼬리

물량을 자연스레 받아내는 과정 중에 짧은 위꼬리가 발생하게 된다. 이 역시 자연스러운 상황이며, 어차피 나갈 물량의 경우 결국 내일 오전에 나갈 것이기에 차라리 장 마감 전에 익일 이식 매물 가능성 높은 매물들을 소화했다는 점에서 긍정적으로 평가할 수 있다.

3. 긴 밑꼬리

긴 밑꼬리가 발생했다는 것은 장중 매도세가 집중되며 크게 밀렸다가 다시 매수세가 이를 상쇄하며 끌어올렸다는 것으로서 이는 매우 강력한 물량 매집으로 봐야 한다. 사실 긴 밑꼬리를 들여다보면 장대음봉에 이어 장대양봉이 숨어 있는 것이고, 익일 상승 가능성도 높아졌다는 의미다.

4. 긴 위꼬리

긴 밑꼬리와 반대로 긴 위꼬리의 경우 당일 강한 매수세가 들어와 주가를 크게 밀어 올렸다가 고점에서 물량이 터지며 주가가 다시 밀린 것을 의미한다. 이때 긴 위꼬리 역시 그 안에 장대음봉이 숨겨져 있음을 파악해야 한다. 따라서 긴 위꼬리는 장대음봉과 같이 물량 출회의 의미로 봐야 할 것이다.

짧은 꼬리의 경우엔 작은 물량을 소화해 내는 과정 중에 자연스럽게 만들어진 것이기에 크게 의미를 둘 필요는 없는 반면 긴 꼬리의 경우엔 그 안에 장대양봉 또는 장대음봉이 숨겨져 있는 것이기에 매우 중요하게 볼 필요가 있다.

특히 이후에 차트상에서 패턴을 찾을 때, 긴 꼬리 안에 숨겨져 있는 캔들을 간과하면 패턴 자체가 구체적으로 보이지 않는 경우가 많다. 따라서 항상 숨겨진 캔들을 입체적으로 불러내어 보는 습관을 들여야 한다.

그런데 캔들 중에는 가끔 꼬리를 달지 않는 경우도 있다. 예를 들어 다음 두 개의 장대양봉을 보자.

(a)의 경우 짧은 위꼬리는 있는데 밑꼬리는 없는 장대양봉이다. 이 경우 오전 중에 세력이 급하게 밀어 올리면서 전일 이식 매물을 에누리 없이 받아낸 모습이 보인다. 이후 어느 정도 주가를 충분히 끌어올렸다고 판단되었기에 장 마감 무렵 데이 또는 수익 실현 물량을 자연스레 소화시켰다. 이때는 익일 시가의 위치가 매우 중요해지는데 '갭상승'일 경우엔 재차 상승하겠지만 '갭하락'일 경우엔 한 타임 쉬어 갈 공산이 크다.

(b)의 경우 당일 오전 중엔 별다른 일이 없다가 장중에 매수세가

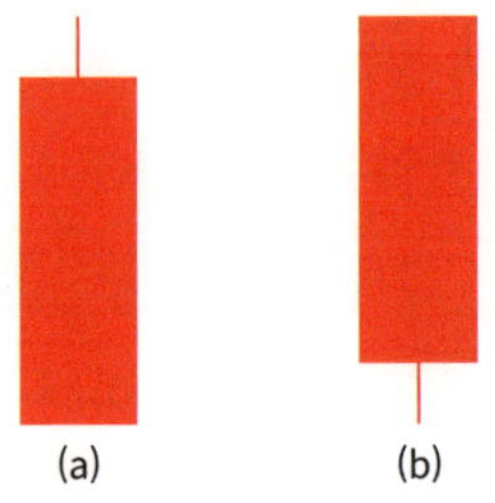

그림   꼬리 없는 캔들

강하게 들어온 모습이다. 이처럼 위꼬리 없이 밀어붙였다는 것은 세력의 강한 의지로서 장중에 수급이 매우 강하게 터진 것이라 볼 수 있다. 따라서 익일 역시 상승할 가능성이 매우 높은 경우로 볼 수 있으며, 만약 이미 상승 추세에서 이런 캔들이 발생했다면 향후 상승 가능성이 더욱 높다고 봐도 좋다.

시가의 위치

주식시장은 매일 9시에 개장한다. 이때 처음 체결된 시장가를 시가(始價)라 한다. 일봉의 시가가 매일 9시에 만들어진다면 주봉의 시가는 매주 월요일 아침 9시, 그리고 월봉의 시가는 매월 개장 첫날 아침 9시에 만들어진다.

시가의 의미는 매우 중요한데 당일 시가는 전일에 미처 사고팔지 못한 사람들의 심리가 반영되는 것이기 때문이다. 전일에 미처 사지 못해서 아침부터 사려고 대기하는 사람이 많으면 전일 종가보다 상승한 위치에 시가가 생성되고, 전일에 팔지 못한 것을 팔려고 대기하는 사람이 많으면 갭하락해서 시가가 생성될 것이다. 이처럼 시가의 위치에 따라 당일의 양봉과 음봉이 결정될 정도이기에 시가의 위치는 매우 중요하다. 오늘 주가가 상승할지, 하락할 것인지를 예측할 수 있는 가장 강력한 힌트가 시가다. 당일 시가의 위치는 세력의 의도를 보여 주는 것이기도 하다.

예를 들어 주가가 전일 종가 대비 갭상승 시작했다면 당일 상승 가능성이 매우 높은 것이라 볼 수 있다. 주봉이나 월봉에서도 마찬가지다. 만약 상승 추세가 이미 만들어진 상황에서 주초 또는 월초에 갭상승 시작이라면 이후엔 굳이 차트를 볼 필요가 없다. 결국 상승 양봉으로 끝날 가능성이 매우 높기 때문이다.

그런데 전일 종가와 같거나 거의 차이 없이 당일 시가가 발생할 경우엔 전일 캔들의 방향을 따라갈 가능성이 높다. 전일 양봉이었으면 오늘도 양봉일 것이요, 전일 음봉이었다면 오늘 캔들도 음봉으로 끝날 가능성이 높다고 추론하면 된다.

마지막으로 전일 종가 대비 갭하락으로 시가가 시작했다면 당일 하락일 가능성이 매우 높다 하겠다. 만약 하락 추세인데 시가마저 갭하락으로 시작한다면 이는 영락없이 음봉이다. 음의 매도세가 강한 것이 시가에도 그대로 반영되고 있기 때문이다.

그래서 실제로 오전 중에 시가의 위치만 보고도 당일 양봉으로 끝날지 아니면 음봉으로 끝날지가 대충 감이 올 때가 많다. 어떨 때는 시가 위치만으로도 현재 추세가 계속 이어질 것인지, 아니면 깨질 것인지가 확연히 드러날 때도 있다. 이처럼 차트 분석에 있어 시가란 당일 캔들의 방향성뿐만 아니라 추세 지속 여부까지 파악

가능한 요소이며, 이때 중요하게 파악할 것이 결국 시가의 위치라고 보면 된다.

시가의 위치는 3가지 기준에 의해서 구분되는데 첫째 전일 종가, 둘째 이평선, 셋째 추세선이다. 특히 상승이나 하락의 추세가 이미 만들어진 상황에서, 향후 추세가 계속될지 전환될지에 대해서도 이러한 기준을 가지고 예측해 볼 수 있다. 나중에 익숙해지면 당일 시가의 위치만 보고도 상승과 하락의 방향이 어느 정도 가늠이 될 것이다.

1. 전일 종가 대비: 갭상승 vs. 갭하락

첫째는 전일 종가 대비 갭상승인지, 갭하락인지를 보는 것이다. 전일에 매수세가 강하게 들어와 양봉으로 끝나면 다음날 아침에는 불나방처럼 매수 수요가 몰린다. 그러면 전일 종가보다 갭을 두고 상승하여 시가가 형성된다. 즉 갭상승으로 시작한다면 당일에도 가격이 상승하여 양봉이 형성될 가능성이 높다. 다만 일부러 세력이 동시호가에 매수 주문을 넣는 척하여 상당히 높은 위치에 시가를 띄웠다가 고점에서 물량을 쭉 던지는 경우도 있다. 상식적으로 이해가 되지 않는 수준의 시가가 형성되면 '이상한데?'라는 생각은 해 봐야 한다.

반대로 하락 추세에서 시가가 갭하락으로 시작되었다면 역시 하락의 힘이 그대로 시가에 반영된 것으로서 당일 역시 하락 음봉으로 끝날 가능성이 매우 높다고 보면 된다. 하지만 하락 추세라도 전일 종가 대비 갭상승으로 시작되었다면 반드시 추세를 따라갈 것이라 확신하는 것은 곤란하다. 반전의 여지가 생겼다고 볼 수도 있다.

2. 추세선: 안 vs. 밖

둘째는 추세선 안에서 시작하느냐, 바깥에서 시작하느냐를 보는 것이다. 차트 분석에서 추세가 살아있느냐 아니면 죽었느냐는 매우 중요한 분석 대상이다. 추세는 이후 장에서 좀 더 자세히 살펴보겠지만, 기본적으로 우리는 추세추종을 바탕으로 하는 투자 기법을 배우고 있기 때문에 추세의 지속 여부를 파악하는 것은 매매 전략 수립의 기본이라 할 수 있다.

그런데 이렇게 중요한 추세 지속 여부가 당일 시가가 발생하는 위치에 따라 이미 거의 결정 나는 경우가 생긴다. 일단 당일 시가가 추세선 안에서 시작한 경우 웬만해서는 추세가 깨지지 않는다. 왜냐하면 주가 역시 추세선 안에서 움직일 가능성이 높기 때문이다. 즉 하락 추세 안에서 시가가 형성되면 음봉으로 이어질 가능성이 높고, 반대로 상승 추세 안에서 시가가 형성되면 양봉으로 이어질 가능성이 높다.

그런데 만약 주가가 처음부터 추세선 밖에서 시작했다는 것은 당일 추세가 깨질 가능성이 매우 높아졌다는 신호다. 그리고 실제로 이럴 경우에 추세가 깨지는 경우가 대부분이다.

3. 이평선: 위 vs. 아래

셋째는 이평선 위에서 시작하느냐, 아래에서 시작하느냐를 보는 것이다. 이평선은 '특정 기간 동안의 종가 평균'을 이은 선이다. 이평선은 현재가보다 위에 있으면 저항으로 작용하고, 아래에 있으면 지지 역할을 하게 된다. 이평선 위에서 시가가 시작되면 지지선을 아래에 깔고 시작한다는 것이므로 당일에도 상승 추세가 유지되어 양봉으로 갈 가능성이 높다. 반면 시가가 특정 이평선 밑에서 시작한다면 결국 주가가 상승 시도를 할 때마다 저항선으로 작용하게 되어 당일 상승 가능성이 매우 떨어진다는 것을 의미한다.

이처럼 시가의 위치에 따라 음양이 결정되는 경우는 거의 80%에 이른다. 시가에는 전날 거래하지 못한 물량을 가지고 있는 시장 참여자들의 심리가 오롯이 담겨 있다. 전일 종가 대비 갭상승한 데

다 이평선 위에서, 상승 추세선 안에서 시작한다면 양봉의 가능성,
이평선 아래에서, 추세선 밖에서, 그런데 전일 종가 대비 갭하락까
지 겹쳤다면 음봉의 가능성이 높다고 판단할 수 있을 것이다.

종가:
캔들의 완성, 의사 결정의 기준

주식 매매를 시간에 따라 구분하자면 3가지로 나눌 수 있다. 시가에 들어가는 매매가 '시가매매', 장중에 사는 건 장중가 혹은 '시장가매매', 종가를 보고 마지막 가격을 보고 의사 결정하는 게 '종가매매'다. 그렇다면 언제 매매하는 것이 가장 좋을까?

캔들이 언제 완성되는지 생각해 보자. 바로 종가가 만들어질 때 캔들도 완성된다. 그러니까 일봉은 당일 15시 30분 장 마감 시 완성되고, 주봉은 매주 금요일 15시 30분 그리고 월봉은 매월 말일 15시 30분에 완성된다는 말이다.

그렇다면 장중엔 캔들이 완성되었다고 할 수 있는가? 아니다. 전혀 그렇다고 할 수 없다. 장중엔 그저 현재가일 뿐이며, 아직 종가가 확정되지 않았기 때문이다. 그리고 캔들이 완성되지 않았다는 것은 해당 캔들을 통해 의사 결정을 할 수 없음을 의미한다.

예를 들어서 일봉 캔들이 특정 가격대 밑으로 떨어지면 매도하기로 전략을 세웠다고 하자. 그런데 매매를 하다 보면 장중엔 해당 가격을 여러 번 건드리곤 한다. 그러다 장 마감 때쯤 되니 갑자기 상승하여 매도 기준 가격을 훨씬 상회한 채로 끝나버렸다면 어떨까? 만약 장중에 기준 가격을 건드렸다고 해서 바로 매도를 했다면 장 마감하고 나선 속이 매우 쓰렸을 것이다. 더욱이 그 이후로 주가가 계속 상승하게 된다면 이는 두고두고 회한으로 남을 것이다.

이런 일은 매우 자주 일어난다. 어떨 땐 장중엔 크게 급락했다가 장 마감 직전에 오히려 상승 반전 하는 경우도 상당하다. 주봉이나 월봉을 보고 매매 결정을 하는 경우라면 이런 일은 일상다반사로 일어난다. 주중이나 월중에 손절가를 건드렸기에 매도했는데 주말이나 월말에 가면 급등하여 주가가 훨훨 날아가는 경우 말이다. 장중가에 너무 빠르게 반응하다가 추세의 초기에 기회를 놓치게 되는 것이다. 장중에 변동하는 주가에는 크게 마음 쓰지 않는 훈련을 해야 한다.

과거 전 세계적으로 코로나가 발생했을 때 카카오나 NAVER 주식이 이랬다. 2020년 3월 월봉 차트를 보면 당월 크게 하락했지만 결국 긴 밑꼬리를 달고 하락분을 전부 회복했으며(A), 이후 2년

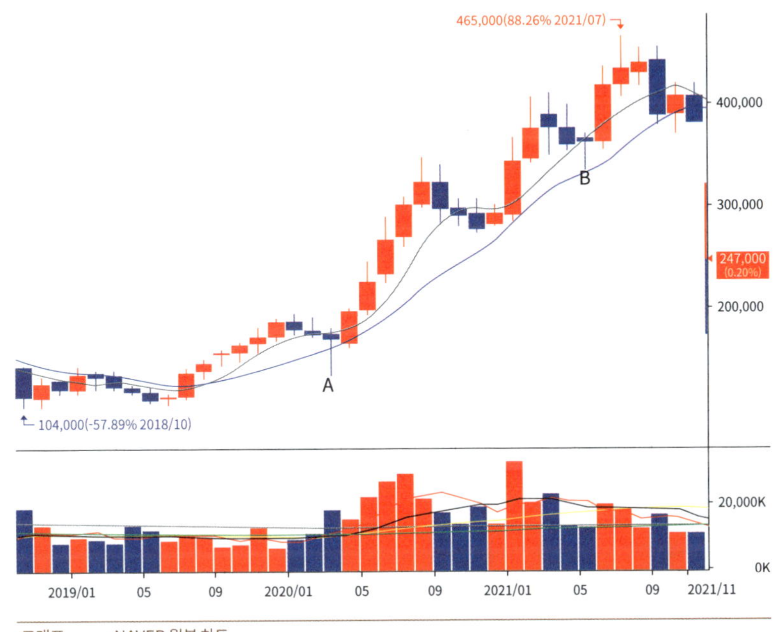

그래프　　　NAVER 월봉 차트

동안 300% 가까이 상승했다. 만약 당시 투자를 하던 투자자가 당월 급락에 겁이 나 팔았다면 이후 두고두고 땅을 치며 후회했을 것이다. 이런 모습은 B의 자리에서도 나온다.

따라서 차트 분석 투자를 하는 경우엔 종가가 완전히 완성되기 전까진 일단 어떤 의사 결정도 해서는 안 된다. 자칫 종가기준으로 결정하지 않고 현재가를 보고 매매하는 경우 섣불리 따라들어가거나, 좋은 자리에서 나오는 수가 있기 때문이다. 그러므로 일봉을 보고 투자했다면 당일 종가까지 기다려야 하며, 주봉을 보고 진입했다면 역시 주말 장 마감까지 기다려야 한다. 물론 월봉을 보고

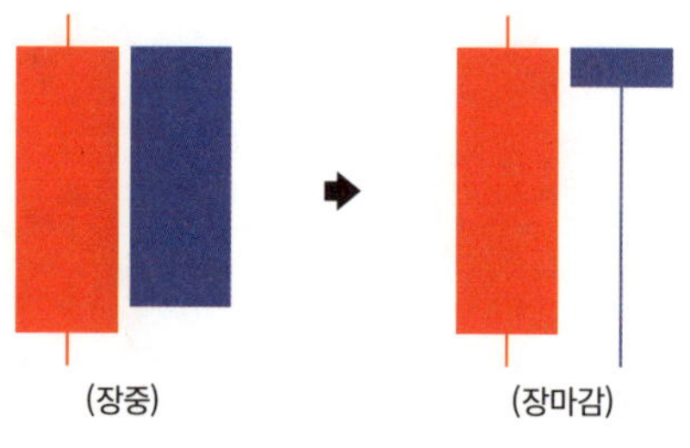

진입했을 경우엔 말일 종가가 확정되기까지 기다려야 할 것이다.

이처럼 종가매매를 하는 데 있어 매우 중요한 의사 결정 기준이 되며, 이는 캔들이 완성되려면 종가가 확정되어야 하기 때문이다. 특히 장중 변동성이 커지면서 긴 위꼬리나 긴 밑꼬리를 다는 캔들이 발생하면 잘못된 의사 결정을 할 수 있는데, 이는 종가까지 기다리지 않고 장중 현재가의 급격한 움직임에 심리가 말렸기 때문이다.

예를 들어 앞에서 배웠던 '장대양봉 4등분선 기법'을 통해 상승의 양의 에너지가 계속 존재하는지 여부를 판단한다고 치자. 그런데 장대양봉이 발생한 익일 갑작스럽게 매도 물량이 나와 장대양봉의 절대 자리까지 하락했다고 해 보자. 이 경우 대부분의 투자자는 절대 자리가 훼손되었기에 장대양봉의 상승 에너지가 모두 사라졌다 판단하여 급한 마음에 매도하고 나오게 된다. 그러나 매매하다 보면 장 마감쯤하여 매수세가 들어오면서 긴 밑꼬리를 달고 상승, 결국 4등분선의 안전지대에서 종가가 안착하며 끝나는 경우

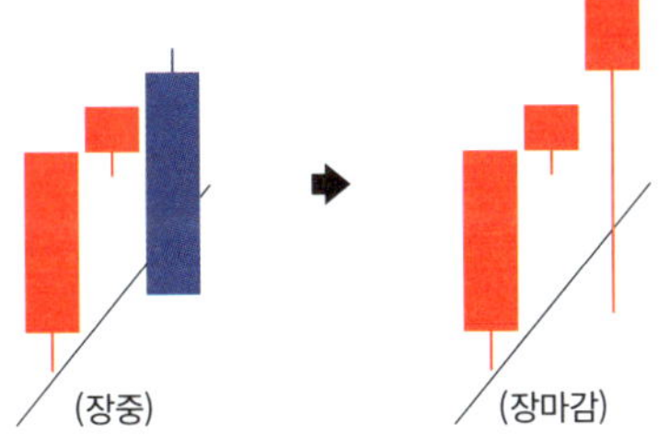

가 있다.

이 경우 전일 발생한 장대양봉의 상승 에너지는 전혀 상쇄된 것이 없으며, 아니 오히려 장중 출회된 매도 물량을 모두 걷어 올리고 재차 상승하였기에 향후 상승 가능성이 더욱 높아졌다 봐야 할 것이다.

만약 추세가 진행 중인 상황에서 위와 같은 상황이 만들어졌다고 치자. 그런데 장중 주가가 급락하여 추세선을 깰 경우 섣부른 투자자의 경우 매도를 할 수가 있다. 그런데 거듭 말했다시피 장중에 추세선을 깼다고 해서 추세가 깨졌다고 판단해서는 안 된다. 아직 종가가 완성되지 않았기 때문이다.

실제로 장중엔 추세선을 침범했다가도 장 마감쯤 급등하여 다시 추세선 안으로 회귀하는 경우는 매우 잦은 편이다. 게다가 잘 오르던 주가가 급락하면 투자자의 매도심리는 더욱 커지기 마련이다. 237쪽의 NAVER 월봉 차트에서 A 지점이 그런 자리다. 하지만 실컷 팔았더니 주가가 다시 원상태로 회복되게 되면 이때부터 투

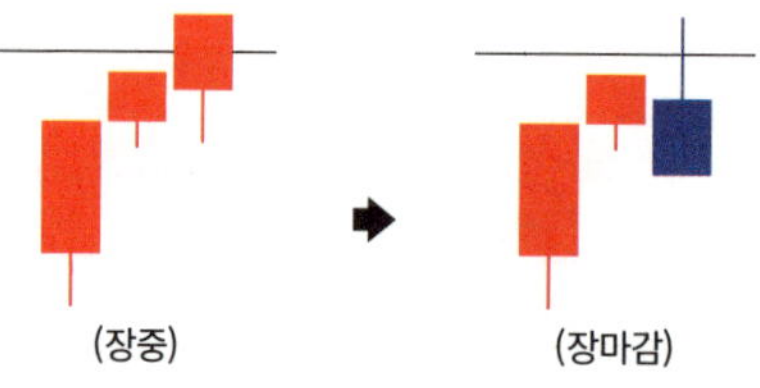

 장중 이평선의 돌파와 장 마감 시의 저항

자자의 멘탈은 깨질 수밖에 없다. 더욱이 이런 경우엔 추세선의 지지를 받았으니 이후 상승 가능성은 더욱 커졌다. 이렇게 되면 이후 상승 추세가 깨지고 하락 반전될 때까지 투자자의 후회는 계속될 것이다.

후에 언급하겠지만 이평선 돌파매매 시에도 이런 경우는 자주 발생한다. 실컷 특정 이평선을 돌파했다 판단하고 매수 진입하였는데 주가가 다시 회귀하여 장 마감시 다시 이평선 밑으로 떨어지거나, 반대로 기준이 되는 이평선이 돌파당했다 싶어 바로 매도하였는데 다시 반등하여 이평선 위에서 종가 마감하는 경우 말이다.

위의 예처럼 장중 이평선을 돌파하는 모습을 보고 매수에 들어갔는데 장 마감 시 이평선을 하회한다면 그것만큼 당황스런 일도 없다. 이평선이 위에 있다는 것은 저항선으로 작용한다는 것이며, 이는 명백한 진입 실패다. 종가가 결정되기 전에 섣부른 결정을 내렸기 때문이다.

따라서 어떠한 경우라도 장중에는 의사 결정을 해서는 안 되며, 반드시 종가가 완성될 때까지 기다려 보는 것이 중요하다. 이는 일봉뿐만 아니라 주봉, 월봉에도 똑같이 적용된다. 차트가 완성된 후 결정하는 것을 원칙으로 삼아 금요일 오후 3시, 매월 말일 오후 3시에 결정하는 습관을 들이도록 하자.

캔들 '뽀개기'와 합치기

차트 분석을 좀 한다는 이들도 임의로 캔들을 뽀개거나 합칠 수 있다는 말을 들으면 상당히 의아해하곤 한다. 어떻게 개개의 캔들을 합치거나 뽀갤 수 있느냐는 것이다. 실제로 캔들을 자유자재로 뽀개거나 합친다는 발상은 세상에 없는 개념이다. 캔들을 있는 그대로만 해석하려 하지 그것들을 나의 필요에 따라 가공한다는 아이디어 자체가 존재하지 않는다.

그러니 캔들 뽀개기, 합치기야말로 이 책에서만 배울 수 있는 비기 중의 비기라 할 수 있다. 하지만 우리는 이미 일상에서 이러한 일들을 경험적으로 알고 있다. 단지 그것을 정확히 인지하고 인식하지 못했기에 지나쳐 버린 것뿐이다.

예를 들어 보자. 일봉 다섯 개가 모이면 주봉 하나가 생기고, 주봉 네 개가 모이면 월봉 하나가 만들어진다. 물론 월봉 열두 개가 모이면 년봉 하나가 생길 것이다. 이렇게 설명하면 사람들은 '아하~' 하고 고개를 끄덕인다. 캔들 합치기는 사실 일상적으로 늘 있었던 일이다. 사람들이 그것을 굳이 생각하지 않았을 뿐이다.

그렇다면 반대로 월봉을 주봉 4개로 나눌 수 있고, 주봉을 일봉 5개로 나눌 수도 있을 것이다. 물론 일봉 역시 1분봉, 3분봉, 30분봉 등 여러 개의 분봉으로 나눌 수 있다. 이렇듯 실제로는 캔들 뽀개기, 합치기는 언제든지 자유자재로 가능한 것이며 그다지 어려운 일도 아니다.

캔들을 뽀개고 합치는 게 꼭 필요하고 중요한 이유 중 하나는 캔들의 착시 현상에 속지 않고 캔들의 본질을 알 수 있기 때문이다. 위에서도 언급했지만 캔들의 긴 꼬리에는 항시 장대봉이 숨겨져 있고 이에 대한 해석을 달리 해야 한다 하였다. 이처럼 캔들을 제대로 분석하기 위해서는 언제나 숨어 있는 음양이 일으키는 착시 현상을 이해하고 그 본질을 볼 줄 알아야 한다.

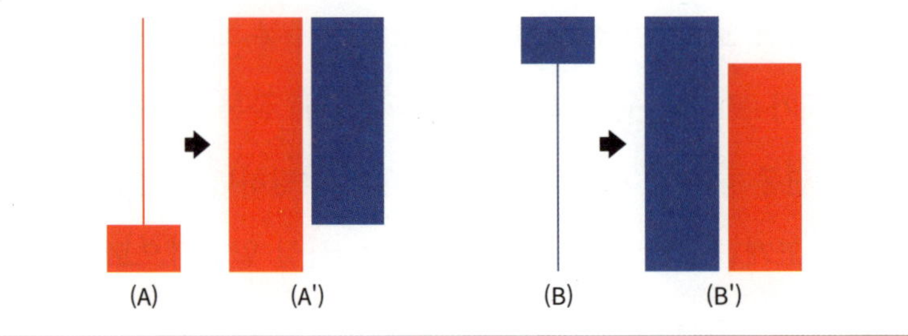

위의 왼쪽 그래프처럼 긴 위꼬리가 달린 양봉은 사실상 '장대양봉+장대음봉' 2개로, 긴 밑꼬리가 달린 음봉은 '장대음봉+장대양봉' 2개로 뽀갤 수 있다. 그런데 이렇게 뽀개어 보면 재미있는 사실이 보인다. 마지막에 남은 에너지가 무엇인지가 명확해지는 것이다. 캔들은 이렇게 하나하나 뽀개어 분석해 봐야 지금까지 보지 못했던 부분까지 볼 수 있게 된다.

그렇다면 캔들을 합쳐서 보게 되면 어떠한 장점이 있는 것일까? 간단하다. 한마디로 차트가 깔끔해진다. 사실 우리가 차트 분석을 못하는 이유는 차트 자체가 지나치게 복잡하고 랜덤하기 때문이다. 그래서 차트 안에서 어떤 특정한 규칙이나 질서를 찾아내기 힘들다. 특히 양봉과 음봉이 무분별하게 교차되는 차트를 보고 있자면 어지럼증이 날 판이니 차트 분석은 아예 엄두도 내지 못하는 것이다.

그런데 복잡하게 배치되어 있는 캔들을 하나로 합쳐서 보게 되면 이런 문제가 많은 부분 해소된다. 다음 그래프를 보자. 왼쪽에

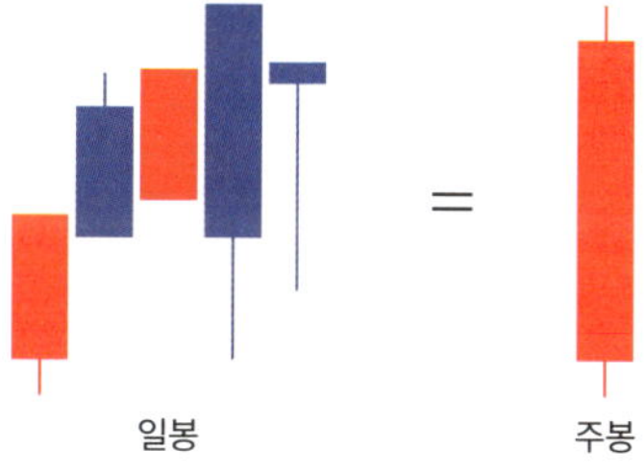

일봉 다섯 개가 매우 어지럽게 배치되어 있다. 심지어 양봉보다도 음봉이 많다. 이래서야 지금 상승인지 하락인지 잘 보이지 않는다. 그런데 오른쪽 주봉으로 보면 장대양봉이 매우 확연하게 보일 것이다. 이러면 누구나 향후 강한 상승을 점칠 수 있다.

이처럼 캔들을 합쳐서 보기 시작하면 차트 자체가 훨씬 간단해지며 분석에 장애가 되는 노이즈들을 제거할 수 있다. 게다가 랜덤하게 보이던 차트 속에서 무언가 일관된 규칙을 찾을 수도 있고, 방향성 또한 뚜렷이 보이게 된다. 말 그대로 직관적 해석이 보다 용이해지며, 판단의 근거가 확실해지는 것이다.

그다음 그래프를 살펴보자. 왼쪽에는 음봉, 양봉이 난무하며 파동 A와 파동 B가 만들어졌다. 그러나 이렇게 랜덤해서는 차트 분석이 잘될 리 없다. 하지만 캔들을 합쳐서 파동 A를 캔들 A'로 파동 B를 캔들 B'로 단순화시키면 오른쪽의 긴 위꼬리 캔들 두 개가 만들어지는 것을 알 수 있다. 보통 이런 긴 위꼬리 캔들이 동일한 가격대의 바닥에서 연달아 나온다면 무언가 있다는 얘기다.

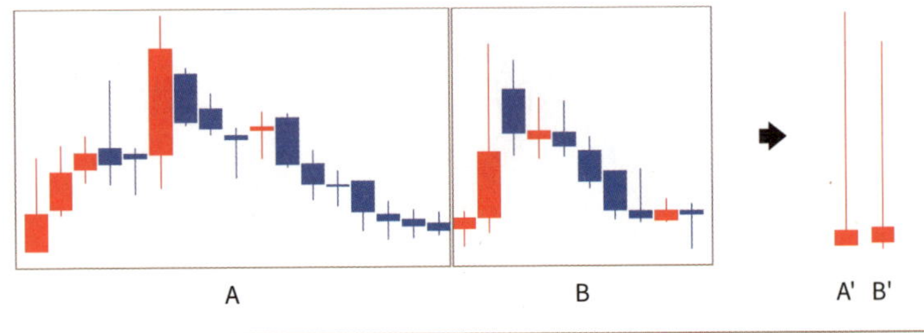

그림   캔들 합치기의 예

　뒤에서 다루겠지만 이처럼 특정 가격대를 지지하면서 긴 위꼬리가 달리는 캔들을 '역매집봉'이라 한다. 세력이 빠르게 물량을 거둬 갈 때 잘 만들어지는 캔들이다. 그런데 그런 캔들이 연달아 두 개가 만들어졌다면 세력이 개입했을 공산이 더욱 커진다. 그렇다면 세력이 무엇 때문에 물량을 매집하겠는가? 오직 상승시키기 위해서일 것이다.

　하지만 왼쪽 캔들의 움직임으로는 이런 세력의 개입을 눈치채기가 쉽지 않다. 그저 주가가 특정 매물대를 넘지 못하고 다시 바닥으로 회귀하는 정도로밖에 보이지 않는다. 하지만 캔들 합치기를 통해 역매집봉이 드러나자 이때부터 세력의 의도가 보이기 시작한다. 그들은 주가를 위아래로 흔들어 댐으로써 기존의 주식 보유자들로부터 빠르게 물량을 거둬 간 것이다. 보통 이런 경우 주가는 곧바로 급등하는 경우가 많다.

　이처럼 캔들 합치기는 복잡하고 랜덤해 보이는 캔들의 흐름 속에서 노이즈를 제거해 주어 매우 간명하고 명확하게 차트를 분석

246

하도록 도와준다. 실제로 캔들 합치기가 어느 정도 익숙해지게 되면 차트 전체를 캔들 몇 개로 압축하여 보는 경지까지 갈 수가 있는데 이때부터 차트 분석이 매우 간결해진다.

이처럼 캔들을 자유자재로 뽀개고 합칠 줄 알아야 이후 에너지의 흐름이 담긴 패턴을 볼 수 있게 된다. 캔들 뽀개기, 합치기가 자유자재로 이루어지기 위해서 특정 캔들에 대해서는 아예 통째로 숙지하고 있는 편이 좋다. 아래는 그 대표적인 캔들 유형들이다.

1. 양팔통 캔들

긴 위꼬리와 밑꼬리가 마치 양팔을 펼치고 있는 것처럼 생겼다 해서 '양팔통 캔들'이라고 부른다. 시가와 종가가 같지만 꼬리가 짧은 도지 캔들과는 성격이 다르다. 꼬리 안에는 장대봉이 3개나 있는 셈이고, 특히 매우 긴 장대양봉 혹은 장대음봉이 숨어 있기 때문이다. 이런 양팔통 캔들이 나왔다는 것은 당일 상당한 수준의 변동성이 있었다는 뜻이다.

특히 매도세와 매수세가 큰 전투를 치렀는데도 아직 결판이 나지 않은 무승부 상태다. 균형을 이루고 소강 상태에 접어든 것처럼 보이지만 매도세와 매수세가 서로 팽팽하게 대치하고 있는 상황이다. 줄다리기를 할 때도 양쪽의 힘이 팽팽하게 맞물려 있을 때는

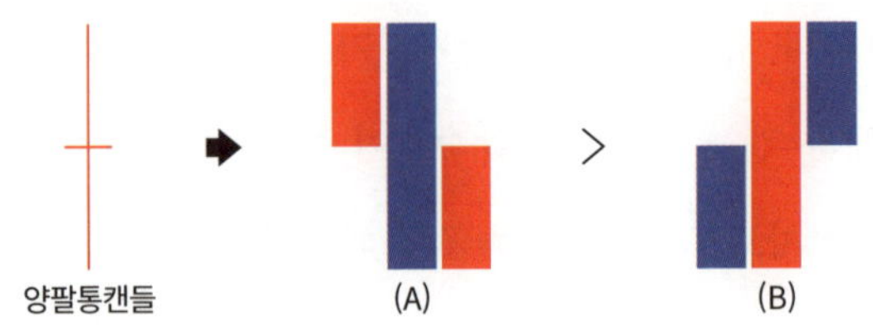

그림　　　　양팔통 캔들

움직이지 않다가 어느 한쪽으로 조금만 힘이 쏠려도 급격히 쏠려 가게 되는 것처럼, 양팔통 캔들도 마찬가지다. 매우 큰 힘이 아슬아슬하게 균형을 이루고 있기에 익일 시가의 위치에 따라서 급락 또는 급등이 일어날 수 있다. 갭상승으로 시작할 경우엔 급등 코드이고, 갭하락으로 시작할 경우엔 급락할 가능성이 매우 높다.

그래서 양팔통 캔들이 나왔으면 방향성을 확인해 봐야 한다. 보통 30분봉으로 보는 것이 좋다. 이러면 종가근방의 방향이 보이게 된다. 그래프에서 왼쪽의 양팔통 캔들은 캔들 뽀개기를 통해 오른쪽 캔들 조합으로 나눌 수 있는데 B보다는 A가 상승 가능성이 높다. 왜냐하면 장 마감 직전 상승으로 끝났기 때문이다. 따라서 양팔통 캔들이 나오면 반드시 분봉 차트를 통해 장중 캔들의 흐름을 파악하는 것을 잊어서는 안 되며, 다음날 시가의 위치에 따라 급등하거나 급락할 수 있음을 항시 염두해야 할 것이다.

2. 은둔형 장대양봉

앞서 살펴봤듯이 은둔형 장대양봉은 긴 장대양봉의 또 다른 형태다. 장대양봉은 당일 장중에 크게 매집 세력이 들어왔다는 것이고, 따라서 장대양봉이 발생하면 주목을 받기 쉽다. 그런데 간혹 세력 중에서 자신들의 매집을 숨기고 싶은 경우, 주가를 한번에 올리지 않고 며칠에 걸쳐 잘게 나눠 상승시킨다. 그러면 차트상에서는 그저 몸통이 작은 양봉 캔들이 연속되는 것처럼 보이면서 사람들의 주목을 덜 끌게 된다. 하지만 실제로는 왼쪽의 작은 양봉들을 모두 합쳐서 보게 되면 그 본질은 오른쪽의 장대양봉이다. 이처럼 잘게 나눠진 장대양봉을 '은둔형 장대양봉'이라 부른다. 이를 하나의 캔들로 간주하여 보는 습관을 들일 필요가 있으며, 물론 작은 양봉들의 거래량 역시 합산하여 봐야 할 것이다.

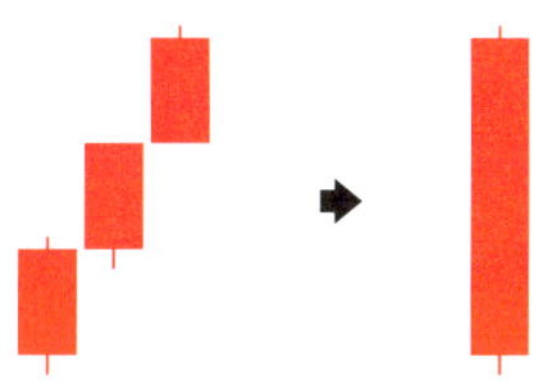

그림   은둔형 장대양봉

3. 주고받고 캔들

　보통 장대양봉이 서면 급등에 따른 단기 물량이 출회되는데, 익일에 이를 작은 음봉으로 소화시키는 모습을 '주고받고 캔들'이라고 부른다. 전일 몸통 대비 75%의 안전지대 위에 짧은 음봉이 발생하며 숨 고르기를 하는 것이므로 하락의 징조는 전혀 아니다. 오히려 상승에 매우 긍정적인 패턴이라고 할 수 있는 캔들이다.

　이것이 이틀에 걸쳐 이루어지면 장대양봉 뒤에 짧은 눈썹 캔들이 붙지만, 당일에 모두 끝내는 경우에는 오른쪽 캔들의 모습이 만들어진다. 두 캔들은 사실상 같은 것이며 '주고받고 캔들'의 전형이라고 할 수 있다. 차트 분석을 할 때는 이렇게 양쪽을 넘나들며 자유자재로 뽀개기도 하고 합치기도 하면서 볼 줄 알아야 한다.

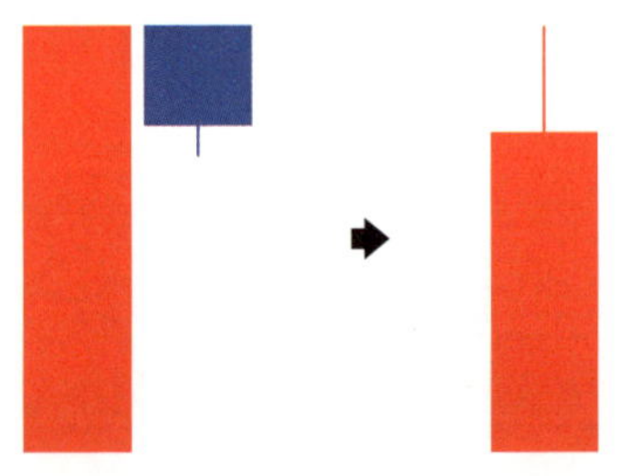

그림　　　주고받고 캔들

2장

상승과 하락의 파동(패턴)

우리는 추세 추종 투자를 하는 것을 목표로 하며, 추세를 알기 위해서는 패턴이 만들어지는 것부터 파악할 수 있어야 한다. 이미 상승이 일어난 뒤에 상승 패턴이 만들어지는 것이 아니다. 상승 패턴이 만들어지고 나서 상승이 일어나고, 하락 패턴이 만들어지고 나서 하락이 일어난다. 여기에서는 꼭 알아야 하는 패턴 8가지를 알아볼 것이다. 특히 쌍봉 패턴과 쌍바닥 패턴을 구분하는 것이 가장 중요하다. 이 2가지를 구분하지 못하면 아무리 차트를 들여다봐도 장님이 코끼리 만지는 것과 똑같다. 대신 이 패턴을 깨달으면 돈은 저절로 보일 것이다. 패턴과 추세를 보는 건 시장의 '숲'을 보는 것이다. 먼 미래까지는 아니어도 근미래를 예측해 가며 대응할 수 있다.

상승 패턴에는 쌍바닥, 역H&S, 삼중 바닥, 원형바닥 패턴이 있다. 하락 패턴에는 쌍봉, H&S, 삼고점, 원형천장 패턴이 있다. 하나씩 살펴보자.

쌍바닥 패턴
(W자형, 이중바닥, 짝궁둥이 이론)

쌍바닥 패턴은 주가가 두 번의 저점을 형성한 뒤에 반등하는 대표적인 상승 패턴이다. 과거에는 '짝궁둥이 이론'이라는 이름으로도 많이 소개되었는데, 이름보다 중요한 건 쌍바닥이 만들어지는 순서와 조건을 이해하는 것이다. 패턴이 만들어질 때, 왜 그 패턴의 모양이 순서대로 나타나는지 알아야 한다.

주가가 하염없이 빠지다가 어느 순간 멈추고 올라가는 과정, 여기에는 반드시 지켜져야 할 정교한 순서가 있다. 주가가 떨어질 때 아무도 매수하지 않으면 바닥은 끝없이 내려갈 수밖에 없다. 따라서 바닥이 생기려면 일차적으로 이 하락을 저지하는 물량이 들어와야 할 것이다. 주가가 떨어지다가 강력한 매수세가 들어오면 '제

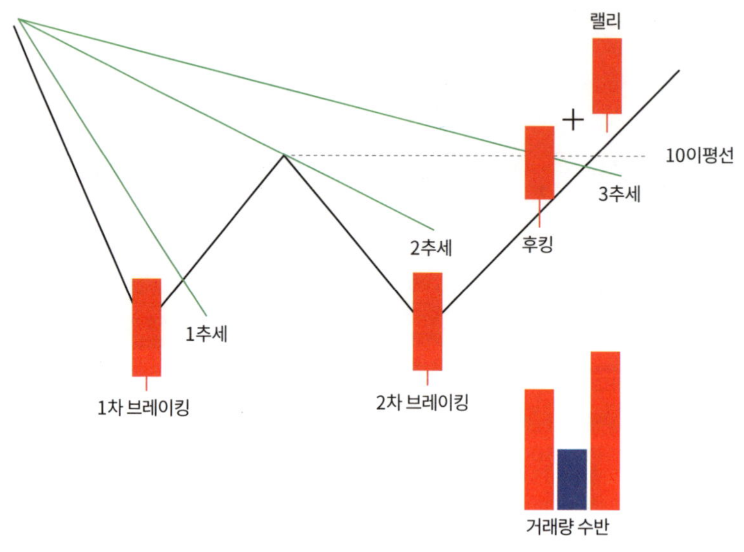

그래프   쌍바닥 패턴의 상승 신호

1차 브레이킹 캔들'인 장대양봉이 서게 된다. 하락의 가속도를 한 번 끊어주는 것이다. 이처럼 브레이크 페달을 밟아야 내리막길에서 멈출 수 있는 것처럼, 하락을 저지하는 장대양봉을 1차 브레이킹 캔들이라고 부른다. 이때 거래량이 적으면 안 된다. 거래량이 터져야 진짜인 것이다.

이 지점에서 주가가 한번 반등했지만, 이대로 상승하는 V자 반등은 거의 발생하지 않는다. 이미 떨어지는 하락의 관성이 있기 때문에 다시 한번 하락하게 되어 있다. 그런데 이때 여기에서 가장 중요한 것이 쌍바닥을 만들기 위해서는 반드시 '전(前) 저점'을 지켜야 한다는 것이다. 즉 쌍바닥 패턴에서는 왼 바닥보다 오른 바닥

높이가 결코 낮아서는 안 된다.

'전(前)저점'이 깨지면 처음 야심 차게 들어왔던 매수세가 전부 실망 매물로 변하면서 오히려 그때부터 물량이 쏟아지게 되어 있다. 처음 바닥에서 물량을 대량 매집한 세력이 가장 무서워하는 것이 바로 이 실망 매물이다. 한꺼번에 물량이 쏟아지면 그들도 어찌할 수가 없기 때문이다. 이렇게 되면 쌍바닥은 만들어지지 않게 된다. 바닥 자체가 깨졌기 때문이다. 그리고 이때 알아 두어야 할 것이 전저점은 1차 브레이킹 캔들의 꼬리가 아니라 시가를 기준으로 잡는 것이 요령이다.

전저점을 지키면서 다시 '제2 브레이킹 캔들'이 나와야 비로소 바닥이 두 개, 즉 쌍바닥이 형성된다. 이때 거래량은 첫 번째 캔들의 70~200% 정도가 적당하다. 너무 적으면 앞에 물량을 소화시키지 못한 것이고, 지나치게 많아도 처음부터 힘을 다 써버리는 셈이라 좋지 않다.

하지만 여기서 끝이 아니다. 쌍바닥은 이제야 형태만 갖추었을 뿐 아직 완성되지 않았다. 쌍바닥이 완성되려면 반드시 넘어야 할 산이 하나 존재한다. 바로 10일 이평선이다.(이하 10이평선) 뒤에서도 얘기하겠지만 이평선은 위에 있으면 저항선이요, 밑에 있으면 지지선이다. 그런데 저점에서 쌍바닥 만들고 올라오다 보면 10이평선이 강력한 저항선으로 작용한 것이 된다. 그래서 진정 쌍바닥이 완성되기 위해서는 여기에 물려있는 사람들의 본전 심리를 극복해야만 하는 마지막 숙제가 있다.

그래서 10이평선을 강력하게 뚫고 올리는 장대양봉이 필요한데 우리는 이 장대양봉을 '후킹 캔들'이라고 부른다. '후킹(hooking)'은 말 그대로 특정 이평선 아래에 있던 주가를 위로 끌어올린다는 의미다.

후킹 캔들이 이평선을 뚫고 나면 잠시 숨을 고르며 재상승을 위해 에너지를 압축하는 '펌핑 캔들'이 등장하는 경우가 대부분이다. 펌핑 캔들은 도지 캔들이나 눈썹 캔들의 형태로 만들어지는데, 데이트레이더의 추적에서 벗어나는 방편이기도 하다. 펌킹 캔들에서는 거래량이 많지 않아야 좋으며, 후킹 이후에 2~3일까지도 펌핑하는 경우도 있다. 그 이후 본격적인 상승을 시작하며 '랠리 캔들'이 만들어진다.

쌍바닥 패턴이 완성되면 들어가는 자리는 세 군데다. 우선 후킹 캔들의 종가나 10이평선의 지지를 확인한 펌핑 캔들 종가다. 만약 랠리 캔들에서 들어가고 싶다면 이때만큼은 시가를 추천한다. 보통 시가에서 갭상승하는 경우가 많으므로 익일 시가 갭상승으로 시작했다면 3분봉에서 금일 9시~9시3분의 첫 캔들 거래량이 전일 9시~9시3분의 첫 캔들 거래량보다 200% 이상 터졌다면 들어간다. 첫 3분봉 거래량이 터졌다는 것은 시가부터 매수세가 붙는다는 것으로 당일 상승 가능성이 높아졌다는 걸 의미하기 때문이다.

여기서 아주 중요한 팁 하나를 방출한다. 쌍바닥이라도 다 같은

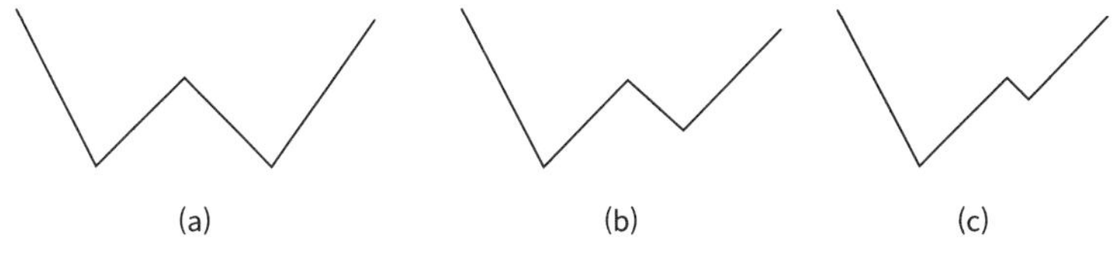

그림   다양한 쌍바닥 패턴

쌍바닥이 아니다. 오른쪽 엉덩이가 더 높은 소위 '짝궁둥이 쌍바닥' 이 훨씬 더 세다. 그래서 위의 쌍바닥들 중에서 (c)의 경우가 힘이 가장 세다고 봐야 한다.

왜 그럴까? 답은 '이식 매물'에 있다. 이식 매물이란 주가 진행 과정에서 매도심리가 발동하며 결국 언젠가는 나갈 게 정해진 매 물을 말한다. 그런데 위의 세 쌍바닥들을 보면 (a)의 경우 첫 번째 바닥 이후 급등하면서 들어온 매수자들이 다시 하락 반전하면 서 모두 실망 매물화되었다. 상승을 노리고 들어왔는데 하락의 골 이 깊어지면서 그만큼 이식 매물화되었고, 그래서 재차 상승하려 면 이 이식 매물을 모두 다 소화시키고 올라야 하기에 상승초기부 터 힘이 많이 빠지게 된 상황이다. 반면 (c)의 경우 오른쪽 바닥이 높기에 하락의 골이 낮았고, 이식 매물 또한 거의 없기에 상승 초 기에 힘을 뺄 필요가 없어 이후 상승에 더욱 탄력을 받게 된다. 특 히 지수 차트에서 짝궁둥이 쌍바닥이 나온다면 그건 급등 신호다. 그때는 레버리지를 사든 지수 대장주를 사든 무조건 들어가야 할 때다.

그래프   나스닥 월봉에서 보인 쌍바닥 패턴

쌍바닥 패턴이 매우 중요한 것은 하락을 멈추고 상승 초기에 가장 자주 나오는 패턴일 뿐만 아니라, 상승 중반이나 조정을 마치고 새로운 상승을 시작할 때에도 자주 나오기 때문이다. 그렇다면 상승 패턴인 쌍바닥이 보이면 바로 진입하면 될까? 아니다. 쌍바닥 패턴은 쉽게 배신하는 패턴이기도 하다. 쌍바닥은 형태가 나왔다고 무조건 상승으로 이어지지는 않는다. 어느 자리에서 어떻게 만들어지느냐 따라서도 확률이 달라지고, 진입 타이밍도 굉장히 까다롭다. 성급하게 진입하기보다 쌍바닥 패턴의 과정과 에너지의 흐름을 이해해 두자.

지수 차트에서도 패턴은 자주 나온다. 앞의 나스닥 월봉 차트를 보면 2022년 한 해 동안 내내 하락하다가 저점에서 쌍바닥 패턴 만들고 10이평선을 뚫는 모습이 나온다. 그리고 지금까지 나스닥은 상승 중이다. 재밌는 것은 지수 차트임에도 불구하고 쌍바닥의 캔들 순서를 그대로 따랐다는 것이다. 10이평선을 뚫는 후킹 캔들 (A), 10이평선 위에서 잠시 쉬어가는 펌핑 캔들 (B) 그리고 본격적인 상승에 불을 지핀 랠리 캔들 (C)까지 완벽하다. 패턴은 이처럼 어느 차트에서나 나온다. 그리고 한 번 익혀 두면 평생 두고두고 써먹을 수 있는 만능 아이템이다.

쌍봉 패턴 (M자형, 이중천장)

쌍봉 패턴은 상승의 에너지가 떨어지면서 하락 추세로 전환될 가능성이 매우 높은 패턴이다. 왜 그럴까? 주가가 상승하면 주식을 가지고 있는 사람들에게는 '이익 실현 욕구'가 커진다. 어느 순간 물량을 던지기 시작하면 주가는 음봉을 만들며 떨어지게 되고, 이때 저점을 찍는 봉우리가 만들어진다. 그렇다면 고점에서 매수한 사람들은 원금 회복만을 기다리면서 이식 매물을 들고 기다리고 있을 것이다.

이때 주식이 반등하여 재상승하고 '전(前)고점'을 돌파하면 이식 매물이 쏟아지게 되고, 시장이 이 물량을 충분히 소화하면 패턴은 N 자를 그리며 상승 흐름을 탈 수 있다. 반대로 전 고점 부근의 매

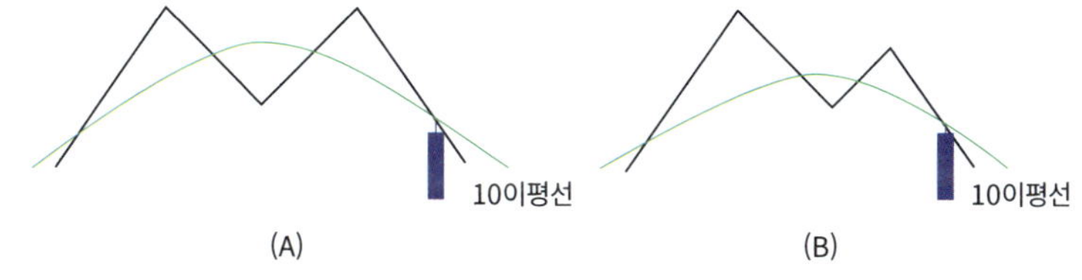

그래프　쌍봉 패턴

물을 소화시키지 못한다면 주가는 다시 하락하면서 M 자를 그리며 떨어지게 될 것이다. 즉 쌍봉 패턴은 전 고점에 물려 있는 매물을 소화하지 못했기 때문에 발생한다.

쌍봉 패턴에서는 두 개의 고점이 있는데, 첫 번째 고점에 비해 두 번째 고점의 거래량은 더 감소되어 나타난다. 올라가긴 했지만 첫 고점의 매물을 소화시키지 못하고 힘없이 다시 떨어지며 쌍봉을 만드는 모습이다.

그럼 쌍봉 패턴은 언제 완성될까? 바로 10이평선을 뚫는 음봉이 등장하는 순간이다. 10이평선을 뚫는 음봉이 나오면 상승 추세가 깨지고 지지선도 무너졌으니 이제 90% 확률로 하락할 일만 남았다. 물론 10%의 확률로 상승할 수도 있겠지만 굳이 낮은 가능성에 베팅할 이유는 없을 것이다.

10이평선을 뚫고 내려왔는데 가격이 싸졌다고 매수하거나 물타기하는 것은 절대 금물이다. 5~10%의 손해를 극복하려고 굳이 버틸 필요가 없다. 그러니 10이평선을 뚫고 내려왔다면 상승의 흐름 자체가 완전히 깨진 것이므로 무조건 손절하는 것이 평생 주식의

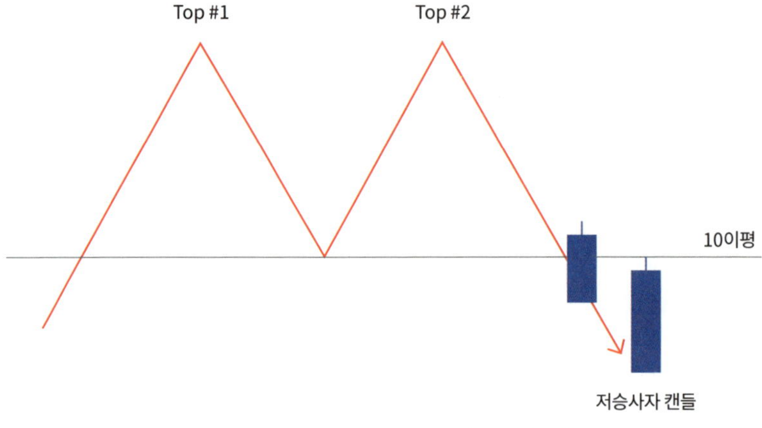

그래프   저승사자 캔들

기본 철칙이라 해도 과언이 아니다. 10이평선은 추세의 최종 생명선이다. 이곳이 하향 돌파당했다는 것은 상승 추세가 이미 사망했다는 신호다. 추세가 사라졌는데 베팅한다면 자칫 바닥에서 묶여버리는 상황이 생긴다.

역사를 살펴보면 꼭 전투에서 승리해야만 훌륭한 장군이 아니다. 정말 유능한 장군은 패배한 전투에서 후퇴를 잘하여 전열을 가다듬을 줄 알아야 한다.

몽골의 장군 테무친의 유명한 일화가 있다. 옛날 몽골은 여러 부족이 연합체를 이룬 형태로 전쟁을 벌였는데, 연대 의식이 강하지 않아 전투에서 불리해지면 연합군의 지도자는 제일 먼저 자신의 부족과 함께 도망쳤다. 그런데 전해지는 이야기에 따르면 약 2만 대군을 이끌고 나선 테무친은 왕칸과의 전투에서 패배를 직감한 뒤 뜻밖의 선택을 했다. 연합한 다른 부족을 먼저 보내 도망치게 하고, 자신과 자신의 부족이 뒤따르며 퇴각한 것이다. 이 전투에서 생존자는 고작 14명에 불과했다.

3개월이 지난 뒤, 다시금 테무친이 전력을 모으자 놀라운 일이 벌어졌다. 연합 부족을 먼저 퇴각하게 하며 지켜 준 장군이라는 소문이 돌면서 이전의 2만 대군을 넘는 5만 대군이 결집한 것이다. 테무친은 그렇게 왕칸과 다시 한번 전투를 벌여 압도적인 승리를 거두었다. 이는 위기 속에서 리더십을 발휘해 뛰어난 후퇴 전략을 보여 준 덕분이었다.

손절은 전투에서 후퇴하는 것과 다르지 않다. 그러므로 제대로 된 손절이야말로 나의 계좌를 지키고 이후의 매매를 위한 가장 현명한 전략이다.

버티고 버티다가 어쩔 수 없이 하는 것은 손절이 아니다. 내 주식이 월봉이나 주봉 차트에서 10이평선을 뚫고 내려왔다면 물타기나 다른 희망에 매달리지 말고 무조건 청산해야 한다. '이번에는 다를 거야'라는 자기 합리화는 금물이다. 나머지 전력을 복구하여 다음 매매를 기다리면 되는데, 그 작은 손해를 아까워하며 버티다가 포트폴리오 전체를 망가뜨리는 일이 너무 많다. 주식 투자에서 종목 선택보다 중요한 것이 타이밍이고, 타이밍보다 중요한 것이 포트폴리오다.

이처럼 쌍봉 패턴은 형태가 보일 때부터 무조건 경계해야 하는 하락 패턴이며, 여기에 결정적인 순서가 하나 더 있다. 쌍봉이 형성되고 난 뒤에는 10이평선이 뚫리는 지점에 매달리는 긴 장대음봉이 나타나게 되는데, 바로 이것을 '저승사자 캔들'이라고 한다. 굉장히 자주 보이는 패턴 중 하나인데, 우리는 굳이 저승사자를 대면할 필요는 없으니 미리 피해야 할 것이다.

상승 패턴인 쌍바닥은 신뢰하기 어렵다고 했지만 쌍봉은 훨씬 신뢰도가 높은 패턴이다. 쌍바닥의 경우 상승 초기에 '진짜 오를까?' 하고 의심하다가 어느 정도 오르면 슬쩍 상승세에 동참하지만, 고점에서는 공포감으로 매도하게 된다. 상승 구조에서는 늘 의심과 불안의 심리가 앞서기 때문에 그 구간을 뚫지 못하고 조금만 매도세가 나와도 주가가 무너지게 되어 있다. 반면 쌍봉은 공포 심리로 매도세가 폭발하기 때문에 하락으로 이어질 가능성이 아주 높다.

그러니 내가 산 종목이 쌍봉 패턴을 만들고 10이평선이 뚫렸다면 무조건 매도하도록 하자. 그러지 않고 버티다가는 저승사자 캔들을 만나게 되고 결국엔 큰 손실로 이어질 가능성이 매우 크기 때문이다.

실전에서 보도록 하자. 다음 차트는 카카오 월봉 차트다. 2019년 4월에 월봉10이평선을 돌파하며 진입 자리(A)가 만들어졌는데 이때 가격이 24,000원이었다. 이후 2년간 오르다가 고점에서 쌍봉 패턴 만들고 2021년 9월에 10이평선이 뚫렸고(B) 이때 청산 가격

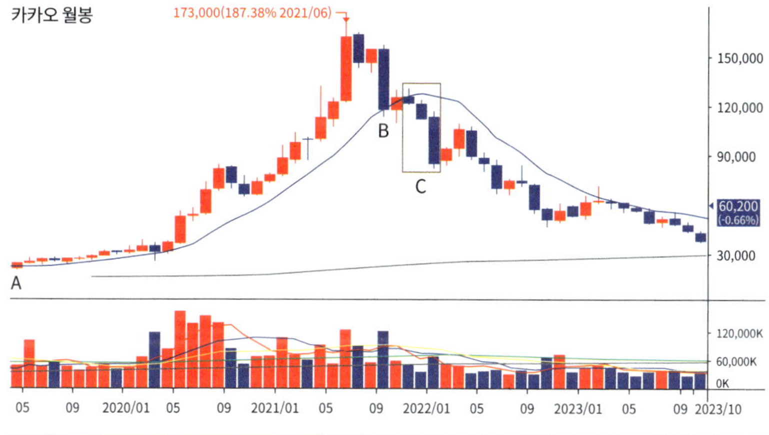

그래프   카카오 차트에 등장한 저승사자 캔들

이 118,000원이었으니 물경 390% 이상 수익을 낼 수 있었다. 이후 C의 음봉 세 개를 합치면 10이평선 매달리는 저승사자 캔들이 완성되는데 이후 2년간 10이평선을 뚫지 못하고 떨어지며 오랜 시간 카카오 매수 자리는 나오지 않았다.

H&S 패턴

패턴의 모양이 양어깨와 머리처럼 보이는 H&S(Head & Shoulder Pattern) 패턴은 매우 강력한 하락 신호다. 패턴의 시작은 주가가 상승하다가 첫 번째 고점 A의 봉우리를 형성하는 것이다. 여기에서 물량이 빠지며 주가가 하락하면 고점에서 매수한 투자자들은 이익 실현 욕구보다 원금 회복의 심리가 커진다. 즉 강력한 이식 매물이 만들어지는 것이다.

이후 주가가 다시 반등하여 첫 번째 고점을 돌파하여 오르면 일단 상방 추세처럼 보이지만, 충분히 상승하지 못하고 오히려 A 지점의 아래까지 밀려 내려갈 때가 있다. 특히 여기에서 거래량을 유의해서 봐야 한다. 두 번째 고점인 C의 거래량이 A보다 적다면 새로 들어온 매수세가 이전의 매물을 충분히 소화하지 못했다는 것

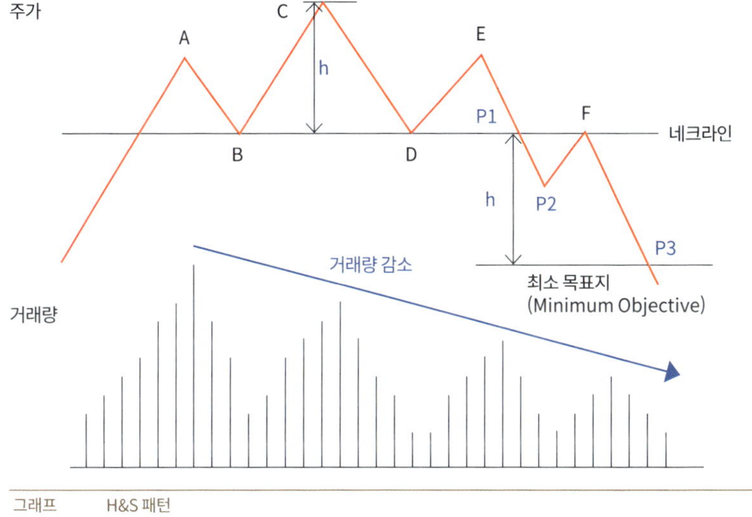

그래프   H&S 패턴

이다. 결국 D 지점까지 떨어지게 되는데 이때 B와 D를 이은 선을 네크라인(neckline)이라고 부른다.

네크라인에서 다시 한번 반등을 시도하지만, 세 번째 봉우리를 만들면서 다시 주가가 내려간다. 이때는 봉우리의 고점이 C보다 낮고, 첫 고점인 A보다 같거나 낮으며 거래량도 더 적다. 전 고점을 넘어설 힘이 없다는 뜻이다. 이 패턴은 사람의 왼쪽 어깨, 머리, 오른쪽 어깨처럼 보인다고 해서 H&S 패턴이라고 하는데 쌍봉 패턴보다 훨씬 강력한 하락 패턴이다. 이미 전 고점 A를 돌파했는데도, 내부적으로든 외부적으로든 더 상승할 수 없는 이유가 있다는 뜻이기 때문이다.

H&S가 완성되는 순간은 10이평선을 뚫는 음봉이 등장했을 때

다. 장대음봉이 아니더라도, 단 10원이라도 뚫리는 음봉이 나오면 이후에는 하락 가능성이 매우 높다고 봐야 한다. 그 이후로는 쌍봉 패턴에서와 마찬가지로 역시나 10이평선에 매달린 장대음봉, 즉 저승사자 캔들이 나타난다. 결국 상승 추세선 바깥으로 오른쪽 어깨에서 떨어지는 하락 장대음봉이 발생하면 무조건 청산하고 후퇴하는 것은 물론이고, 이 지점에서는 인버스로 공략할 타이밍이라고 봐야 할 것이다.

이러한 H&S 패턴은 주로 개별주보다는 종합지수나 선물지수에서 자주 발생하고, 특히 주봉이나 월봉에서 잘 드러난다.

역H&S 패턴

역H&S(Reverse Head & Shoulder Pattern) 패턴은 H&S 패턴이 거꾸로 뒤집힌 것으로 매우 강력한 상승 패턴이다. 주가가 계속 하락하면 시장은 공포와 체념에 빠지게 되는데, 어느 순간 매수세가 들어오며 하락 추세를 멈추는 신호로 1차 브레이킹 캔들이 만들어진다. 만약 이때 전저점을 지키며 바닥을 찍고 재차 반등한다면 쌍바닥이 만들어질 것이다. 하지만 그러지 못하고 전저점이 깨질 때가 있다. 이렇게 되면 주가는 지지라인을 잃은 채 하염없이 떨어지게 되어 있다. 그런데 마침 크게 하락하지 않은 자리에서 2차 브레이킹 캔들이 만들어지고, 다시 상승하다 네크라인의 저항을 받은 이후 3차 브레이킹 캔들이 만들어지면 거꾸로 선 '왼쪽 어깨-머리-오른쪽 어깨'의 역H&S 패턴이 만들어지는 것이다.

이때 저점마다 거래량은 점차 증가한다는 점이 중요하다. 이전

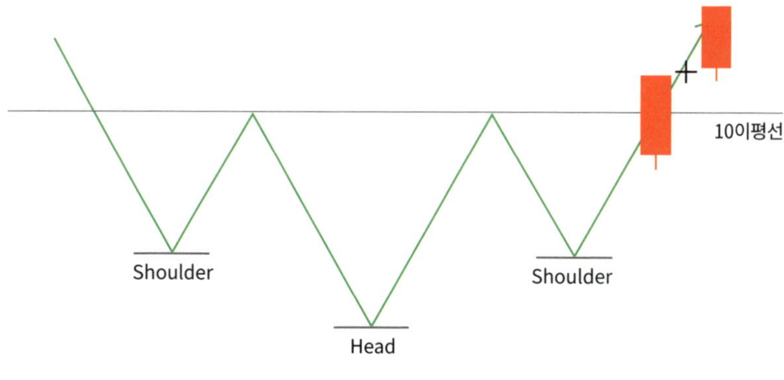

그래프   역H&S 패턴

매물을 소화시키며 매수세가 강화되어야 진짜 상방 추세를 만들수 있기 때문이다. 그래서 하락 패턴은 포인트마다 거래량이 줄어드는 반면 상승 패턴은 거래량이 늘어나며 상승 탄력을 받는다. 만약 역H&S 패턴이 나왔는데 거래량이 줄어든다면 이때 나온 브레이킹 캔들은 진짜 반전 신호가 아닌 페이크 캔들이다.

역H&S 패턴에서는 H&S 패턴과 반대로 10이평선을 돌파하는 양봉, 즉 후킹 캔들이 등장할 때 본격적인 상승 에너지가 시작된다고 보면 된다. 쌍바닥 패턴과 마찬가지로 후킹 캔들, 펌핑 캔들, 랠리 캔들 순으로 이어지며 상승이 본격화된다. 앞서 언급했듯이 쌍바닥 패턴은 실컷 만들어지고도 다시 하락하는 경우가 많은 반면, 역H&S 패턴은 일단 만들어지면 90% 이상 본격적인 상승세를 타는 경우가 많다.

H&S나 역H&S는 지수 차트에서 자주 나온다. 다음 S&P500

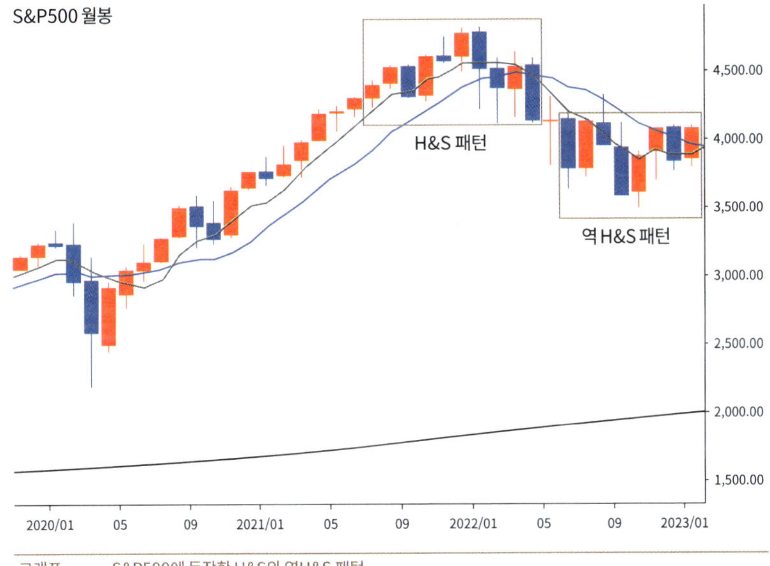

그래프   S&P500에 등장한 H&S와 역H&S 패턴

월봉 차트를 보면 2022년 고점에서 H&S 패턴 만들고 하락하자마자 곧바로 역H&S 패턴 만들고 되돌리는 걸 볼 수 있다.

미국 대형주들의 주가를 대표하는 S&P500지수의 월봉 캔들이라 하면 하나에 그 값이 엄청날 텐데 이것들이 1년 넘게 모여서 고작 패턴 두 개 만든 셈이다. 이처럼 지수 차트에서 패턴이 나오면 시장 전체의 방향을 가늠할 수 있을 뿐만 아니라 매우 강력한 투자 기회를 선사한다.

종류	덕목(전제 조건)	완성
쌍바닥 패턴	전저점을 지켰음 (못지켰으면 급락각)	10이평선 뚫는 장대양봉(후킹 캔들)의 발생
쌍봉 패턴	전고점을 뚫지 못했음 (전고점 실망 매물 소화하지 못함)	10이평선에 매달리는 장대음봉(저승사자 캔들)의 발생
H&S	전고점을 뚫었으나 크게 급등하지 못함	10이평선에 매달리는 장대음봉(저승사자 캔들)의 발생
역 H&S 패턴	전저점이 뚫렸으나 바로 반등함	10이평선 뚫는 장대양봉(후킹 캔들)의 발생

표　　　　패턴 4대장의 전제조건 및 완성

삼고점 패턴

삼고점 패턴은 쌍봉 패턴보다도 더 강력한 하락 패턴으로, 주식 투자를 하는 사람들이라면 쳐다볼 필요도 없는 '끝장' 신호다. 가끔 주가가 특정 박스권 구간에 갇히는 경우가 있다. 고점의 저항라인과 저점의 지지라인을 오가며 세 번의 고점을 만들지만 최종적으로는 결국 10이평선을 하향 돌파하며 저점이 깨지게 된다.

고점을 세 번이나 두드렸는데도 전 고점을 잡지 못하면 결국 하락밖에 답이 없다. 특히 거래량의 추이에서 고점 대비 거래량이 줄어들고 있다면 추이는 더욱 분명하다. 전 매물 벽을 돌파하지 못하고, 그럴 만한 동력도 없었다는 뜻이다. 동일 구간에서 두 번, 세 번씩 고점에 물린 투자자들이 생겼기 때문에 고점의 매물 압박이

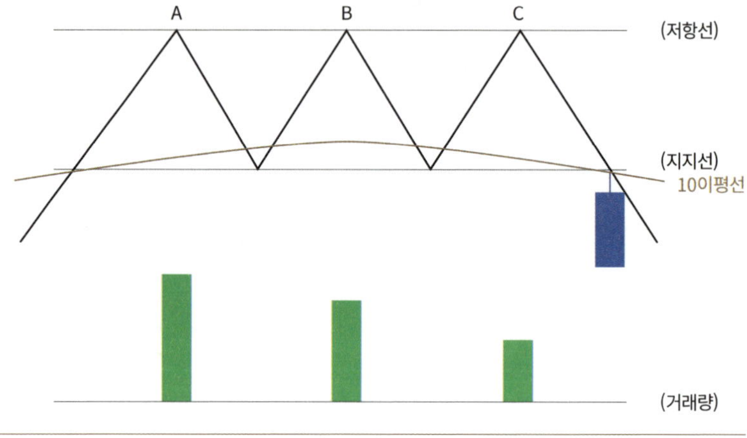

그래프   삼고점 패턴

매우 심한 상태다. 상승 추세의 가능성이 완전히 사라진 것이다. 이때 고점의 높이가 조금씩 달라도 마찬가지이며, 세 번째 고점이 앞의 두 봉우리보다 낮더라도 삼고점이다.

실제로 삼고점 패턴은 쌍봉 패턴이나 H&S 패턴과 섞여서 나타나기도 한다. 월봉 차트에서 쌍봉이 두 번 만들어지거나 삼고점이 만들어진 경우, 향후 2년에서 3년 이상 하락만 하는 케이스를 보기도 했다. 심지어 지수 차트에서 이런 패턴이 나타난다면 그야말로 한숨만 나오는 상황이다. 즉, 이는 장기간 회복하기 힘든 강력한 하락 신호다.

베트남 호치민 지수 월봉 차트다. 과거 10이평선 뚫고 급등한 지수가 고점에서 A, B, C라는 삼고점을 만들더니 결국 10이평선 뚫리고 이후 저승사자 캔들까지 발생하며 급락한 모습이다. 고점 대

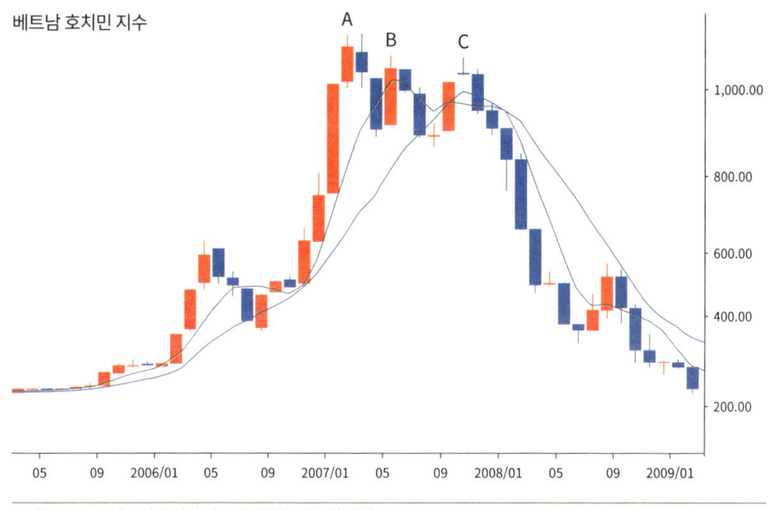

그래프   베트남 호치민 지수에 등장한 삼고점 패턴

비 거의 80% 이상 하락하였다. 이처럼 삼고점은 개별주뿐만 아니라 지수 차트에서도 자주 나오며 이때엔 해당 지수 ETF 인버스 상품으로 대응하면 큰 수익을 얻을 수 있다.

삼중 바닥 패턴

삼중 바닥 패턴은 세 번씩이나 바닥을 확인했다는 점에서 매우 강력한 매수 신호를 보여 준다. 만약 쌍바닥 패턴에서 두 번의 바닥을 찍고 후킹 캔들이 나타났다면 일단 신중을 기하여 보류해야 겠지만, 세 번이나 바닥을 찍고 후킹했다면 상승의 가능성이 매우 높다. 해당 저점만큼은 지키겠다는 의지가 강력하게 보이는 상태이기 때문이다.

이때 바닥에서 저점 확인 시 장대양봉의 브레이킹 캔들이 나타나는 동시에 거래량은 우상향을 그린다는 조건이 모두 맞아야 한다. 맨 오른쪽에서 10이평선을 뚫는 후킹 캔들이 나타나고, 이어 펌핑과 랠리 캔들이 등장하는 공식은 쌍바닥 패턴과 동일하다.

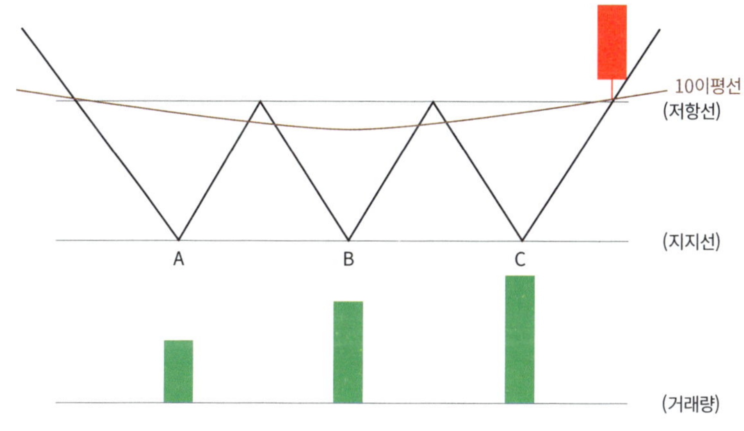

그래프   삼중바닥 패턴

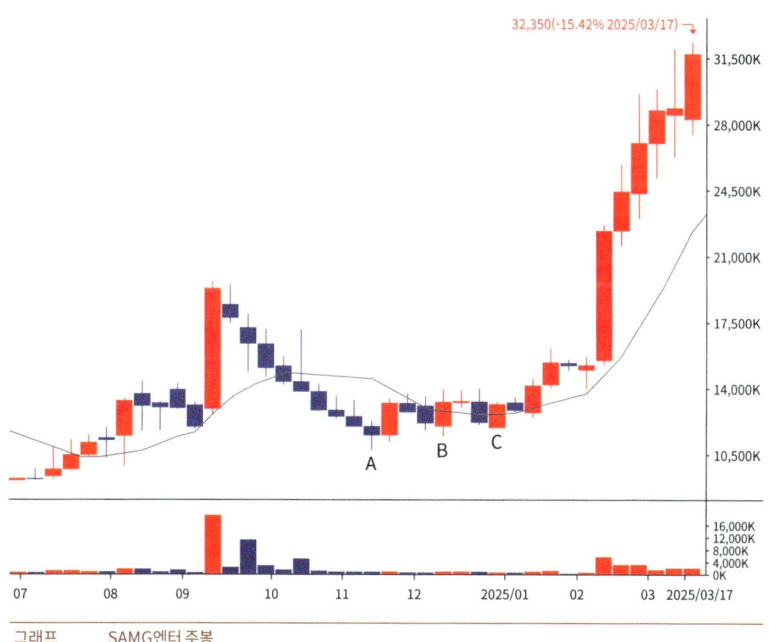

그래프   SAMG엔터 주봉

　SAMG엔터 주봉 차트를 보면 바닥권에서 A, B, C의 삼중 바닥을 만들고 10이평선을 뚫으며 상승했다. 같은 바닥이라도 이처럼 바닥 저점이 높아지는 삼중 바닥의 힘이 훨씬 세다. 결국 삼중 바닥이 완성되는 C 자리(13,000원)에서 진입한 후 72,000원 자리에서 10이평선 깨지며 청산 자리를 주었다. 수익률로 따지면 450%이다. 이처럼 상승 패턴 이후 추세추종 매매 활용하면 장기적으로 큰 수익을 거둘 수 있다.

원형천장 패턴

특별한 패턴 없이 주가가 완만하게 상승했다가 완만하게 떨어지는 것으로, 청산 시점을 잡기가 애매한 유형이기도 하다. 하지만 하락하는 과정에서 10이평선을 하방 돌파한다면 가차 없이 청산해야 한다. 원형천장은 거의 나오지 않는 패턴으로 만약 나온다 하더라도 10이평선 하방 돌파 시 청산하면 그만이므로 크게 신경 쓸 필요는 없는 패턴이다.

원형바닥 패턴: 큰 시세(대전환)

주가가 완만하게 하락하다가 곡선을 그리면서 서서히 상승 추세로 전환되는 패턴이다. 상승 끄트머리에서는 반드시 주가가 한번 요동치게 되어 있는데 이를 'Cup with handle'이라고 한다. 일단 원형바닥(Cup)이 만들어지면 이 손잡이(handle) 자리에서 진입하면 된다. '최고의 주식, 최적의 타이밍'으로 유명한 윌리엄 오닐은 과거 이 매매법 하나만으로 수천만 달러를 벌었다. 그만큼 유명한 기법이며, 원형바닥 패턴 하나만 잘 익혀도 굳이 다른 것을 익힐 필요가 없을 정도다.

원형 바닥의 깊은 컵이 만들어지면, 끄트머리의 요동치는 핸들 자리에서 10이평선을 뚫는 지점에 매수하면 된다. 10이평선을 돌

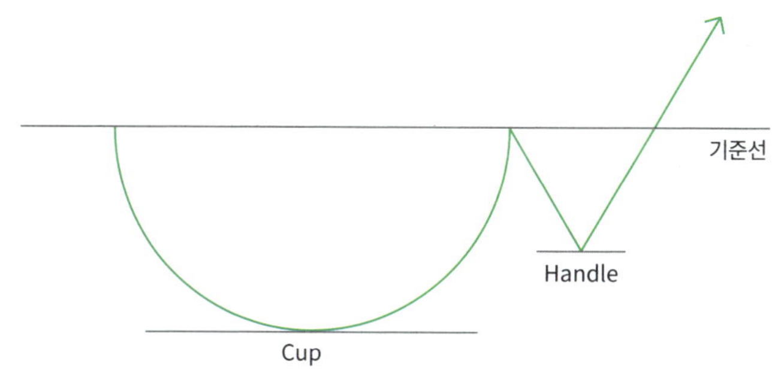

그래프   원형바닥 패턴

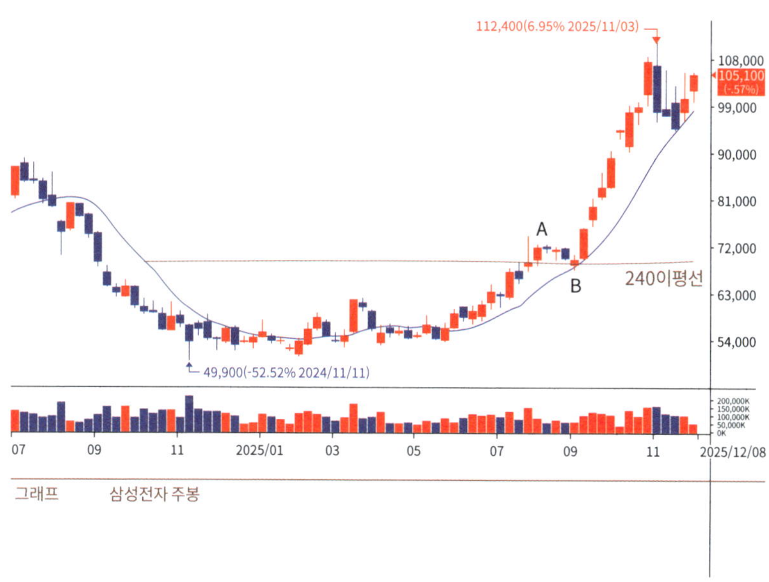

그래프   삼성전자 주봉

파하는 자리가 사실상 N자형 패턴의 상승 자리이기도 하다. 또한 가끔 핸들 자리에서 240이평선을 뚫는 경우도 있는데 이때는 더욱 강한 상승 자리라고 보면 된다.

　삼성전자 주봉 차트를 보자. 저점에서 원만한 원형바닥 형태를 만든 후 240이평선을 뚫고 급등한 모습이다. 진입할 자리는 Cup with handle의 핸들로서 240을 뚫는 A 자리나 240과 10이평선의 지지를 동시에 받는 B의 자리였다. 이후 주가는 10이평선의 지지를 받으며 계속 순항 중이다. 지금은 추세 진행중이므로 계속 보유해야 하며, 이후 10이평선이 깨지면 청산하면 된다.

중요한 특이 패턴

캔들의 몸통은 당일의 변동성을 의미하며, 또한 특정한 모습으로 힘이 압축되는 과정이라고 할 수 있다. 그 에너지가 한쪽 방향으로 계속 압축되면서 차트상에 특별한 규칙을 가진 모양으로 보이는 것이 바로 패턴이다. 패턴이 방향성을 찾으면 그때부터 추세가 된다. 패턴은 단독으로 나타날 때도 있지만 서로 조합을 이루면서 더욱 강력한 새로운 패턴을 만들어 가기도 한다. 이런 패턴의 조합을 숙지하면 차트 분석이 더욱 쉬워질 뿐만 아니라 매우 강력한 투자 기회를 얻을 수 있다.

1. 반복된 하락 경고: 겹쌍봉 패턴

쌍봉이 만들어지고 저승사자 캔들이 나타나며 주가가 하락하다가 다시 반등하는 경우가 있다. 이 경우엔 전 고점 부근에서 물려 있던 물량과 더불어 추가적인 고점 매수자들이 새롭게 생겨났다는 의미다. 전 고점의 물량도 소화하지 못했는데 두 겹으로 원금 회복 심리가 강력하게 쌓이게 되는 것이다. 이때 마침 저점에서 상승세가 올라오면 고점 부근에서 다시 매도세가 폭발하며 두 번째 쌍봉이 만들어진다. 두 번째 쌍봉에서는 고점이 이전보다 더 낮게 형성되는 경우도 있는데, 하락 가능성이 더 가파르게 이어질 가능성이 높다.

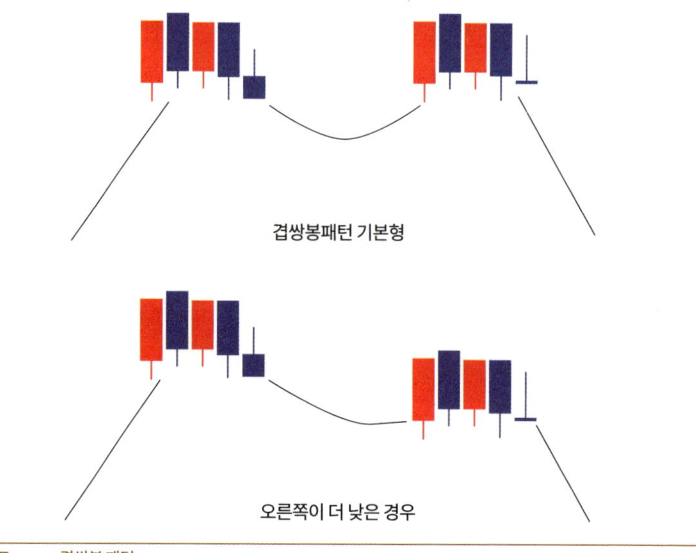

그래프　　　겹쌍봉 패턴

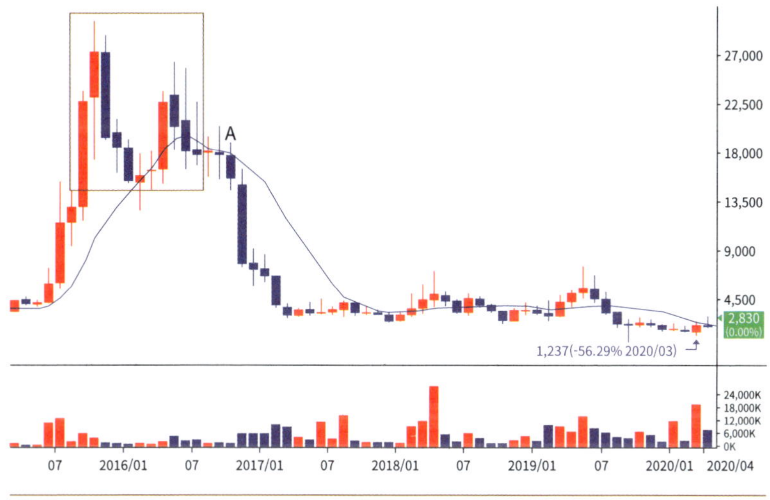

그래프　　　중앙첨단소재 월봉

　　과거 중앙첨단소재 월봉 차트를 보면 고점에서 쌍봉이 두 개 겹치면서 겹쌍봉 패턴을 만든 후 A 지점에서 저승사자 캔들까지 만들어지자 이후 주가는 급락하며 수년간 지리멸렬한 모습을 보였다. 이처럼 고점 겹쌍봉 패턴은 매우 강력한 하락 패턴으로서 고점 생성시 급락은 당연하고, 이후 주가는 오랫동안 힘을 못쓰는 경우가 대부분이다. 차트를 봤는데 겹쌍봉 패턴이 보인다면 이는 차트가 보내는 반복된 하락 경고이므로 10이평선이 뚫리는 즉시 전량 매도해야만 한다.

2. 믿고 보는 겹쌍바닥 패턴

쌍바닥 패턴은 상승을 의미하지만 100% 확신해서는 안 되는 반신반의 패턴이다. 하지만 바닥에서의 겹쌍바닥 패턴은 매우 강한 상승을 의미하며, 겹쌍바닥 자체도 역시 큰 쌍바닥을 이루고 있는 만큼 강력한 상승 에너지를 지니고 있다고 볼 수 있다.

겹쌍바닥이 만들어질 때는 첫 쌍바닥이 만들어진 뒤에 반등했다가 다시 밀려내려온다. 그리고 전저점을 깨지 않는 선에서 다시 한 번 쌍바닥을 만들어야 한다. 즉 쌍바닥이 두 개나 만들어졌는데, 이때 전저점을 깨지 않고 몇 번이나 바닥을 쳤다는 건 시장에 의도적인 저점 방어 세력이 존재한다는 뜻이다. 일반적인 경우에는 이처럼 저점이 여러 번 지켜지기 어렵다.

기본적으로 동일한 높이보다는 전저점을 높여 가면서 오른쪽 쌍바닥 패턴이 높은 쪽이 훨씬 강력한 패턴이다. 그런데 바닥은 지켜지고 있지만 앞의 쌍바닥보다 뒤에 나온 쌍바닥의 고점이 더 낮은 경우도 있다. 실제로 상하이종합지수 차트에서 고점이 낮아지며 쌍바닥이 두 번 나온 경우가 있는데, 그러다가 장대양봉이 하나 나오면서 결국 급등을 했다. 시간이 지나면서 이식 매물의 양이 줄어들고 에너지가 바닥에서 축적되면서 결국 상승하는 것이다. 음의 에너지처럼 보이지만 본질은 양의 에너지가 축적되고 있는 상태였던 것이다.

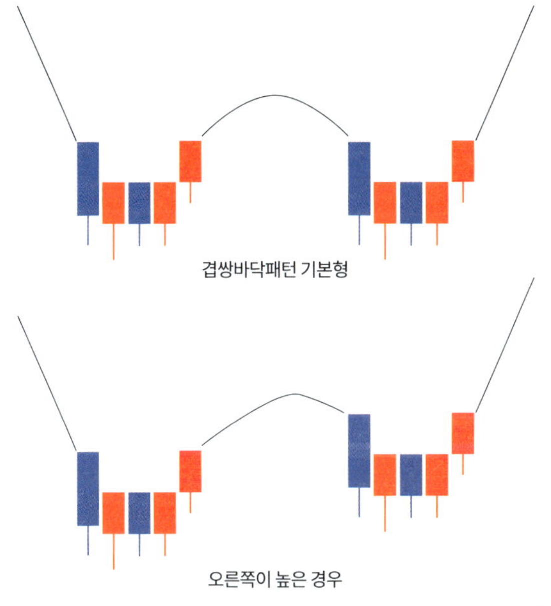

그래프   겹쌍바닥 패턴

개별 주식뿐만 아니라 종합주가지수나 선물지수 차트에서 이런 패턴이 나올 시 둘도 없는 매수 기회이며, 특히 이 패턴이 주봉이나 월봉 차트에서 나올 경우에는 하늘이 내린 기회로 봐도 좋다.

3. 대쌍봉 패턴, 대하락의 시작점

차트를 보면 특정 패턴이 나왔다가 곧바로 반대의 패턴으로 이어지는 경우가 있다. 패턴이 앞에 나온 패턴의 힘을 상쇄시키고 반

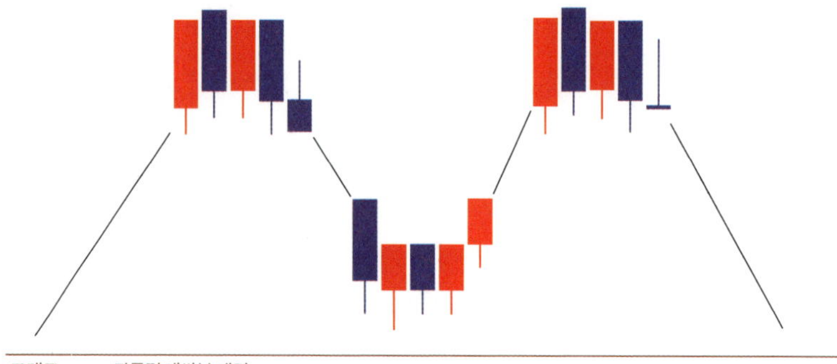

대 방향으로 이끄는 되돌림 패턴이다. 패턴은 파동으로서 캔들보다 훨씬 강한 에너지를 갖는데 이를 다시 패턴으로 상쇄시킨다는 건 뒤에 발생한 패턴의 에너지가 매우 강하다는 반증이다. 따라서 되돌림 패턴이 나온 경우 패턴이 향하고 있는 방향으로 강하게 갈 가능성이 높다.

대표적으로 대쌍봉 패턴은 쌍봉 안에 작은 쌍바닥을 품고 있는 것으로, 한 번 발생하면 상당 기간 하락을 예고하는 아주 강력한 하락 패턴이다. 첫 쌍봉 패턴의 하락을 쌍바닥으로 되돌렸다면 힘을 압축해 반등한 상황이다. 그런데 그것이 또 무산되면서 쌍봉을 만든다면 반등의 에너지가 소진되어 거의 100% 하락으로 이어지게 된다. 하락의 에너지가 두 겹으로 누적된 것이다. 특히 지수 차트에서 이런 패턴이 보인다면 인버스 대응을 고려해야 한다.

대쌍봉 패턴 이후에는 시장의 에너지가 소진되어 대부분 장기간 상승하지 못하고 바닥을 유지하게 된다. 만약 개별주 월봉 차트에

288

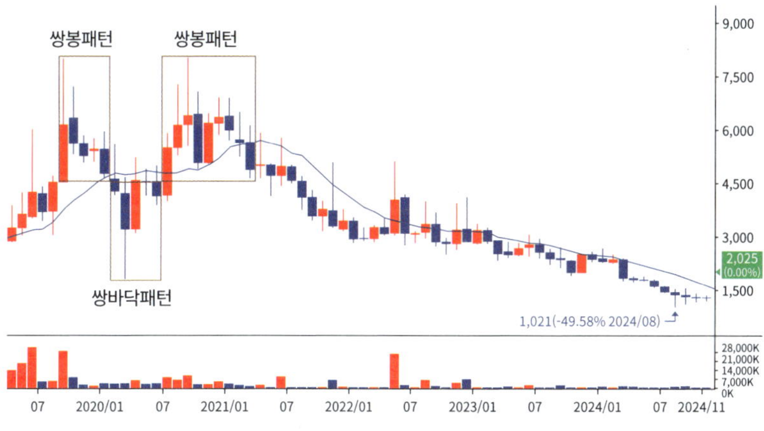

그래프　　　에프알텍에 등장한 패턴 읽기

서 이게 나온다면 2년은 주가가 맥을 못춘다고 생각하라. 위 에프알텍 월봉 차트를 보면 고점에서 대쌍봉 패턴이 나온 후 주가가 오랫동안 하락하는 모습이 보일 것이다.

4. 대쌍바닥 패턴, 보이면 돈이다

쌍바닥 안에 작은 쌍봉을 품고 있는 패턴이다. 대쌍바닥 역시 개별주보다는 지수 차트나 선물 차트에서 자주 발생하며 대상승을 예고하는 패턴이기도 하다. 쌍바닥을 쌍봉으로 되돌렸는데 그걸 다시 쌍바닥으로 상승시켰다면 두 번째 쌍바닥의 후킹 자리는 절호의 매매 찬스다. 특히 같은 되돌림이라 하더라도 일봉에서 발생

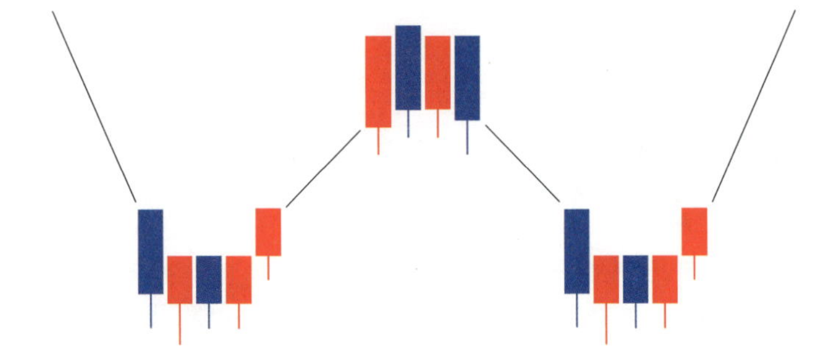

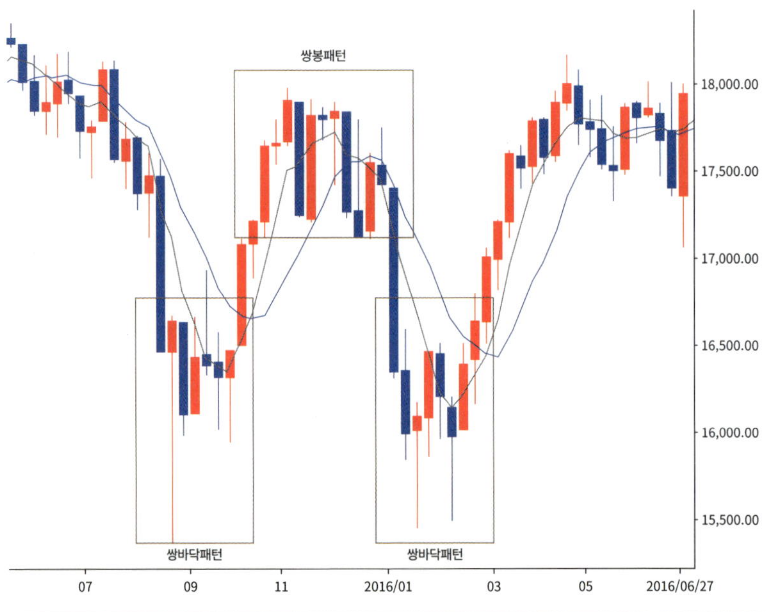

그래프   다우존스에 등장한 패턴 읽기

한 것보다는 주봉이 훨씬 강력하며, 만약 월봉에서 만들어진 경우
라면 한마디로 '팔자 고치는 패턴'이다.

　2015~2016년 사이에 다우존스 주봉 차트에서 나온 대쌍바닥 패턴이 대표적이다. 보통 대쌍바닥 패턴이 나오면 그때부터 주가는 두 배가량 뛰는 것이 정석이다. 실제로 이때 다우지수는 18,000 정도였다. 지금은 4만이 넘으니 이때 다우지수 인덱스 상품을 샀다면 아마도 수익률이 엄청났을 것이다. 거듭 강조하지만 지수 차트에서 대형 패턴이 나오면 그때부터 돈이라는 걸 알아 두자.

되돌림 패턴의 유형

패턴은 캔들의 의미 있는 조합이다. 따라서 특별한 패턴이 나온다는 것은 그쪽으로 힘이 압축된다는 것이고, 힘이 한쪽 방향으로 움직인다는 것을 뜻한다. 따라서 한 번 패턴이 만들어지면 힘이 그쪽으로 쏠리면서 당분간 주가는 해당 방향으로 움직이게 된다.

그런데 이렇게 패턴을 만들어 놓고 곧바로 반대 방향의 패턴이 나오면서 힘의 방향을 되돌리는 경우가 있는데 이를 '되돌림 패턴'이라 부른다. 이는 일봉 차트에서도 나오지만 주봉이나 월봉 차트에서도 자주 나온다. 과거 사부는 이렇게 말했다. "만약 주봉에서 되돌림이 나온다면 수십%의 수익을 기대할 수 있다. 그런데 월봉에서 나온다면 일단 100% 이상 수익도 기대가 가능하다."

사실 일봉에서 패턴 하나를 만들려고 해도 적어도 캔들 4개는 필요하다. 되돌림 패턴은 패턴이 두 개이니 아무리 적게 잡아도 2주는 소요된다. 그런데 이게 주봉이나 월봉에서 만들어진다고 가정해 보자. 월봉 같은 경우엔 되돌림 하나에 1년이 소요되는 경우도 있다. 말 그대로 1년 동안 매도세와 매수세가 엄청난 자금을 쏟아부으면서 싸운 셈이다. 그런데 매도세가 한 6개월 동안 힘을 압축해서 쌍봉 패턴으로 밀고 내려왔는데 이를 다시 매수세가 6개월 동안 집결하여 쌍바닥으로 밀어 올리면서 상쇄시킨다면 어떻게 될까? 아주 큰 전투가 벌어졌는데 저쪽 대군은 전멸한 셈이니 그때부턴 무주공산이다. 매도 물량을 이미 다 해치웠으니 거칠 것 없이 상승할 것이다. 이래서 장기 차트에서 되돌림이 나오면 무서운 것이다.

이 되돌림 패턴은 우리 사부가 만들어 낸 가장 독창적이고 혁신적인 발상이다. 차트 보는 건 똑같은데 거기서 무얼 찾아내느냐는 능력이다. 하마터면 실전될 뻔했던 비기가 나를 통해 전수되었고, 이 책을 통해 소개된다. 어쩌면 필자 역시 복 받았고, 이 책을 읽는 독자 역시 복 받은 셈이다.

되돌림 패턴은 모든 차트에서 자주 나오는 패턴으로서 매매에 자주 활용되므로 반드시 숙지해야 할 공식이다. 다음은 되돌림 패턴의 총 4가지 유형으로, 실전에서 바로 찾아낼 수 있도록 평소 훈련을 통해 숙지할 수 있어야 한다.

1. 되돌림 1패턴: 패턴을 같은 패턴으로 잡는 것

쌍봉을 쌍바닥으로 잡거나, 쌍바닥을 쌍봉 패턴으로 잡는 것이다. H&S를 역H&S로 잡거나, 역H&S를 H&S로 잡는 것도 해당된다. 되돌림 패턴 중 가장 기본적인 패턴이며 모든 차트에 걸쳐 매우 자주 등장한다.

아래의 경우 쌍바닥이 만들어지며 쌍봉 패턴의 상승 에너지를 상쇄한 후 마지막으로 10이평선을 뚫는 후킹 캔들이 만들어졌다. 이어 펌핑, 랠리 캔들의 순서로 상승이 이어진다. 하락 패턴인 쌍봉을 잡고 되돌린 쌍바닥이기에 지금의 이 쌍바닥은 매우 강력한 상승신호다. 10이평선을 뚫는 후킹 캔들이나 펌핑 캔들 종가에 진입 가능하다.

우측(295쪽)의 HLB글로벌 주봉 차트에서 박스 부분은 고점에서 쌍봉 패턴을 쌍바닥 패턴으로 되돌린 모습이다. 이때 파란색 실선인 10이평선을 뚫는 상승 자리가 절호의 매수 자리로서

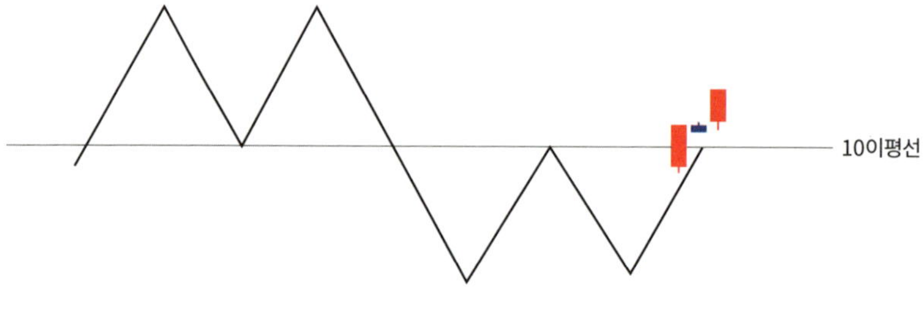

그래프   되돌림 1패턴과 후킹 캔들

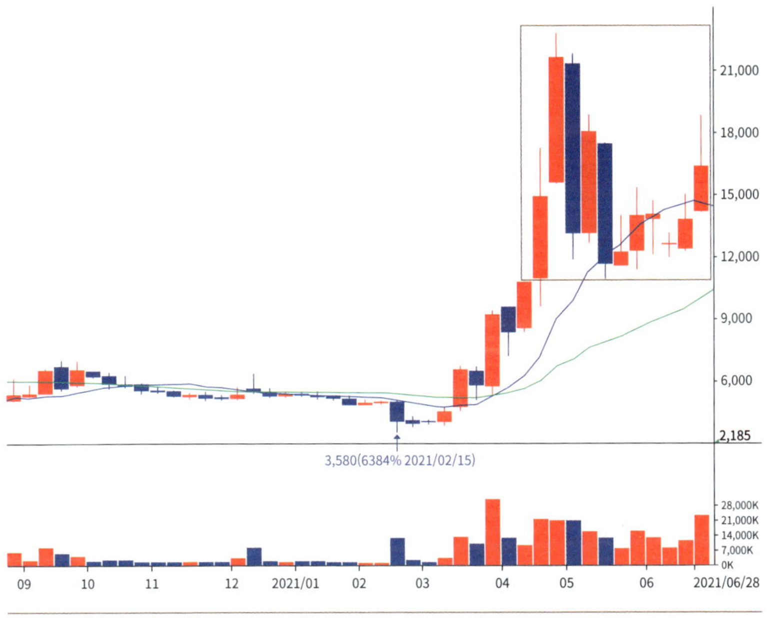

그래프   HLB글로벌 주봉

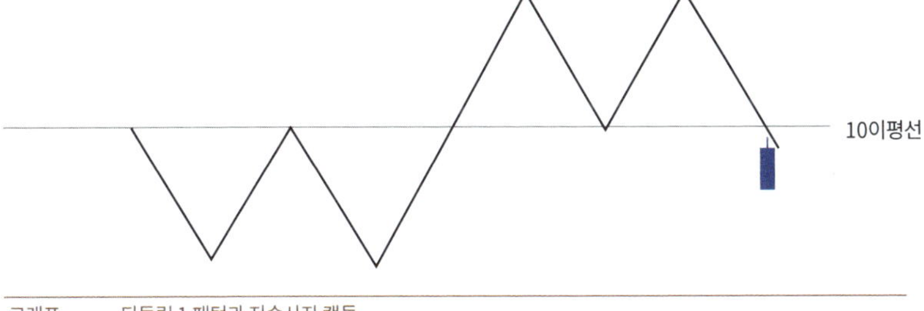

그래프   되돌림 1 패턴과 저승사자 캔들

16,350원에 진입하여 3개월 후 28,000원에 매도할 수 있었다.

반면에 위 그래프처럼 쌍바닥을 쌍봉으로 잡을 경우 결국 10이
평선을 돌파한 후 10이평선에 머리를 맞댄 '저승사자 캔들'이 발생

하는 경우가 대부분이다. 이때는 보유하고 있는 모든 물량을 무조건 매도해야 하며, 선물이나 인덱스 차트에서는 풋으로 진입하는 전략이 필요하다.

2. 되돌림 2패턴: 패턴을 이종 패턴으로 잡는 것

패턴을 이종 패턴으로 잡는 경우는 주로 쌍봉 패턴을 역H&S 패턴으로 잡는 경우가 대부분이며, 이때 오른쪽 마지막 자리에서 10이평선(네크라인)을 뚫거나 지지받는 후킹 캔들이 발생하면 본격 상승의 신호다. 특히 역H&S로 되돌리는 경우는 쌍바닥으로 되돌리는 경우보다 훨씬 강력한 패턴으로서 이때는 반드시 진입하는

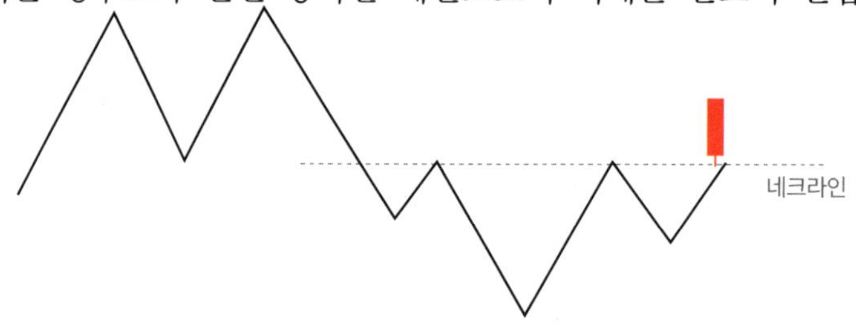

그래프   되돌림 2 패턴

걸 원칙으로 한다.

3. 되돌림 3패턴: 패턴을 캔들 하나로 잡는 것

캔들과 캔들의 조합으로 힘을 압축하는 과정이 패턴이므로 일반적으로는 패턴이 캔들보다 강력하지만, 간혹 캔들 하나가 패턴 전체를 되돌려버리는 경우도 있다. 이때는 쌍봉 패턴과 저승사자 캔들까지 모든 걸 상쇄시키며 장대양봉 하나가 확 솟는다. 쌍봉 패턴의 축적된 하락 에너지를 캔들 하나로 잡는다는 건 그만큼 상승 에너지가 강하다는 반증이다.

개별주에서는 주로 시장에 큰 호재가 생겼을 때 기관이 물량 매집용으로 자주 쓰는 전략이기도 하다. 상승 도중 일부러 쌍봉 패턴을 만들고 10이평선을 무너뜨려 개인 투자자들이 공포에 질려 물량을 던지면, 그 매물을 싼 값에 모두 받아내고 본격적으로 상승시키는 것이다. 또한 시장에서 악재 이후 갑자기 강력한 호재가 발생할 경우 물량을 던지던 세력들이 다시 빠르게 재매집하는 과정 중에 만들어지기도 한다. 이유 불문하고 되돌림 3패턴이 나온다는 것은 강력한 매집세력이 존재한다는 것을 의미하므로 우리 역시 기민하게 대처해야 할 것이다. 보통 10이평선을 뚫는 후킹 캔들과 10이평선에 지지받는 펌핑 캔들이 만들어질 때 랠리 캔들의 발생

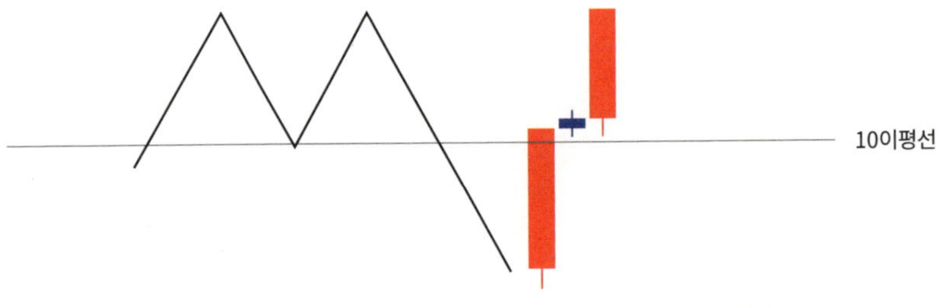

그래프   되돌림 3 패턴

그래프   나스닥에 등장한 되돌림 3 패턴

여부를 모니터링하여 매수 기회로 삼으면 된다.

다음의 그래프는 지난 2023년 초 나스닥 주봉 차트다. 2022년 금리 인상의 여파로 한 해 동안 줄곧 내렸던 나스닥지수는 2023년 금리인하에 대한 기대감이 살아나며 바닥에서 상승 반전하였다. 하지만 여전히 고용지표가 불안 하고 금리 인상 가능성이 대두되자 장대음봉(A)이 떨어지며 10이평선 하향돌파하는 쌍봉 패턴이 만들어졌으나, 이후 美 연준이 금리인하 및 유동성 확대를 표명하자마자 곧바로 장대양봉(B) 하나가 솟구치며 되돌림 3패턴이 완성되었다.

이때 10이평선을 뚫고 올라간 나스닥 지수는 11,630으로 지금의 절반도 되지 않는다. 결국 당시 하락 추세를 한방에 되돌린 저 되돌림 3패턴 장대양봉(B)이야말로 지난 몇 년간 증시상승을 시작하는 기념비적인 캔들이었다. 이처럼 되돌림 패턴은 지수 차트에서도 수시로 일어나며 이를 적시에 캐치하여 해석할 수만 있다면 개별주 투자를 압도하는 수익을 기대할 수 있겠다.

4. 되돌림 4패턴: 패턴이 섞이면서 잡는 것

패턴이 서로 섞여서 힘겨루기를 하는 것으로써 이때 어느 쪽으로 방향이 결정될지는 쐐기형이 모이는 시점에서 발생하는 장대봉에 의해 알 수 있다. 따라서 패턴이 섞이는 과정에서는 절대 섣부른 판단을 해서는 안 되며, 쐐기가 수렴되는 자리에서 발생하는 장대봉의 방향을 보고 매매에 참조해야 한다. 쐐기를 상향 돌파하는 장대양봉 발생 시에는 쌍봉 패턴을 쌍바닥이 잡은 것으로서 향후 상승 가능성이 높아지는 것이며, 반대로 쐐기를 하락돌파하는 장대음봉 발생 시에는 쌍바닥의 상승에너지를 쌍봉의 하락에너지가

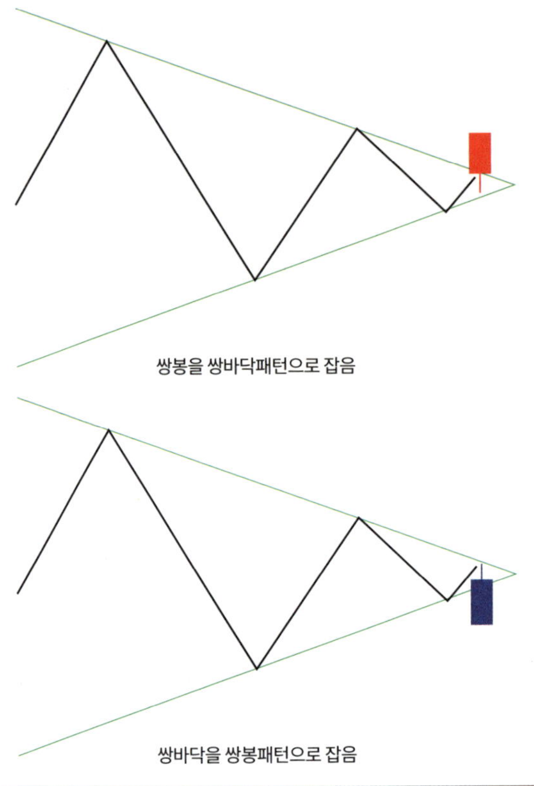

상쇄한 것으로 향후 급락할 가능성 매우 커진 것으로 보면 된다.

　동국홀딩스 차트를 보면 고점에서 쌍봉 패턴과 쌍바닥이 겹치며 되돌림 4패턴을 만들었다. 가운데 있는 장대음봉을 기준으로 왼쪽의 쌍봉과 오른쪽 쌍바닥을 확인할 수 있을 것이다. 7,000원대에서 진입 자리가 만들어졌는데 10이평선 깨지는 청산 자리는 18,000원이었다. 이처럼 되돌림 패턴은 발견만 하면 엄청난 계좌

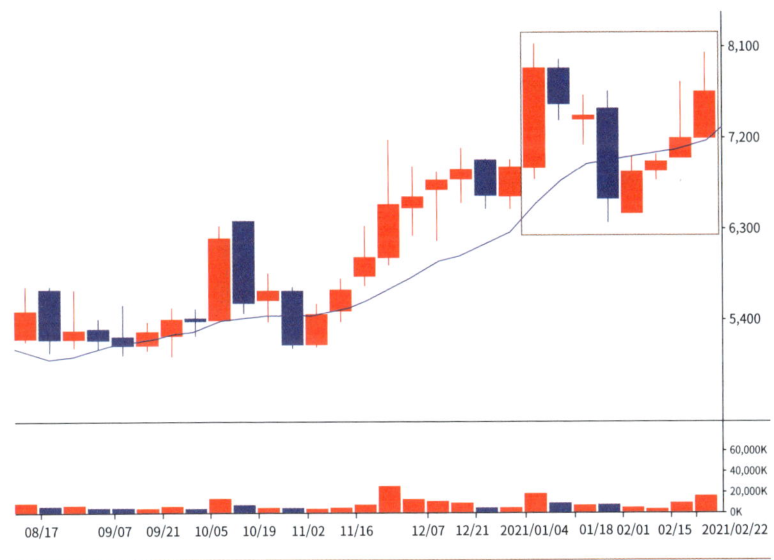

그래프   동국홀딩스에 등장한 되돌림 4 패턴

수익을 가져다준다.

돈이 보이는 '추세'

패턴이 힘을 압축하는 과정이라면 추세는 그 힘이 분출하는 방향성이다. 주가는 참 제멋대로 움직이는 것 같고 변동성 또한 커 보이지만 가만히 들여다보면 신기하게도 특정한 가격대만큼은 기가 막히게 지키는 라인이 만들어질 때가 있다. 그래서 그 지키는 자리를 쭉 이어서 선을 그어봤더니 추세선이 만들어지고 추세가 발생했다 여기는 것이다.

이때 바닥의 저점을 높여 가며 상승하는 추세를 '상승 추세'라 부르고, 상단의 고점이 낮아지며 하락하는 추세를 '하락 추세'라 부른다. 그리고 확실한 추세가 보이지 않고 작은 상승과 하락을 반복하며 일정한 박스권에 갇힌 추세도 있는데 이는 '혼조 추세'라 한다.

추세의 종류

1. 상승 추세

상승 파동의 저점과 저점을 이은 것으로, 저점이 상승에 따라 우상향하는 추세다. 이때의 추세선은 지지선의 역할을 하는데, 만약 상승 도중에 추세선을 하향 돌파하는 경우에는 상승 추세가 끝난 것으로 간주한다.

보통 맨 저점(A)에서 두 번째 저점(B)에 선을 그어 상승 추세선이 만들어지면 상승 도중 하락한다 하더라도 추세선이 지지선 역할을 해 C나 D의 자리에서 반등하는 경우가 많다. 따라서 일단 상승 추세선을 확인한 경우, 추세선이 하향 돌파되기 전까지는 상승

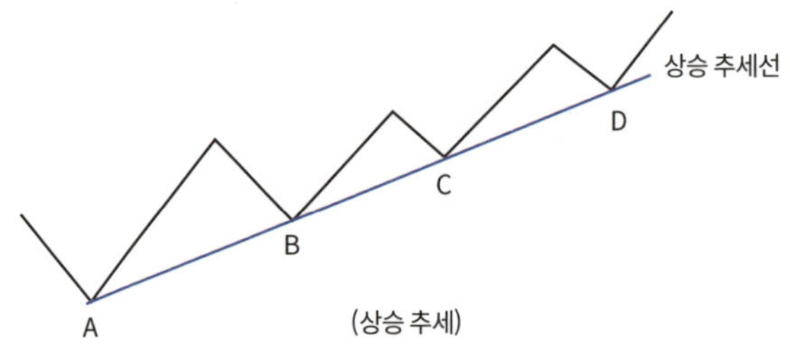

그래프   상승 추세

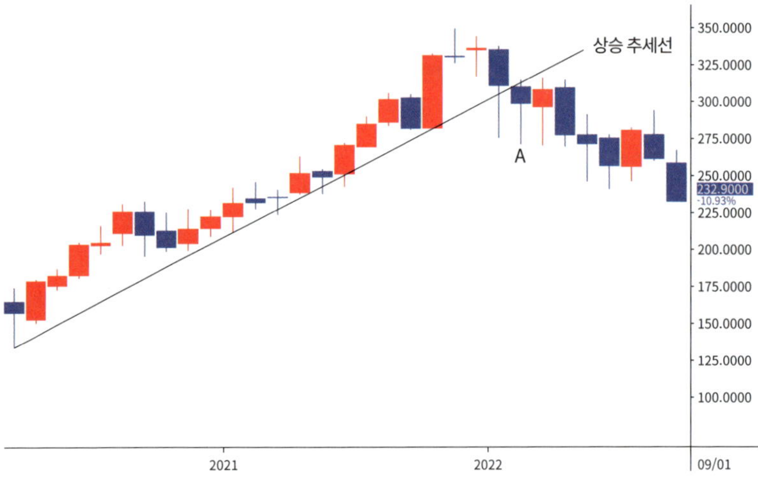

그래프   마이크로소프트의 상승 추세

추세가 살아 있는 것으로 봐도 된다. 추세 중간의 반락에 동요할 필요가 없다는 뜻이다. 하수는 양봉에 매수하고 고수는 음봉에 매수한다는 말이 있는데, 매매 고수들은 오히려 C나 D에서 반등할 것을 예상하고 하락 시 해당 지점에서 미리 매수하는 전략을 활용한다.

마이크로소프트 월봉 차트를 보면 추세가 시작하는 저점 꼬리에
서 그은 추세선을 수십 개월 동안 지켜가며 상승 추세가 지속되었
다. 결국 A 자리에서 추세가 깨졌고, 이후 주가는 하락으로 전환
되었다. 이처럼 한번 추세가 만들어지면 특정 가격대를 지키는 지
지라인 역할을 하므로 추세선이 살아있는 한 매도하지 않음으로써
장기적으로 큰 수익을 거둘 수 있다.

2. 하락 추세

하락 파동의 고점과 고점을 이은 추세로, 반등하는 고점이 낮아
지며 우하향하는 구간이다. 이때 추세선은 저항선 역할을 하는데,
그래서 하락 추세 도중 반등한다 하더라도 하락 추세선이 닿는 지
점에서 다시 하락하게 되는 경우가 많다. 따라서 반등이 있다고 해

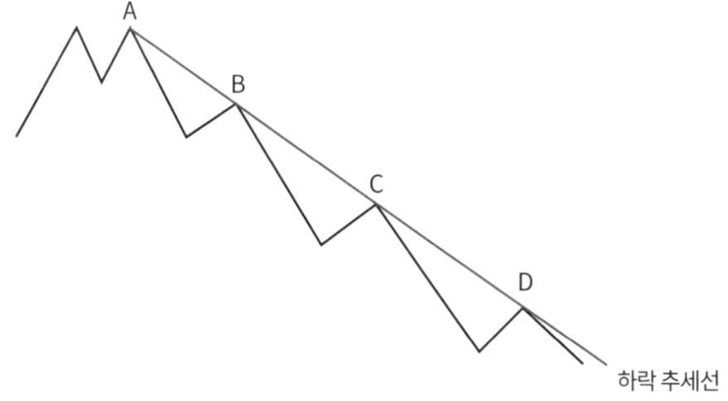

그래프   하락 추세

도 C나 D 지점을 뚫고 올라가지 못하면 여전히 하락 추세가 존재하고 있는 것이다. 하락 추세선을 완벽하게 돌파하기 전까지는 섣부른 매수는 절대 하지 말아야 한다. 다만 요즘에는 하락 추세도 인버스로 수익화가 가능하니 추세를 읽고 활용할 수 있다.

3. 혼조 추세(박스권)

혼조 추세는 작은 상승과 하락을 반복하며 일정한 박스권에 갇힌 형태를 말한다. 파동이 작은 톱날처럼 오락가락하여 '휩소(whip-saw)'라고 하기도 한다. 휩소란 '작은 톱'을 의미하는데 혼조 추세의 짧은 상승과 짧은 하락을 반복하는 모습이 마치 작은 톱 위의 톱날 같다 하여 붙여진 이름이다. 하긴 혼조 추세가 만들어지면 진입과 청산을 반복하면서 계좌 수익이 토막 나게 되는데 투자금을 썰어낸다 해서 이와 같은 이름이 붙여졌는지도 모르겠다.

박스권의 상단에는 저항선이, 하단에는 지지선이 존재하는데 만약 상단 저항선을 돌파하는 경우 상승 추세로, 하단의 지지선이 붕괴되는 경우 하락 추세로 전환될 수 있다. 다만 횡보가 이어지는 상태에서는 상방과 하방을 명확히 파악할 수 없기 때문에 자칫하면 속수무책으로 당하는 경우가 생긴다. 혼조 추세가 무서운 것은 막상 혼조 추세가 진행하는 중에는 그 존재 여부를 파악하기가 어

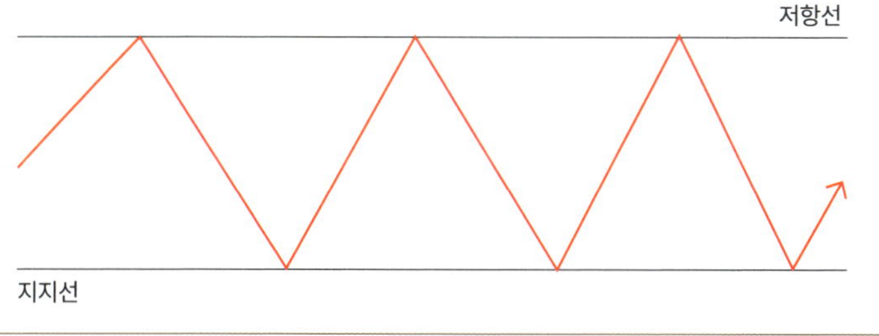

그래프　　　혼조 추세

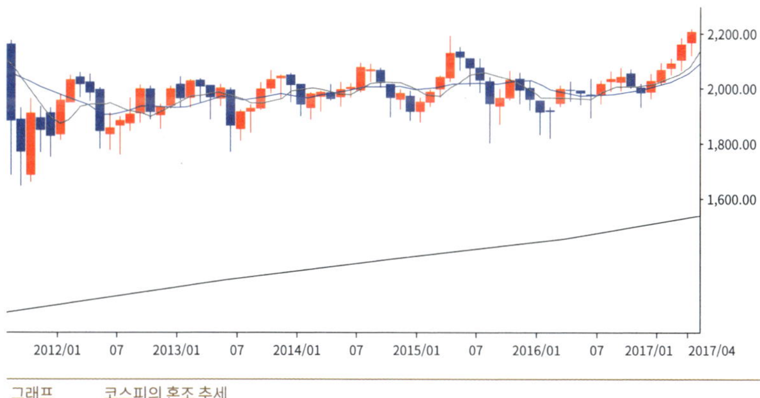

그래프　　　코스피의 혼조 추세

렵다는 데 있다. 추세 중에서도 가장 읽기 어렵고 두려운 추세이기 때문에 섣부른 매매를 자제하고 박스권이 상방 또는 하방으로 돌파되는 것을 확인한 뒤 매매해야 한다.

2012~2017년의 코스피 월봉 차트다. 지수가 상승도 안 하고, 하락도 안 하면서 박스권 안에 갇혀 있는 모습이다. 이런 혼조 추세가 5년 가까이 이어졌다. 개별주도 아니고 지수 차트가 이렇게 혼조 추세가 이어지면 주식 투자자들의 수익은 지리멸렬하게 되어

있다. 지수 차트가 하락 추세라면 인버스로 대응하기라도 하지, 혼조추세 하에서는 아예 힘을 쓸 수가 없다. 이처럼 횝소장세는 진심으로 무서운 것이다.

추세선 긋는 법

주가는 불규칙하게 들쑥날쑥 움직이며 변동성이 크다. 그런데 잘 들여다보면 특정한 가격대만큼은 깨지 않는 하나의 선이 보인다. 그리고 그 특정 가격대를 이은 선을 '추세선'이라 하는 것이다. 따라서 추세를 파악하는 첫 걸음은 일단 추세선을 긋는 것이다.

사실 차트 좀 안다는 사람들도 추세선 제대로 긋는 경우를 보지 못했다. 그만큼 추세선 긋는 것은 어렵다. 왜냐하면 이게 무슨 공식이 있는 것도 아니고 임의로 자기가 추정하여 그어야 하기 때문이다. 어디서 시작하여 어디에서 끝을 맺어야 할지 헷갈리는 경우가 대부분이다. 게다가 그 방법을 정확히 아는 이도 드물다. 그래서 추세선 긋는 것만 봐도 내 눈엔 그 사람 실력이 보인다. 과거

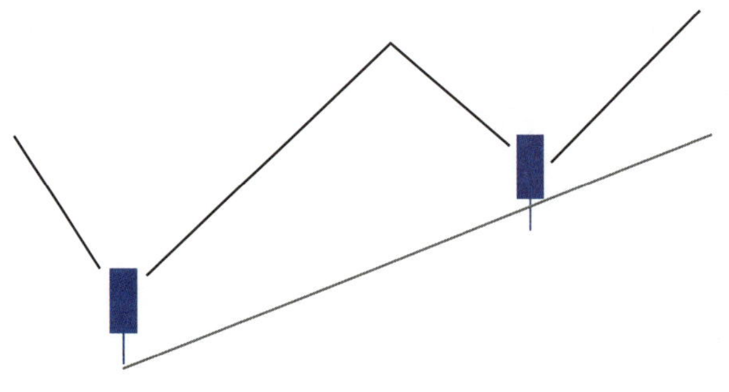

그래프   상승 추세선 긋기

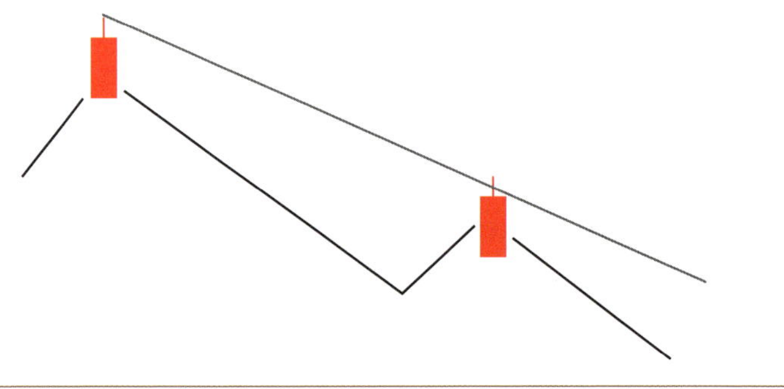

그래프   하락 추세선 긋기

주식 사부는 차트를 보자마자 추세선부터 긋도록 했다. 지금 추세가 무엇인지 확인하는 것부터 차트 분석의 시작이기 때문이다.

　따라서 각자 추세선을 그어 보는 것도 차트를 이해하는 데 큰 도움이 된다. 그런데 추세선을 그으려면 우선 시작하는 점과 끝나는 점을 알아야 할 것이다. 추세선을 긋는 법에는 3가지 방법이 있다. 첫째는 캔들의 꼬리에서 꼬리로, 둘째는 꼬리에서 몸통으로, 셋째는 몸통에서 몸통으로 긋는 것이다. 그런데 꼬리에서 꼬리로 그은 추세선은 왜곡이 심하고 정확도가 떨어지며, 몸통에서 몸통으로 긋는 추세선은 둔탁하여 큰 도움이 되지 않는다. 그래서 시작은 꼬리에서 하고 끝은 몸통으로 긋는 방식을 가장 추천한다.

상승 추세선을 그을 때는 추세 가장 하단부에 위치하는 음봉의 밑꼬리에서 시작하여 중간에 반락하여 튀어나온 부분 중 가장 낮은 캔들의 몸통을 이으면 된다.

반대로 하락 추세선을 그을 때는 고점에서 가장 높은 캔들의 위꼬리에서 시작하여 다음 번 고점에서 가장 높은 캔들의 몸통을 이으면 된다.

추세대 활용법

　상승 추세선은 저점에서 이어지고 하락 추세선은 고점이 표시되는데, 가끔 주가가 일정한 범위 내에서 상승과 하락을 반복하며 진폭이 동일하게 움직이는 경우가 있다. 이를 '추세대'라고 한다. 이때 박스권의 고점에는 저항선이, 저점에는 지지선이 존재하게 된다. 추세가 박스권에 갇혔을 때 주가의 변동 폭을 찾아낸다면 저가 매수와 고가 매도를 반복해 수익을 낼 수 있을 것이다. 이를 추세 추종 매매와 대응점에 있는 변동성 매매라고 한다. 다만 초보자 입장에서는 그 변동성을 찾아내기 쉽지 않고, 굉장히 잦은 매매가 이루어져야 하므로 매우 어려운 영역이다.

　그래서 추세대가 형성될 경우에는 추세 추종을 통한 장기 투자

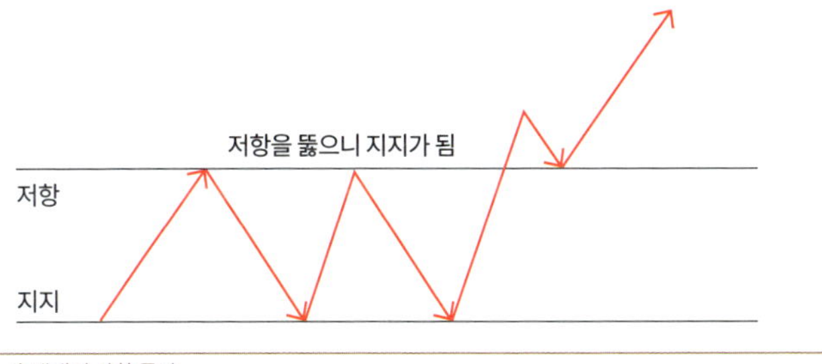

| 그래프 | 추세대의 상향 돌파 |

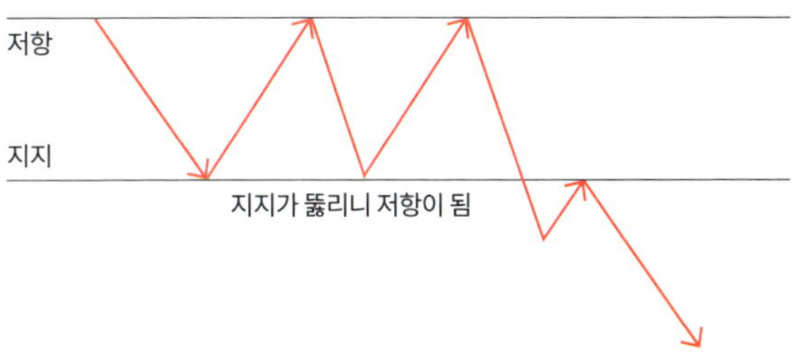

| 그래프 | 추세대의 하향 돌파 |

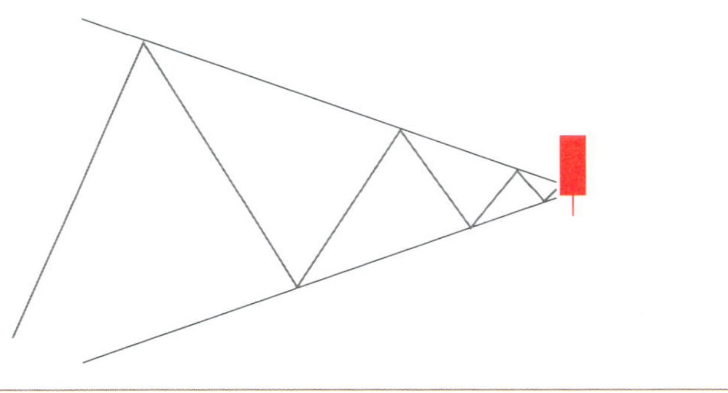

| 그래프 | 추세대의 수렴 |

를 추천한다. 상단의 저항선이 뚫리는 경우 강한 상승이 발생하게 되고, 하단의 지지선이 뚫리는 경우엔 급락이 만들어진다. 따라서

오랫동안 강력한 저항선으로 작용했던 추세대의 상단을 돌파했을 때 매수하면 된다. 이를 박스권 돌파매매라고 한다.

추세대에는 간격이 평행을 이루고 움직이는 '평행추세대'가 있고, 상단 추세선과 하단 추세선이 한 점을 향해 수렴하는 '수렴추세대'가 있다. 수렴추세대의 경우 사실상 되돌림 4패턴과 유사한데, 수렴되는 자리는 에너지가 모이는 자리로서 여기서 어느 쪽으로 움직이느냐가 매우 중요하다.

눈에 보이는 추세선을 활용하라

주식 사부가 말했다. "차트 안에는 두 개의 추세선이 존재한다. 눈에 보이는 추세선과 눈에 보이지 않는 추세선이다. 눈에 보이는 추세선은 다름 아닌 이평선이고, 눈에 보이지 않는 추세선은 내가 직접 긋는 추세선이다."

문제는 내가 긋는 추세선에 있다. 내가 임의로 그은 선에 불과하기에 객관성이 현저히 떨어진다. 게다가 기준도 없어 중구난방이다. 그러니 그리는 사람마다 다 제각각이다. 같은 차트를 보고도 어떤 사람은 상승 추세선을 긋는 반면, 다른 이가 보기엔 상승 추세가 깨진 걸로 봐서 하락 추세선을 긋기도 한다. 이래서야 기준선으로서의 가치가 없다. 추세를 알아야 추세추종을 할 텐데 그릴 때마다 달라지는 추세선을 믿고 매매는 언감생심이다. 덕분에 내가 힘들었다. 추세선이 맨날 깨지니 믿을 수가 없었고, 제대로 된 추세선 찾느라 장장 10년을 허송세월했다.

그렇게 해서 천신만고 끝에 찾아낸 것이 주봉 10이평선, 월봉 10이평선이다. 추세선이란 특정 가격대를 지켜나가는 선을 의미하는데 장기 차트에서 이 두 이평선은 이 특징에 매우 부합한다. 상승 추세선은 지지선으로서의 역할을 하고, 하락 추세선은 저항선으로서의 역할을 하는데 실제로 한 번 추세가 만들어지면 이 두 선들은 그 역할을 충실히 수행한다. 지난 10년간 3만 시간의 관찰을 통해 얻어 낸 최대 수확이다.

나는 대한민국, 미국, 중국의 모든 종목에 일봉, 주봉, 월봉 차트를 다 보며 이를 확인했다. 물론 매번 들어맞는 건 아니지만 본격적인 추세 발생시에는 기가 막히게 잘 맞았다. 한국이나 중국 종목보다는 미국 주식 종목에서 특히 잘 맞았는데 이는 전 세계 투자금이 집결하는 곳이라 유동성의 규모가 다르고, 그래서 한 번 흐름이 만들어지면 그대로 쭉 이어가는 특징 때문이라 여겨진다.

그러니 앞으로는 눈에 보이지 않는 추세선 긋느라 애쓰지 말고 그냥 눈에 보이는 추세선, 주봉 10이평선과 월봉 10이평선을 활용토록 하자. 개중에 나는 월봉 10이평선을 더 선호하는 편이다. 주가가 아무리 출렁거려도 월봉 10이평선만 닿으면 귀신처럼 반등하는 것을 너무나도 많이 봐 왔기 때문이다.

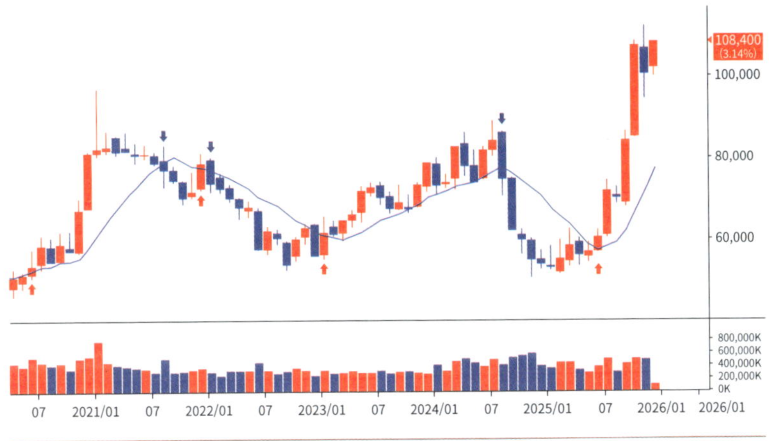

그래프 삼성전자의 5개년 월봉 차트

월봉 10이평선의 위력을 실전에서 확인해 보도록 하자. 위는 지난 5년간의 삼성전자 월봉 차트다. 10이평선을 기준으로 진입과 청산 자리를 표시해 보았다. 4번의 진입 중 딱 한 번 손실이 나고 나머지는 수익 중이다. 게다가 손실은 미미하지만, 수익은 훨씬 큰 것을 알 수 있다.

삼성전자는 대한민국을 대표하는 초우량주로 대부분의 기본적 분석가들은 그냥 묻어두면 언젠가는 수익 날 수 있을 것이라 했다. 나는 이 말만 들으면 그렇게 화가 난다. 그 말만 믿고 수년간 돈이 묶인 분들이 대한민국에 얼마나 많았던가. 최근에야 주가가 급등하면서 조금 수익 중이지만 그동안 마음고생한 것을 생각하면 그리 큰 수익도 아니다. 하지만 만약 월봉 10이평선을 가지고 매매했다면 돈이 묶이지도 않았고, 수익은 훨씬 컸을 것이다. 월봉 10이평선의 위력을 보여 주는 예는 삼성전자 말고도 수없이 많다. 왜냐하면 한 번 추세를 타면 웬만하면 월봉 10이평선은 깨지 않기 때문이다. 그리고 그게 깨지면 그때부터 주가는 기가 막히게 하락하곤 한다.

추세추종만이 정답이다

주식 투자는 결국 시세(추세)를 맞추는 게임이다. 곧 추세 초기에 이를 인지하여 진입한 후 추세 전체를 수익화할 수 있어야 한다. 추세를 알면 수익을 낼 때는 크게 내고, 또 당할 때도 작게 당하게 된다. 이 책에서 제시하는 주봉 10이평선, 월봉 10이평선은 추세를 파악하는 가장 명확한 기준선이다. 이 두 기준선을 통해 상승 추세에서는 상승 전체를 발라먹고, 하락 추세에서는 매매를 쉬든지 인버스로 대응하면 그만이다.

추세추종 매매를 하게 되면 매번 시장을 확인할 필요가 없다. 추세가 아직 살아있다면 팔 이유가 없고, 추세가 깨지면 바로 팔아버리면 그만이기 때문이다. 그런데 투자자 대부분은 하루에도 수십 번씩 주가를 검색한다. 혹여나 내 주식이 어떻게 됐을까 걱정되기 때문이다. 하지만 장기적으로 추세추종 매매를 하다 보면 전혀 그럴 필요가 없다. 주봉으로 투자했으면 금요일 오후 두 시 정도에 확인하면 그만이고, 월봉으로 투자했으면 말일 두 시 정도에 살짝 확인하면 된다.

추세추종하면 또 하나 좋은 것이 매매를 자주 할 필요가 없다는 것이다. 차트는 안 볼수록 좋고, 매매는 안 할수록 좋은 법이다. 매매가 잦다 보면 괜히 수수료만 더 나가게 되고, 자칫 그릇된 판단으로 투자 자체를 망치게 된다. 하지만 주봉 10이평선이나 월봉 10이평선을 기준선 삼아 추세추종하게 되면 1주일에 한 번, 또는 한 달에 한 번이면 족하다. 특히 월봉 차트로 매매하다 보면 수년간 매매할 필요를 느끼지 않을 수도 있다. 왜냐하면 추세가 살아있는 경우 굳이 매도할 필요가 없는데 추세를 제대로 타는 종목들은 수년간 추세를 깨지 않기 때문이다.

헝가리 태생의 투자 대가 앙드레 코스톨라니(André Kostolany)는 "우량주를 샀으면 죄를 짓고 감옥에 가 있어라. 형기가 끝날 때쯤 주가는 크게 올라있을 테니까."라고 했는데, 필자 역시 농담 삼아 '와병투자'를 권유하곤 한다. 한 달 내내 병원에 누워있다가, 말일에만 잠깐 일어나서 주가 확인하고 다시 또 누워있는 투자 말이다. 병원에 삼 년쯤 누워있다 보면 저절로 부자가 되는 투자법이다.

이제 기준은 명확해졌으니 여러분들은 딱 한 가지만 제대로 하면 된다. 바로 버티는 것이다. 추세가 살아 있으면 어떠한 상황에서도 절대 팔지 말고 버티는 것이고, 추세가 깨진 종목은 어떠한 경우에도 매수하지 않고 버티는 것이다. 이것만 잘하면 돈은 저절로 복사될 것이고, 부자 되는 것이 그리 어렵지 않게 된다. 부자가 되고 싶은가? 그렇다면 오직 추세추종만이 답이다. 추세를 아는 자만이 진정 시장을 즐길 자격이 있는 자라고 하겠다.

4장

돌파매매의 핵심, 이평선

이평선은 특정 기간 동안 일어난 거래의 평균 가격을 이은 선이
다. 평균 '가격'이라는 말은 결국 평균 '매수가'라는 뜻이다. 그리고
평균 매수가에는 사람들의 평균적인 심리가 실려 있다. 따라서 만
약 가격이 이평선 위에 있다면 평균적으로 수익 중이니 심리가 안
정적이지만, 가격이 이평선 아래에 있다면 대부분 본전을 회복하
고자 하는 심리가 강하다고 볼 수 있다. 특히 5이평선, 10이평선과
같은 단기 이평선은 그 평균 심리의 에너지가 덜한 반면 장기 이평
선은 많은 사람이 오랫동안 뭉쳐 온 심리이기에 에너지의 강도는
훨씬 강하다고 이해할 수 있다.

저항과 지지, 그리고 심리

이평선이란 특정 기간 동안의 종가의 평균값을 이은 선을 말한다. 그런데 이 단순한 선 하나가 주가의 위치에 따라 강력한 저항선이 되기도 하고, 든든한 지지선이 되기도 한다. 이평선에는 그 기간에 거래한 시장 참여자들의 모든 평균 심리가 담겨 있게 된다. 특히 시장에서의 심리는 크게 2가지로 구분할 수가 있는데 하나는 '원금회복심리'이고, 또 하나는 '수익실현욕구'다. 주가가 특정 이평선 밑에 있다고 가정하면 그 이평선 가격에 거래한 모든 이는 원금회복심리를 가지게 된다. 평균가가 현재가보다 높기 때문에 손실을 보고 있기 때문이다, 그래서 그들은 주가가 원금 가까이 오면 바로 매도할 공산이 크고, 이때 해당 이평선은 저항선으로 작용하게 되는 것이다.

　반면 주가가 특정 이평선 위에 있게 되면 평균가보다 주가가 높기에 이평선 근처에서 매수한 이들의 평균 심리는 매우 안정적일 수밖에 없다. 그리고 그들은 현재 수익 중이므로 언제 종목을 청산해서 수익을 내야 할지에 온 신경이 곤두서 있다. 수익실현욕구가 발동한 것이다. 또한 주식을 더 샀더라면 수익을 더 얻을 수 있었을 것이라는 아쉬움도 함께 한다. 그래서 주가가 반락하여 평균 매수가 근처로 오면 과감히 추가매수에 들어가게 되고, 이때 이평선은 가격을 떠받드는 강력한 지지선으로 작용하는 것이다.

이평선의 종류

1. 단기 이평선

보통 5이평선, 10이평선은 단기 이평선이라고 한다. 일봉 기준으로 5이평선은 1주일의 단기 심리, 10이평선은 2주간의 단기 심리를 뜻하는 것이다.

단기 이평선의 경우 그 안에 평균심리가 실렸다 해도 그다지 굳거나 단단하지 못하다. 그래서 변덕도 심하다. 따라서 너무 믿어서는 안 된다. 쉽게 뚫리는 편이라 저항선이나 지지선의 역할도 약한 편이다. 주봉이나 월봉 같은 장기 차트에서는 활용 가능하나, 일봉 차트에서는 크게 신뢰해서는 안 되는 이평선이다.

2. 중기 이평선

20이평선은 한 달간의 중기 심리를, 60이평선은 3개월간의 분기 심리를 뜻한다. 일봉에서 20이평선은 매우 중요한 기준이다. 상승 추세 또는 하락 추세가 만들어진 시점에서 20이평선이 중간에 돌파당하지 않고 지지받고 있다면 추세의 생명 또한 지속되고 있다는 것을 의미하며, 그런 의미로 20이평선을 최종생명선이라 부르기도 한다. 만약 추세 도중 종가 기준으로 20이평선이 돌파당하는 경우엔 추세가 소멸된 것으로 판단하면 된다.

주식이 상승하기 위해서는 세력이 존재해야 하는데, 세력은 무조건 마지막까지 20이평선만은 지키고자 하는 의지를 가지고 있다. 20이평선이 무너지면 추세가 꺾이는 것으로 판단해 실망 매물이 터져 나오기 때문이다. 꼭 추세가 없다 하더라도 주가가 20이평선 위에 있다면 상승 추세로, 20이평선 밑에 있다면 하락 추세로 보면 된다. 또 하나 유의할 점은, 지수 차트나 선물 차트에서는 10이평선이 20이평선 역할을 한다는 것이다. 또한 주봉이나 월봉 등 장기 차트에서도 10이평선이 20이평선을 대신한다.

3. 장기 이평선

120이평선은 반년 동안의 매수 심리가 모여진 선이고, 240이평선은 무려 1년 동안의 매수 주체들의 심리가 모여진 자리라고 할 수 있다. 특히 240이평선의 경우 장기간에 걸쳐 심리가 굳어진 자리인 만큼 그 에너지가 매우 강력하다.

240이평선이 가격 위에 있다면 그 아래에 있는 사람들은 일 년 내내 손실 중이었다가 원금 회복만 하면 즉시 매도하겠다는 심리로 이를 악물고 기다렸다는 뜻이다. 결국 이는 매우 강력한 저항선으로서, 상승 중이더라도 240이평선에 닿기만 하면 급락하는 경우가 대부분이다. 이때 쏟아져나오는 물량은 양이 너무 많아 받아내기도 만만치 않다. 따라서 이런 경우의 본격적인 상승은 보통 240이평선을 돌파한 이후에서야 시작된다.

반대로 가격이 240이평선 위에 있다면 이는 굉장히 강력한 지지선이다. 급락하는 와중에도 240이평선의 지지를 받고 거기서부터 다시 재상승하는 경우도 적지 않다. 만약 쌍바닥 패턴으로 240이평선을 돌파했다면, 무조건이라고 할 수는 없지만 상승의 강력한 에너지가 존재한다고 봐도 무리가 아니다.

일봉 240이평선도 이 정도로 강력한데, 주봉이나 월봉에서는 말할 것도 없다. 240이평선이 저항선으로 존재한다면 이미 고점에 한계가 그어진 셈이므로 그 차트는 죽은 차트나 마찬가지다. 단기 이평선은 쉽게 뚫리지만 이와 같은 장기 이평선은 결코 쉽게 뚫리지 않는다.

이평선에서는 특히 주봉 10이평선, 월봉 10이평선에 주목하자. 이들은 추세의 진정한 생명선으로서 추세가 깨졌는지 아니면 살아있는 지를 판단하는 가장 중요한 기준선이 된다. 추세를 판단할 때 지금 추세가 상방인지 하방인지 크게 고민할 필요가 없다. 기준은 명확하고 단순하다. 주가가 10이평선 위에 있으면 상방, 10이평선 밑에 위치한다면 하방으로 보자. 차트 분석은 단순하고 간단할수록 좋다. 복잡하다고 결코 좋은 것이 아님을 알아야 한다.

또한 중요한 것이 240이평선이다. 240이평은 매우 강력한 저항과 지지선으로서 본격적인 주가상승은 이곳을 돌파하는 시점부터 시작하기에 돌파매매의 가장 중요한 자리이기도 하다. 주가가 이곳을 어떻게 돌파하느냐에 따라서 이후 주가의 상승 가능성이 달라지므로 이에 대한 몇 가지 돌파법을 숙지한다면 평생 써먹을 수 있는 가장 강력한 매매법을 확보했다 할 것이다.

이평선의 정배열, 역배열

　보통 단기 이평선은 빠르게 움직이고, 장기 이평선은 상대적으로 느리게 움직인다. 예를 들어 5이평선은 주가의 움직임을 빠르게 쫓아가는 반면, 240이평선은 꼼짝도 하지 않는다. 보통 주가가 상승하게 되면 단기 이평선은 빠르게 상승하지만 중기, 장기 이평선은 상대적으로 느리게 오르며 결국 위에서부터 단기-중기-장기 이평선의 순서대로 배열되게 되는데 이를 '정배열'이라고 부른다. 반대로 주가가 하락하기 시작하면 위에서부터 장기-중기-단기 이평선 순서로 배열되는데 이를 '역배열'이라고 한다.

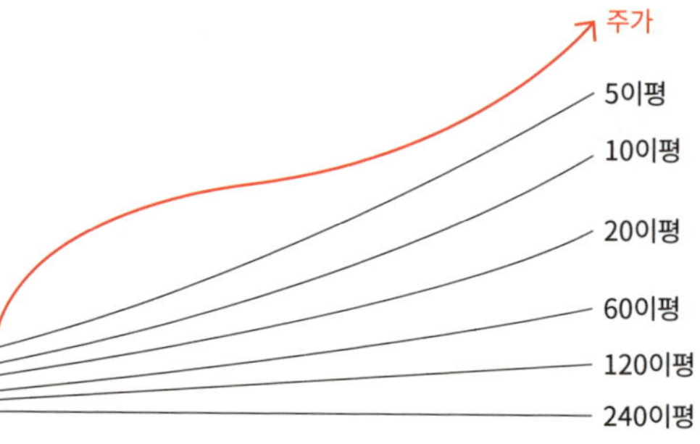

그래프   정배열 이평선의 예

주가가 정배열이 되면 가격 밑에 이평선이 존재하므로 모든 이평선이 지지선 역할을 하게 된다. 특히 밑으로 갈수록 더욱 강력한 장기 이평선이 지지해 주고 있기 때문에 상승 가능성도 높다. 반면 역배열의 경우에는 가격 위에 첩첩산중으로 더욱 강력한 이평선들이 저항선으로 버티고 있는 상태다. 단기 이평선 하나를 뚫고 올라가도 그 위로 더 강력한 이평선이 존재하고 있어 결코 상승이 쉽지 않다.

이소룡이 주연한 〈사망유희〉라는 영화를 보면 주인공이 납치된 아들을 찾기 위해 사망탑을 오르는데 각 층마다 무술 고수가 등장하고, 꼭대기에는 최종 빌런이 기다리고 있다. 어찌 보면 역배열은 이 사망유희의 사망탑을 생각나게 한다. 각 이평선이 저항 역할을 하며, 주가가 오르지 못하도록 층을 이루고 기다리고 있기 때문이다. 영화에서는 최종보스 압둘 자바를 물리치는 해피엔딩이었지만, 실전에서는 결코 그렇게 될 수가 없다. 첩첩이 쌓인 이평선이야말

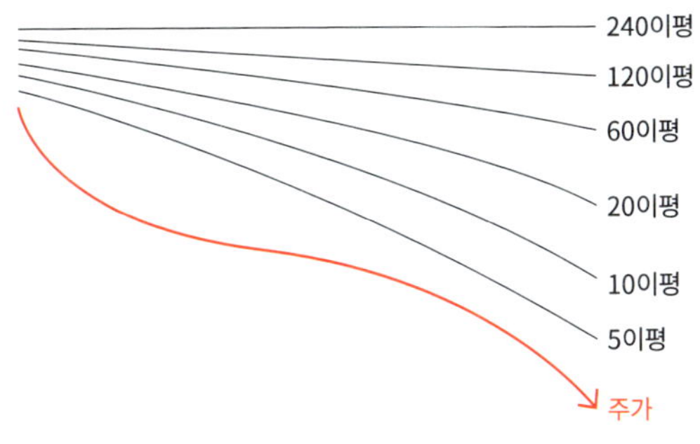

그래프   역배열 이평선의 예

로 주가의 최대 걸림돌이기 때문이다. 따라서 정배열과 역배열 중에서 주식을 선택한다면 당연히 정배열된 주식을 매수해야 할 것이다.

이평선의 수렴과 포킹

투자를 하다 보면 주가가 조정받는다는 말을 들어봤을 것이다. 그런데 이 주가조정에는 2가지의 조정이 있다. 하나는 고점에서 주가가 하락하며 손바뀜이 일어나며 만들어지는 '가격 조정'이고, 또 하나는 가격 하락 이후 횡보구간에서 발생하는 '기간 조정'이다.

가격 조정이라 함은 주가 하락 시에 고점에 물려있던 A가 B에게, B는 다시 C에게 매도하며 손바뀜이 일어나며 매입 단가가 점차 하락하는 것을 말한다. 이러면 매입 단가가 낮아지면서 매물대 역시 밑으로 내려오게 된다.

하지만 주가가 더 이상 하락을 멈추고 횡보하게 되면 이제 기간 조정이 일어난다. 주가는 더 이상 떨어지지 않기에 크게 거래가 일

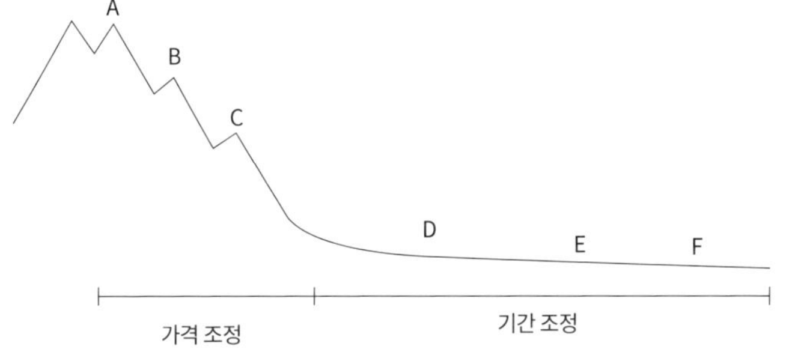

어나지는 않지만 주식을 가지고 있는 사람들 중에는 팔고 싶지 않아도 주가를 팔아야 하는 이유가 생기기 마련이다. 예를 들어 누가 아파서 급히 병원비가 필요하다거나, 자식이 결혼한다고 혼수비용을 보태달라고 한다거나 하는 이유 말이다.

이러면 역시 고점에서 버티던 물량이 D, E, F로 이전하게 되어 매물대 역시 바닥에 쌓이게 되고 상단의 매물대는 점차 얇아지게 되는 것이다. 보통 이렇게 버티고 버티다 바닥권에서 주가를 팔아 버리는 것을 전문용어로 '뜸에 죽는다'라고 한다.

그런데 이렇게 오랜 기간 가격 조정까지 마치게 되면 이평선 간의 이격이 좁아지면서 이평선들이 한 곳에 수렴되는 경우가 발생한다. 그 말은 즉슨 저항선이 한군데에 모인다는 것으로, 이때 양봉 캔들 하나만 솟아도 지금까지 모두 저항선으로 작용하던 이평선들이 한꺼번에 지지선으로 변해 버리는 마법을 경험하게 된다.

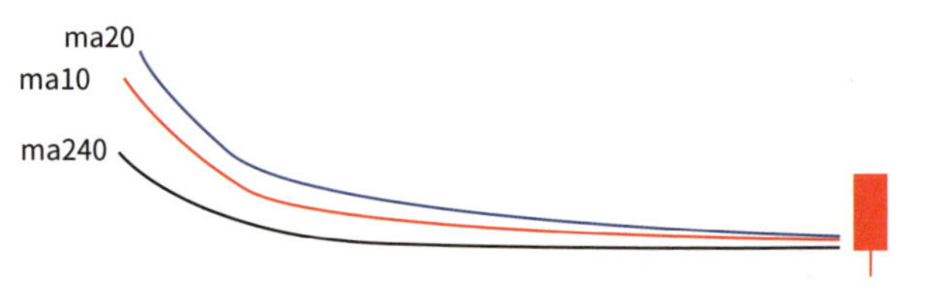

그래프　　　이평선 수렴 후 포킹

이를 이평선 수렴에 의한 '포킹(forking)'이라 하는데 이 포킹 자리야말로 굉장히 유력한 진입 자리 중 하나이기도 하다.

이처럼 상승하기 가장 좋은 상태는 오랫동안 가격 조정 및 기간 조정을 받음으로써 이평선 간의 이격이 좁아진 상태에서 정배열인 경우다. 그리고 그곳을 한번에 뚫는 강한 장대양봉은 본격적인 상승의 시발점이 되는 경우가 많다. 물론 포킹했다고 해서 무조건 매수해야 하는 것은 아니며, 여러 상승 조건이 맞아떨어졌을 때에야 비로소 확신을 가지고 진입할 수 있을 것이다.

돌파인가? 눌림목인가?

눌림목은 주가가 상승하는 과정에서 일시적으로 가격이 하락했다가 특정 이평선에서 상승하는 자리를 말한다. 눌림목이 만들어지는 이유는 개인 투자자들이 차익 매물을 소화시키며 일정 구간 주가가 하락하거나 횡보하기 때문이기도 하고, 세력이 일부러 주가를 밀어버려 주가 상승 중에 따라붙은 일반 투자자들을 떼내는 경우 발생하기도 한다. 주가가 어느 정도 상승하게 되면 이익 실현 요구가 강해지며 차익 매물이 발생하게 되는데, 이러한 차익 매물을 세력이 받아주는 과정에서 눌림목이 발생한다. 혹은 세력의 입장에서 힘들게 주가를 끌어올렸는데 이를 보고 달려드는 수많은 개미 투자자들이 부담되기 때문에 일부러 물량 일부를 매도함으로써 주가를 하락 시키는 과정에서 눌림목이 생기기도 하는 것이다.

특히 장기 차트에서 10이평선은 세력이 절대 깨뜨리지 않으려는 기준선이기 때문에, 눌림목 구간이 만들어지더라도 10이평선의 지지를 받고 재차 상승하는 경우가 많다. 그러므로 차트를 볼 때 주가가 일시 하락하더라도 10이평선에서 지지받는지 여부를 확인하고, 만약 여기서 눌림목 만들고 반등한다면 오히려 이를 세력의 존재 여부를 확인하는 증거로 삼을 수 있다.

대표적인 이평선 매매로는 '돌파매매'와 '눌림목 매매'를 들 수 있다. 돌파매매는 주가가 특정 이평선이나 매물대를 돌파 시 이를 확인하고 진입하는 매매법을 말하며, 눌림목 매매란 과거 경험이나 데이터로 봤을 때 특정 이평선에서 주가가 반복적인 지지를 받는다는 사실을 알고 있다면 그 지지선 자리에서 기다렸다가 매수하여 반등수익을 취하는 방식을 말한다.

과거 주식 사부는 단타로 3이평선 눌림목 매매를 즐겨하곤 했다. 보통 세력이 주가를 밀어 올리다 보면 어느 순간 수익 실현 매물이 쏟아지며 단기 하락이 발생하곤 한다. 그런데 이틀 연속으로 음봉이 떨어지고, 만약 사흘째까지 연속으로 음봉이 나오면 3이평선이 깨지게 되는데 이 경우 단기 추세가 깨지면서 실망 매물이 대량으로 튀어나오게 되어 기껏 올려놓은 주가가 무너질 수도 있게 된다. 따라서 세력 입장에서 3이평선을 깨지 않는 것이 매우 중요하고, 사흘째에는 반드시 양봉을 만들어 내려고 노력하게 된다. 사부는 세력이 확인된 종목중 이처럼 이틀 연속 음봉 떨어진 종목을 찾아 장 시작 전에 3이평선 밑에다 지정가로 '깔기매매'를 하곤 했다. 깔기매매란 주식을 매수할 때 한꺼번에 사지 않고 자신이 사고자 하는 가격 밑으로 쭉 깔아놓는 매매를 말한다. 이렇게 하면 오전 중에 주가가 떨어지면서 쭉 매수되게 되고, 만약 예측한대로 주가가 양봉으로 끝나게 되면 그 수익이 상당하게 된다. 왜냐하면 당일 주가가 음봉 하락하는 자리에서 매수했는데 그게 양전되면서 상대적으로 수익이 커졌기 때문이다.

이처럼 고수는 음봉에서 매수하고, 하수는 양봉에 따라 들어가는 법이다. 그리고 주식 사부가 자신 있게 음봉에 들어갈 수 있었던 것은 특정 눌림목 자리에서는 반드시 주가가 반등한다는 확신이 있었기 때문이다. 하지만 눌림목 매매가 항상 성공하는 것만은 아니다. 눌림목이라고 믿고 매수했지만 그대로 하락 추세를 탈 수도 있다. 게다가 음봉 하락하는 구간에서 매수해야 하기 때문에 심리적으로 받는 스트레스도 만만치 않다. 그래서 눌림목 매매는 결코 하수들은 건드릴 수 없는 주식 고수들만의 고급 스킬인 것이다.

눌림목의 힘의 크기를 알기 위해선 눌림목의 골의 깊이를 보면 된다. 그래프를 보면 (A)는 눌림목이 깊은 경우로, 이식 매물이 너무 많기 때문에 상승의 힘이 약할 수밖에 없다. 그에 비해 (B)는 매물 소화 구간이 상대적으로 짧아 치고 올라갈 때 자금 여력이 양호한 관계로 상승의 힘이 강하다. 그런 의미에서 눌림목 투자에서

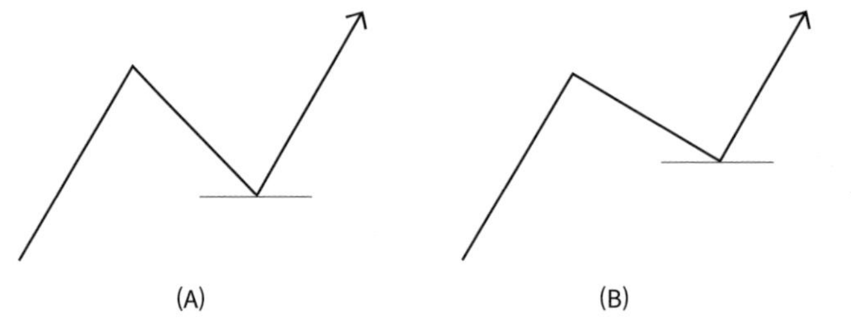

(A)　　　　　　　　(B)

그래프　　　눌림목 깊이 비교

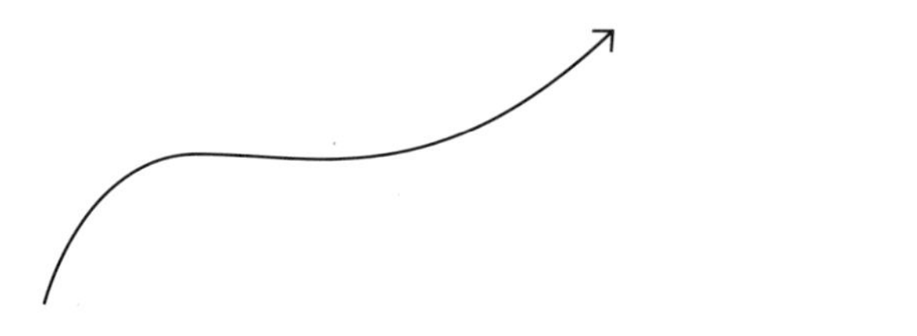

그래프　　　눌림목 플랫폼 패턴

가장 좋은 건 플랫폼 패턴이다.

위와 같이 가격 조정 없이 기간 조정만 일어난 것으로서 눌림목이 옆으로 횡보하는 것을 눌림목 '플랫폼 패턴'이라 부른다. 그만큼 매수세의 유입이 많고 대기 매물이 없다는 강점을 가지고 있는 그래프다. 주가가 급하게 오르다가 비슷한 가격대를 유지하며 수평적으로 쉬어간다는 것은 누군가 의도적으로 끊임없이 가격대를 받쳐주고 있다는 뜻이다. 이렇게 주가가 상승 이후 횡보하게 되면 마치 빨래를 일렬로 넌 것처럼 보인다 하여 일명 '빨래 널기'라고도 하는데, 이때 양봉 캔들이 가지런하게 지속적으로 발생한다면 매우 강력한 매수 신호라고 볼 수 있다. 왜냐하면 세력이 당일 동시호가에 겁을 줘 시가를 갭하락 시킨 후 당일 나오는 매물을 꾸준히 매집했다는 증거이기 때문이다. 대신에 플랫한 구간에서 거래량은 많지 않은 것이 좋다. 보통 이때 나오는 대량거래는 주가를 끌어 내리는 쪽으로 작용하게 될 공산이 크다.

돌반지 패턴

상승 패턴이 만들어지고 주가가 상승하기 위해서는 반드시 특정 이평선을 돌파하는 과정이 수반되어야 한다. 특히 주봉이나 월봉의 10이평선, 240이평선과 같은 유의미한 이평선을 돌파할 때는 '돌'파 이후 '지'지, 그리고 '반'등을 거친다고 하여 이를 '돌반지 패턴'이라고 부른다. 본격 상승 이전에 자주 나오는 모양이므로 유심히 체크할 필요가 있는데, 특히 240을 돌파할 때 발생하는 여러 케이스들 이야말로 매우 유용한 투자 기법이기에 이를 소개하고자 한다.

240이평선을 돌파하고 240의 지지를 받은 후 본격적으로 반등하는 형태다. 240을 돌파했다는 점에 점수를 줄 수 있으나 이처럼

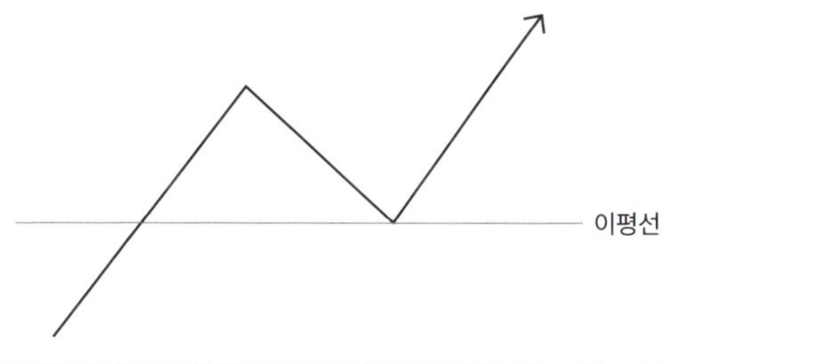

그래프　　　기본형 돌반지: 돌파-지지-반등

단순하게 돌파하고 지지받는 경우엔 굳이 매매까지 이어질 필요는 없다.

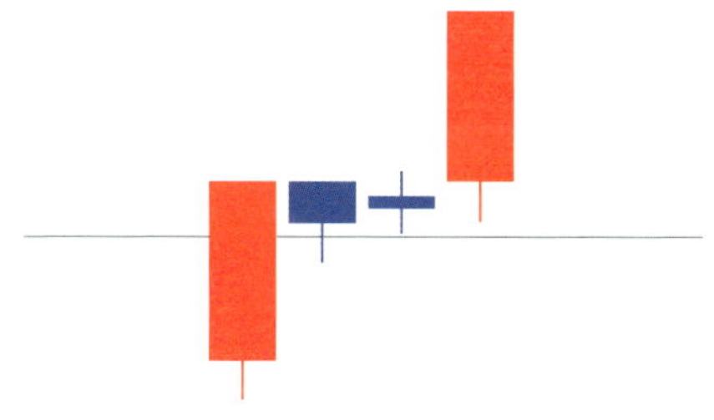

그래프　　　'후킹-펌핑-랠리 캔들'형 돌반지

쌍바닥 패턴을 설명할 때 쌍바닥이 완성되는 구간에서 10이평선을 뚫으며 후킹, 펌핑, 랠리 캔들을 소개한 바 있는데 240 돌파 시에도 마찬가지다. 240이평선을 돌파하는 후킹자리에서 무리하게 진입할 필요는 없지만 거래량 없는 펌핑 캔들이 깔끔하게 240이평의 지지를 받고 있다면 매수를 고려해 볼 만하다. 간혹 지지선을 돌파한 후 지지받는 자리에서 며칠 간 눈썹 캔들과 도지 캔들이 연달아 발생하는 경우도 있는데, 거래량이 적다면 결코 나쁘지 않은 신호다. 충분히 쉬고 난 다음 랠리가 이어질 때 상승할 여력이 그만큼 많다는 뜻이기 때문이다.

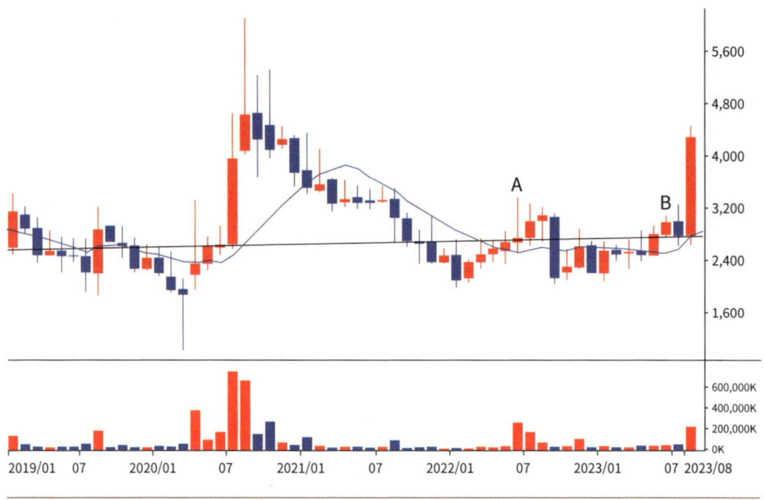

그래프　　　시노펙스 월봉

　시노펙스 월봉 차트다. 보통 240이평을 돌파한 후엔 한 템포 쉬어가는 펌핑캔들이 발생하곤 하는데 이때 거래량이 많이 나와선 안 된다. 그런데 A 자리를 보면 거래량이 생각보다 많이 발생했다. 이는 240이평선에 물린 물량이 여전히 튀어나오고 있다는 반증이다, 결국 물량을 이기지 못하고 장대음봉 만들며 급락했다. 하지만 다시 쌍바닥패턴 만들고 돌파한 것이 B 자리이다. 그러나 거래량이 나오지 않았다. 결국 주가는 2개월간 거래량 없는 펌핑을 한 후 그때부터 본격적인 랠리로 접어들었다.

　240이평선 돌파 후 240이평선의 지지를 받으며 쌍바닥을 만든

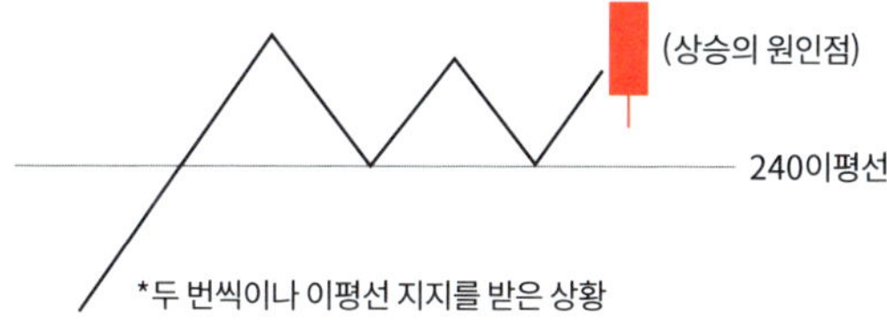

케이스다. 일반적으로 쌍바닥이 만들어진다고 해서 반드시 들어갈 필요는 없지만, 이처럼 240이평선의 지지를 받으며 쌍바닥이 만들어진다면 얘기가 달라진다. 이때 진입 자리는 쌍바닥 만들고 10이평선을 뚫는 후킹 캔들이거나 이후 10이평선의 지지를 받으며 힘을 압축하고 있는 펌핑 캔들이다.

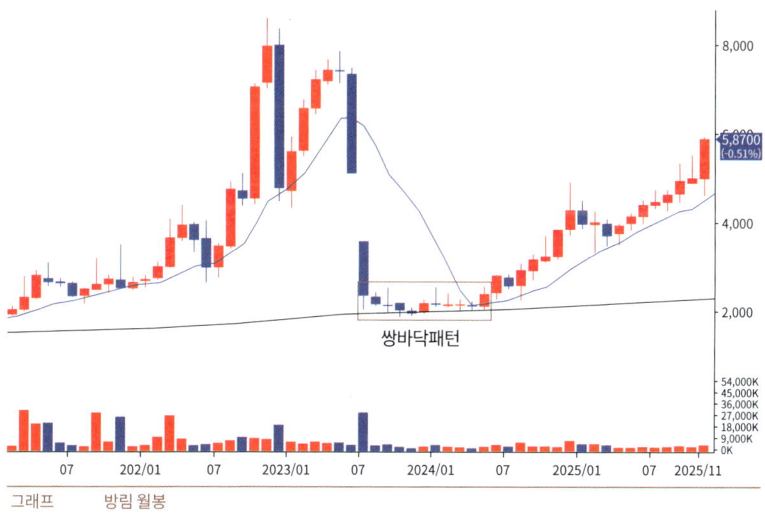

방림 월봉 차트를 보면 고점에서 급락 이후 결국 240이평선의

지지를 받으며 쌍바닥을 만들었다. 이후 주가는 지난번 급락이 무색하다는 듯 상승하는 모습이다. 이처럼 240이평선의 지지를 받으며 쌍바닥이 만들어지고 있다면 이는 매우 강력한 상승 신호이다. 240이평선이야말로 주가 위에 있으면 매우 고약한 저항선이지만, 주가 바로 밑에 있다면 주가를 지지하는 가장 강력한 수호신이다. 주봉 차트나 월봉 차트에서 240이평선의 지지를 받으며 쌍바닥이 만들어지고 있다면 결코 이런 기회를 놓치면 안 된다.

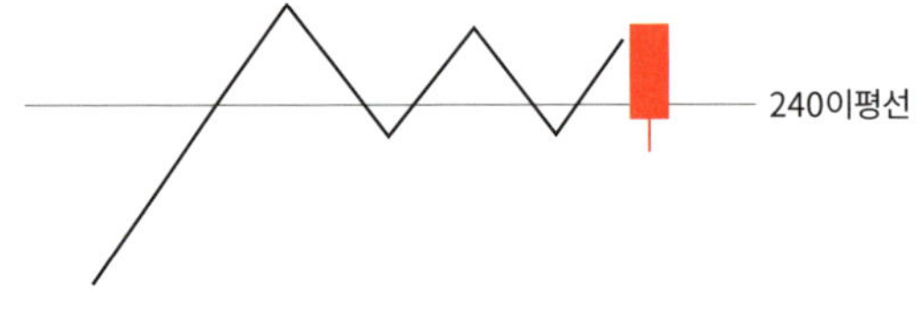

그래프　　　240이평선을 가운데 둔 쌍바닥

가끔 이렇게 240을 가운데에 두고 쌍바닥을 만드는 경우도 생긴다. 이런 경우 역시 아주 강력한 매수 패턴이다. 240에 뭉쳐 있는 매물이 튀어나오며 일시적으로 240 밑으로 떨어졌으나 재차 힘을 압축하며 쌍바닥을 만들었기 때문이다. 이때 진입 자리는 240을 뚫는 장대양봉의 후킹 캔들이다.

엘앤씨바이오 주봉을 보자. 240이평선을 가운데 두고 정확히 쌍봉 패턴이 만들어졌다. 10이평선의 지지를 받은 모습도 인상적이다. 240이평선에 물린 물량을 소화시키며 상승의 힘을 압축하고 있다. 위 차트처럼 240이평선을 돌파하는데 10이평선의 지지도 받

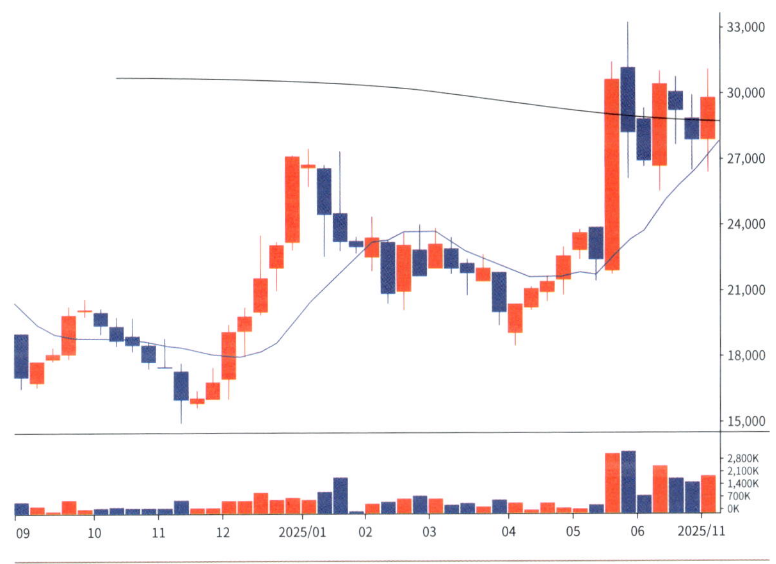

그래프   엘앤씨바이오 주봉

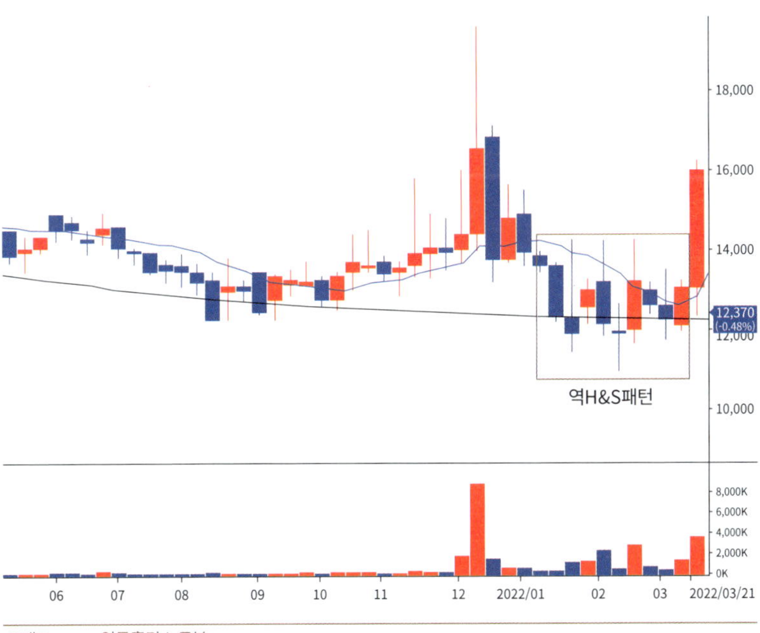

그래프   일동홀딩스 주봉

고 있다면 힘이 더 붙는다. 종목 검색 시 가산점을 더 줘도 된다.

앞의 일동홀딩스 주봉을 보자. 240이평선을 가운데 두고 역 H&S 패턴이 정확히 만들어졌다. 역H&S 패턴은 쌍바닥보다 훨씬 강력한 상승 패턴이다. 지금처럼 240이평선을 가운데 두고 만들어지면 상승의 힘이 대단하다고 봐야 한다. 결국 오른쪽 어깨가 만들어지는 자리에서 진입 자리가 만들어졌고(13,000원), 청산 자리는 이후 10이평선을 돌파당하고 상승 추세가 깨지는 32,500원에서 발생하였다. 정확히 150% 수익을 준 셈이다.

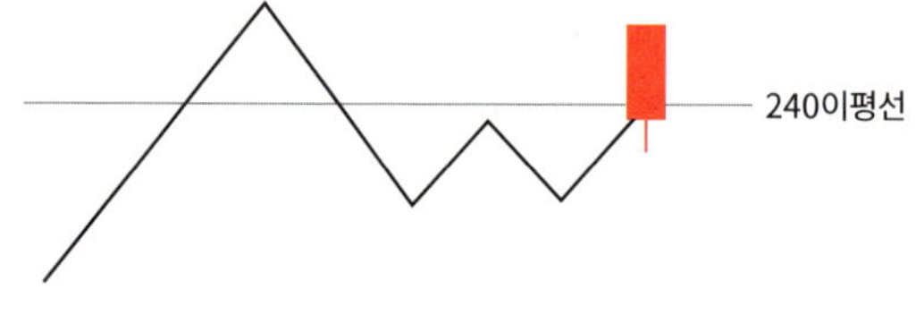

그래프   240이평선 밑과 쌍바닥

위의 그래프는 240이평선 돌파매매의 하이라이트다. 바로 240이평선 밑에서 쌍바닥 만들고 240이평선을 장대양봉으로 뚫고 나오는 경우다. 돌파매매에도 옥석은 있기 마련인데 이 경우는 옥석 중의 옥석이라 하겠다. 가끔 쌍바닥이 아니라 다중바닥을 다지다가 돌파하기도 하는데 그렇다면 더욱 좋다. 주가가 240이평선 밑에 따개비처럼 딱 붙어서 원래 240이평선에 장기간 물려있는 매물대를 끊임없이 밑으로 내렸기 때문이다. 이렇게 되면 240이평선 매물이 점차 희석되며, 막상 돌파 시에는 큰 저항 없이 뚫리게 된

그래프　　　피에스케이홀딩스 월봉

다. 특히 이때 240이평선을 뚫는 후킹 캔들은 10이평선 또한 함께 포킹하게 되어 가장 강력한 저항선 두 개를 한꺼번에 지지선으로 전환시키게 되므로 더욱 강력한 상승조건이 만들어진다고 하겠다.

위의 피에스케이홀딩스 월봉은 240이평선 기법의 교과서와 같은 차트다. 240이평선 밑에서 단지 캔들 다섯 개로 쌍바닥 패턴을 만들어서 돌파하였다. 월봉 차트가 좋은 것이 이처럼 매우 단순하고 명확하다는 것이다. 주봉만 하더라도 상당한 노이즈가 발생하고, 일봉 차트에서는 난잡했을 텐데 말이다. 돌파 이후 10이평선의 지지를 받는 펌핑 구간에서 거래량이 극감한 것도 좋은 신호다. 돌

파 이후 펌핑 구간에서 거래량이 나오는 것은 결코 좋지 않은데 상
승의 힘이 압축되지 않고, 오히려 분산되기 때문이다. 주가는 3개
월간 펌핑 이후 급등했다. 9,000원에 진입하여 원칙대로 10이평선
이 깨지는 자리인 44,000원에서 나왔으면 수익률은 무려 388%에
달한다.

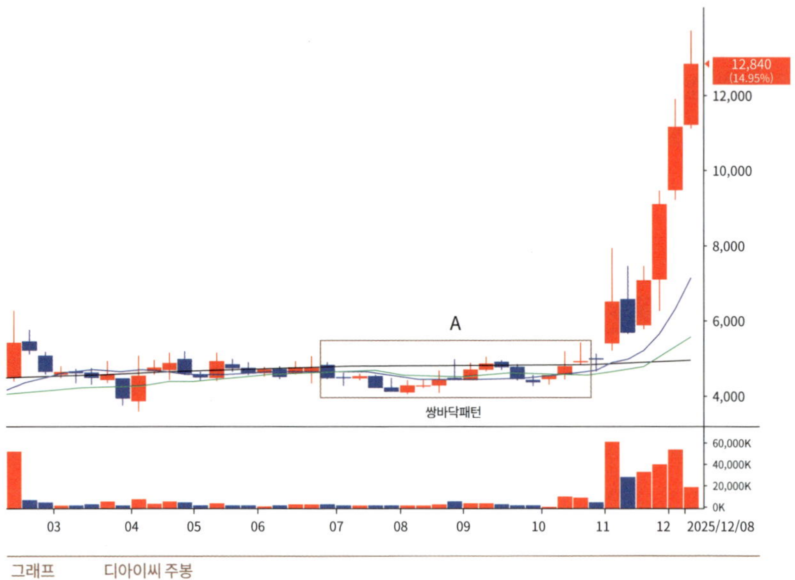

그래프　　　디아이씨 주봉

위의 디아이씨 주봉은 240이평선 밑에서 오랜 시간 딱 붙은 채
넓은 쌍바닥을 만들고 돌파한 모습이다. 거의 다중바닥의 모습이
다. 보통 이렇게 240이평선에 딱 붙어서 다중바닥이 만들어지는
경우라면 240이평선에 물린 물량을 점차 밑으로 내리며 돌파 기회
를 엿보게 된다. 이때 돌파 거래량은 적을수록 좋다. 실제로 240이

평선을 돌파한 자리(A)에서 거래량이 나오지 않았는데 이는 충분한 매집이 끝났다는 증거가 되기 때문이다. 주가는 그때부터 급등하기 시작하여 160% 이상 수익이 난 상황이다.

5장

숨겨진 심리 파악의 바로미터
'거래량'

캔들과 패턴, 추세, 이평선이 만들어지는 과정에는 필수적으로 거래량이 필요하다. 차트 자체는 인위적으로 조작할 수도 있지만 거래량은 숨길 수 없다. 특정 가격대에서 거래가 많이 발생하거나 혹은 어떤 형태로 반복되는 패턴이 보인다면 향후 주가의 움직임에 대해서도 어느 정도 파악이 가능해진다. 이때 주식의 가격을 결정하는 캔들, 이평선, 보조 지표 등이 모두 후행성이라면 거래량은 선행성을 갖는다. 거래량이 늘어나는 구간에서는 상승, 줄어드는 구간에서는 하락을 예상할 수 있을 것이다. 거래량은 그 순간 투자자들의 심리 그 자체를 보여 주기 때문에, 특히나 거래량이 뭉쳐있는 자리의 심리 분석이 매우 중요하다.

결국 매도심리 분석이
가장 중요하다

주식 시장에는 항상 2가지 세력이 존재한다. 바로 매수세와 매도세다. 그리고 매수세는 '이 종목을 사고 싶은 심리', 매도세는 '이미 보유하고 있는 종목을 언젠가 팔기 위해 기다리는 심리'가 담겨 있다. 그런데 생각해 보면 매수세는 항상 그때그때 만들어진다. 마치 홈쇼핑을 보고 순간적으로 마음이 동해서 구매하는 것처럼, '언젠가 사야지' 하고 미리 대기하기보다는 순간순간 마음이 동해서 사는 경우가 대부분이다. 뉴스나 유튜브를 보거나 지인 추천을 받는 등 어떤 계기를 통해 갑작스럽게 매수 결정을 내리게 된다.

반면 매도세는 어떨까? 사실 매수세가 주식을 사는 순간 그는 바로 매도세로 전환된다. 따라서 시장에는 항시 매도세만 존재하

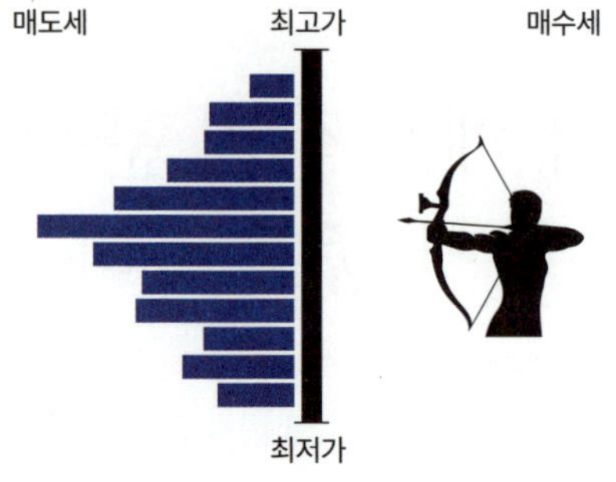

게 된다. 그들은 대주주가 아니기에 값만 맞는다면 언제라도 팔고 나갈 준비가 되어 있으며, 자신이 산 가격 그리고 시장 상황에 따라 시시각각 심리가 바뀌는 존재이기도 하다. 그래서 차트 분석에 있어 가장 중요한 것은 이미 주식을 산 이들의 매도심리를 분석하는 일이다. 그들이 차트 어디에 집중적으로 몰려 있고, 또 그 자리의 공통적인 매도심리가 어떠한 지에 따라 향후 주가가 영향을 받을 것이기 때문이다. 그래서 옛말에 차트는 왼쪽을 보고, 그다음에 아래를 보라는 말이 있다. 왼쪽에는 매도자들의 위치와 그들의 공통심리가 보이고, 아래 거래량으로는 그 강도를 짐작할 수 있기 때문이다.

주가에는 중력이 있다

주식 시장에는 항시 중력이 존재한다. 주가가 바닥에 떨어져 꿈쩍도 하지 않을 때는 거의 중력이 작용하지 않는다. 하지만 주가가 올라가기 시작하면 이때부터 중력이 작용한다. 해당 종목을 들고 있는 보유자들의 수익실현욕구가 커지게 되고, 그 물량은 이식 매물이 되어 언젠가 시장으로 나오기 때문이다. 마치 비행장에 있는 비행기는 중력을 거의 안 받지만 일단 이륙하기 시작하면 연료를 계속 연소하여 추진력을 얻지 않는 한 추락하듯 주식도 마찬가지다. 가끔 급등한 종목이 고가놀이하며 옆으로 횡보하는 경우가 발생하는데 이는 보이기에는 매우 평온해 보여도 누군가가 계속 매수해 주며 주가를 떠받치지 않으면 있을 수 없는 일이다.

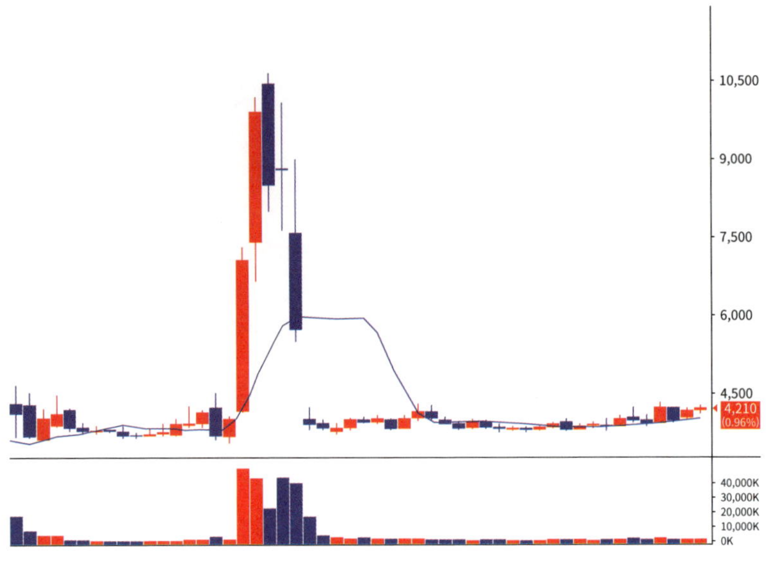

그래프　　　시공테크 주봉

한 번 이륙한 종목이 계속 매수세가 들어오며 급등하게 되면 이때는 비행기가 아니라 로켓이 된다. 매수세가 지속되는 한 주가는 더욱 고공행진을 하겠지만 오히려 그만큼 가해지는 중력은 커질대로 커졌기에 추진체가 다하는 순간 임계점에 도달하게 되고 주가는 급락하게 된다. 마치 로켓이 추락할 때처럼 말이다. 그래서 마치 로켓처럼 급등한 종목은 급락하는 것이고, 비행기처럼 이륙한 종목은 하락할 때도 완만하게 착륙하곤 한다.

위는 시공테크 주봉 차트다. 급등하더니 바로 급락하였다. 그리고 나서 오랫동안 바닥 진행 중이다.

로켓처럼 쏘아올려졌다가 로켓처럼 곤두박질친 모습이다. 많은 투자자가 자기가 산 주식이 갑자기 급등하게 되면 마치 상승이 영원할 것처럼 행동하는데 내가 보유한 주식이 급등 시에는 오히려 팔고나갈 궁리를 시작할 시간이다. 그렇지 않다간 이처럼 때를 놓쳐 비자발적 장기 투자자로 남게 되는 것이다.

거래량 해석법은
그때그때 다르다

거래량을 볼 때 가장 중요한 건 주가 위치에 따른 해석이다. 같은 대량매수라도 그 위치에 따라 해석이 달라질 수 있고, 어떨 때는 거래량이 붙어야 하지만 또 어떨 때는 거래량 없는 것이 더 나을 수도 있기 때문이다.

거래량이 증가하는 것은 좋은 신호지만, 거래량의 증가와 감소는 가격의 위치마다 조금씩 다르게 해석되어야 한다. 기본적으로 양봉의 거래량이 증가하는 것은 '물량 매집', 음봉의 거래량이 증가하는 것은 '물량 출회'로 본다. 주가의 상승과 하락 전에는 우선 거래량부터 들어오고 변동성이 확대되기 때문에, 차트상에서 거래량이 급등한 자리를 재빨리 체크한 후 그 진행 과정을 파악할 필요가 있다.

거래량이 늘어나며 주가가 상승하는 것은 매수세가 유입되고 있다는 것으로 해당 주식이 그만큼 시장에서 관심받고 있다는 증거다. 반면 주가가 하락하는데 거래량이 늘어나고 있다면 이는 매도 물량이 그만큼 출회되고 있는 것으로 오히려 주가엔 치명적이다. 특히 하락초기에 거래량이 늘어나고 있다면 이는 지속적인 매물출회로 향후 주가도 계속 하락할 공산이 크다.

거래량 감소는 시장 관심이 사라지고 있다는 사실의 반증이며, 시장의 관심을 못받는 종목은 결코 오를 수 없음을 명심하자. 따라서 의미 있는 거래량이 들어오기 전까지는 우리 역시 관심을 가질 필요가 없다.

주가가 상승하더라도 거래량이 늘어나지 않고 줄어든다면 이것 또한 하락의 징조다. 상승 단계마다 이식 매물들은 나오기 마련인데, 이를 충분히 소화해 내지 못하면 언젠가는 이 물량들이 튀어나오며 상승의 발목을 잡을 것이기 때문이다.

차트를 분석할 때 양봉 상승구간에서는 거래량이 늘어나는 것이 좋고, 음봉 하락구간에서는 거래량이 줄어드는 것이 좋다. 특히 들어온 물량은 보이는데 나간 물량이 보이지 않는다면 이는 매우 좋은 신호다. 세력이 아직 이탈하지 않았다는 것으로서 향후 상승 가능성이 매우 높기 때문이다.

예를 들어 눌림목을 살펴보자. 주가 상승 구간에는 보통 거래량

순서	가격대 vs 거래량	내용
1	바닥권 거래량 횡보	장대양봉 발생하며, 거래량 들어오지 않는 한 큰 상승 없는 상황
2	바닥권 거래량 감소	매수세가 증발한 죽은 차트
3	바닥권 거래량 증가	거래량 최저점 후 평균 거래량의 3배 이상 증가는 상승 추세 반전 신호
4	바닥권 급락 중 거래량 감소	받쳐주는 물량이 없다는 것으로, 지속적인 하락 신호
5	바닥권 급락 중 거래량 증가	① 우량주: 바닥권에서 진정되며 거래량 급증 시 매수 기회 ② 부실주: 대주주 매물, 출자 전환 매물, 부채 매물 등의 가능성 유의
6	급등 초기 거래량 증가	급등 초기에는 거래량 감소가 좋음. 큰 상승 없이 개인들에게 던지는 것일 수도 있음
7	급등 중 거래량 감소	세력이 힘이 강한 것으로 이미 충분한 매집 상태 이후 거래량 터지는 자리를 모니터링할 필요
8	상투권 거래량 감소	일단은 세력이 개인들에게 시장을 맡긴 상황. 향후 거래량이 들어오면서 상승하는지 또는 하락해버리는 지로 세력의 의도 파악할 것
9	상투권 거래량 증가	① 저가 매수 세력 손바뀜 후 추가 상승의 의미 ② 세력의 물량 털기: 바로 튀어나올 것
10	상투 잡은 후 급락 초기 거래량 증가	아직 해당 종목에 기대치가 있다는 반증 or 세력의 마지막 설거지를 위한 미끼 (따라서 이를 구분하면서 들어갈 필요)
11	상투 후 급락 중 거래량 감소	이미 세력이 떠난 주식 개미들만 남아서 기대→절망→실망매물 패턴을 보이는 죽은 차트

표　　　가격대별 그래프 해석 방법

이 증가하는 게 좋고, 눌림목 구간에서는 거래량이 현저히 줄어드는 것이 좋다. 이는 최근 상승을 주도한 세력들이 나가지 않았다는 반증이기 때문이다. 이때 눌림목 구간의 거래량은 상승구간 최대 거래량의 1/7~1/20 수준까지면 금상첨화다. 이 정도면 나간 물량이 거의 없다는 것이니 눌림목 반등 이후 상승으로 이어질 공산이 크다. 만약 눌림목 구간에서 거래량이 많이 나온다면 이는 세력이 예상치 못한 물량이 튀어나오는 바람에 상승여력을 약화시켰거나, 세력 자체가 이탈하는 과정일 수도 있어 둘 다 상승에는 이롭지 못한 상황이다.

특정 이평선을 돌파 시에는 거래량이 많은 게 좋다. 이평선에 몰려있는 대기매물을 충분히 소화해냈다 볼 수 있기 때문이다. 그래서 후킹 캔들 발생시엔 거래량이 많이 수반되는 것이 좋다. 반면 잠시 쉬어가는 펌핑 캔들은 거래량이 나오지 않는 것이 좋다. 만약 이때 거래량이 급증한다면 이는 후킹 캔들을 만든 세력이 모르는 뭔가 의외의 매도 물량들이 튀어나오고 있는 것이기에 향후 상승 가능성이 희박해진다 하겠다. 이런 이유로 일단 이평선을 돌파한 후에 지지받는 자리에서는 거래량이 줄어드는 것이 좋다. 그래야 향후 오를 가능성이 높아진다. 그리고 랠리 캔들에는 당연히 거래량이 붙어야 한다. 수급이 들어와야 하는 자리이기 때문이다.

'역매집'은 세력이 존재한다는
강력한 증거

일반적으로 세력이 매집을 할 땐 양봉을 만들고 주가는 상승하게 된다. 그런데 가끔 세력이 물량을 더 많이 매집하려고 할 때, 일부러 자신들이 매집해 둔 물량을 팔아 주가를 떨어뜨리는 경우가 있다. 주가가 떨어지면 일반 개미 투자자들은 겁이 나서 물량을 던지기 시작하는데, 이때 세력이 다시 그 물량을 받아 매집하기 위해서이다. 이렇게 세력이 주가를 크게 상승시킨 후 고점에서 물량을 밀어 내며 실망 매물이나 단기 수익매물을 다시 매집하는 행위를 '역매집'이라고 한다.

굳이 물량을 던지고 그걸 다시 사면 결국 원점이라고 생각할 수 있지만, 세력이 던진 물량을 결국 같은 편의 동료가 받는 구조이기

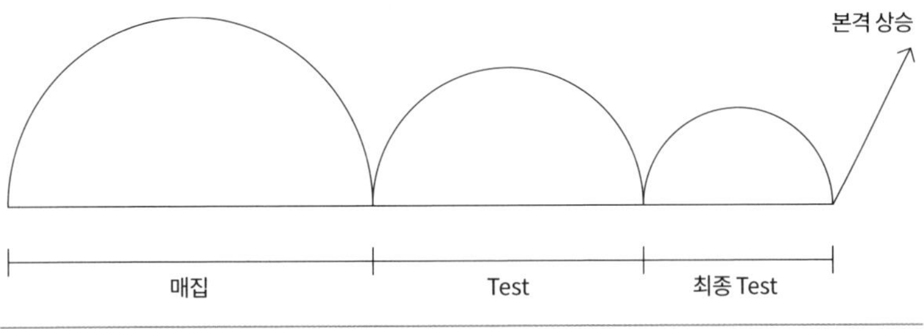

그래프   5, 3, 3-1 매집 파동

때문에 가능한 일이다. 이를 전문용어로 '통정매매', '자전거래'라고 부른다. 즉 겉으로는 '1(매수)-1(매도)+1(재매수)'처럼 보이지만, 실제로는

'1+1+1'로 물량을 계속 늘리는 행위이다. 이 과정에서 공포에 질린 개미 투자자들의 물량을 털어 내며 보다 저렴하게 더 많은 매집이 이루어진다. 그래서 보통 세력은 양봉에서도 매집하고, 음봉에서도 매집한다 하는 것이다.

보통 세력의 물량 매집은 상당한 기간을 두고 조심스레 이루어진다. 세력이 자신의 존재를 들키면 이후 전략을 진행시킬 수 없기 때문이다. 이때 차트에는 '5, 3, 3-1 파동'이 만들어지게 되는데, '매집(5)-테스트(3)-최종 테스트(3-1)'의 순서를 따른다. 여기서 숫자는 파동의 크기를 의미한다. 매집 파동은 세력이 시장의 매물을 거둬들이는 과정에서 만들어진다. 세력이라고 자금이 충분한 것이 아니다. 따라서 일단 처음에는 주가를 올리면서 매집하지만 어느 순간 서서히 주가를 떨어뜨리면서 실망 매물을 받아낸다. 이 과정

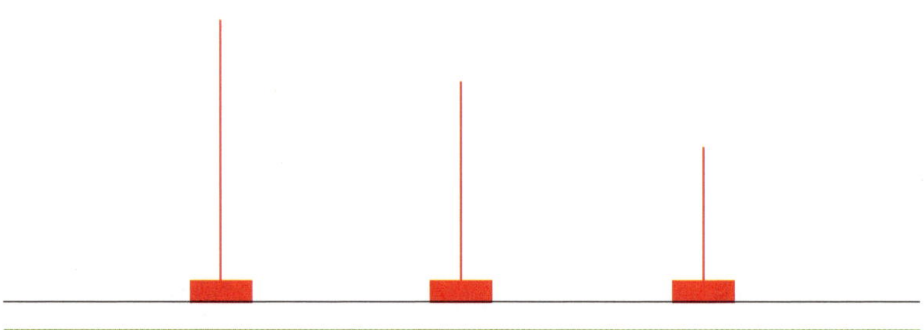

에서 상당히 큰 규모의 파동이 우선 만들어지게 된다.

충분히 매집했다 여겨지면 그때부터 테스트가 들어간다. 세력이 다시 한번 주가를 끌어올리지만 첫 매집 파동보다는 크게 올리지 않고 다시 주가를 무너뜨린다. 그러면서 자신들이 주가를 본격 상승시킬 때 장애가 될 수 있는 물량들이 있는지를 파악하게 된다. 없다면 곧바로 상승시키겠지만, 만약 있다고 판단되면 다시 최종 테스트 파동이 이어지게 된다.

그런데 매집 시간이 여의치 않거나 무언가 물량을 빠르게 확보해야 할 때가 있다. 코 앞에 호재가 있다거나, 자금 여력이 좋지 않아 빠른 매집이 필요할 수도 있고 기존 주주들이 매도에 소극적일 수도 있기 때문이다. 이럴 때 세력은 주가를 크게 흔들어 사람들의 마음을 동요시키고 이때 튀어나오는 물량을 빠르게 취하는 전략을 구사한다.

일봉으로 예를 들어 보자. 세력이 오전에 주가를 크게 올리게 되면 그 주식을 가지고 있는 이들은 마음이 들뜨게 된다. 내가 가진 종목의 급등에 평정심을 유지할 사람은 그다지 많지 않다. 그런데 오후 들어 주가가 점차 내려가게 되면 마음이 조급해진다. 지금 팔지 않으면 그나마 남은 수익도 사라질까 조마조마해지는 것이다. 세력은 이를 이용한다. 계속 주가를 떨어뜨리며 사람들을 압박하고 종국엔 매도 버튼을 누르게 한다. 이러면 당일 캔들은 크게 올랐다 거의 시가 근처로 돌아오게 되며, 긴 위꼬리를 가진 역망치 형태를 띠게 되는데 우리는 이를 '역매집 캔들'이라 부른다.

차트에서 역매집이 보인다면 사실상 따라붙어야 하는 긍정적 신호지만, 단순히 캔들 하나만 보고 역매집을 확신하여 진입해서는 안 된다. 실제로 호재가 떠서 주가가 올랐다가 이어서 곧바로 악재가 터져 떨어진 것일 수도 있기 때문이다.

그렇다면 세력의 역매집 캔들인지 어떻게 알 수 있을까? 우선 세력은 우선 절대 바닥을 깨고 싶어 하지 않으며, 반드시 매입 원가를 지키려 한다는 데 주목하자. 만약 긴 위꼬리가 달린 역매집 캔들의 형태가 나왔는데 이후 주가가 크게 빠지지 않고 특정 바닥을 지켜가고 있다면 이는 역매집 캔들일 가능성이 높다. 이후에 고점은 다소 낮지만 비슷한 패턴의 캔들이 반복된다면 이때는 역매집을 확신할 수 있다. 그리고 역매집 캔들은 세력이 남기는 중요한 자취이기에, 캔들이 반복된다면 확실히 진입해 볼 만하다. 역매집 캔들이 있다는 것은 세력이 존재한다는 증거다. 그리고 세력은 결코 주가를 떨어뜨리기 위해 매집하지는 않는다. 게다가 이렇게 빠르게 물량을 거둬들인다는 것은 조만간 큰 상승이 임박했다는 것을 의미한다. 만약 당신이 차트상에서 역매집 캔들을 발견한다면 이렇게 말해도 좋다. "심봤다."

허매수 vs. 허매도, 호가창으로
세력의 의도를 본다

호가창은 주식을 사고파는 매수자와 매도자, 그리고 그 물량 등을 표시한 일종의 매매창을 말한다. 좌변에는 가격대별 매도잔량이 표시되고, 우변에는 매수잔량이 표시된다. 그런데 이 호가창을 보고 세력의 존재 여부와 그들의 의도를 파악할 수 있는 방법이 존재한다. 바로 '허매수'와 '허매도'이다.

'허'자가 붙는다는 것은 반대로 해석하라는 것이다. 그래서 허매수는 세력이 자신의 물건을 팔고 싶을 때 마치 그 주식을 대량구매할 것처럼 하며 매수자들을 유도하고 자신의 물량을 떠넘기는 것을 말하며, 반대로 허매도는 세력이 미리 가지고 있는 물량을 대거 내놓음으로써 주가 패닉을 유도하고 공포심을 유발하여 이를 견디

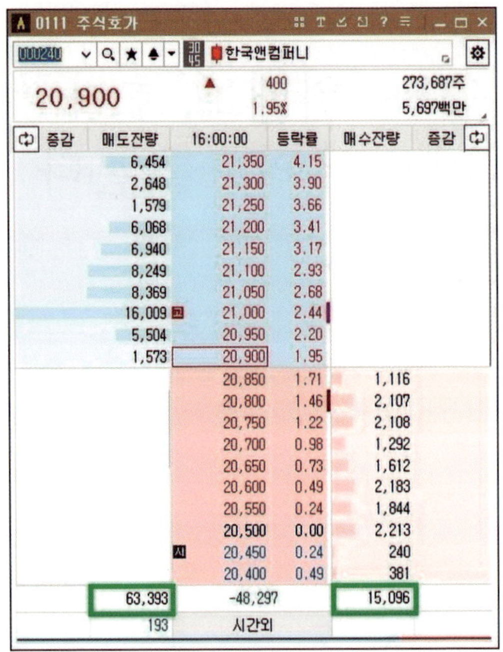

그래프　　　　주식 호가창

지 못한 물량이 튀어 나오면 물량을 잡아가는 것을 말한다.

　허매수부터 예를 들어 보자. 세력이 자신의 물량을 대량으로 팔면 주가는 크게 떨어지고 제 값을 못 받게 된다. 따라서 시장의 관심을 끌고 매수자의 심리를 자극할 필요가 생기기 때문 호가창 우변의 매수 상단에 대량의 매수 물량을 포진시킨다. 보통 1,000주나 2,000주가 쌓이던 매수칸에 갑자기 100만 주, 200만 주의 대량 매수주문이 일어나면 사람들은 '내가 모르는 무슨 호재가 있나' 싶어 관심을 갖고 몰려든다. 하지만 상단의 물량을 뚫고 매수할 수가 없으니 그 윗 가격에 매수주문을 넣게 되는데, 사실 이 상단에 있는 매도 물량은 대량의 매수주문을 넣던 세력의 물량이다. 결국 세력은 이런 식으로 자신의 물량을 털어 내고 유유히 빠져나간다.

반대로 허매도의 경우엔 오히려 매도칸에 100만 주, 200만 주씩 대량의 매도 물량을 쌓아 놓는다. 이러면 누가 봐도 하락이 예상되므로 사람들의 심리는 위축된다. 매수는 실종되고, 기존 물량을 내놓았던 매도자들 또한 애가 탄다. 조금이라도 더 받으려던 마음은 싹 사라지고, 지금이라도 빨리 팔아야 될 것 같은 마음에 기존 매도지정가를 취소하고 시장가에 물건을 내놓게 된다. 세력은 이렇게 내려온 물량을 다 받아내며 필요한 물량을 싸게 매집하게 되는 것이다.

이러면 기존 매도 물량이 싹 사라지며, 좌변에는 세력이 겁주기 위해 올려놓았던 물량만 남는 경우가 생기는데, 이때 자신들의 물량을 취소하면 순간적으로 '호가공백'이 일어난다. 호가공백이란 매도하겠다고 내놓은 물량이 사라져 일시적으로 호가창이 텅 비는 것을 말한다. 이러면 세력은 매수희망가를 확 올릴 수가 있어 한번에 4~5%씩 가격을 상승시킬 수 있다. 이런 과정을 하루에 두 번 정도만 해도 주가는 쉽게 10% 이상 상승한다. 결국 세력은 허매도를 통해 큰돈 들이지 않고, 물량도 매집하고 주가도 올릴 수 있으니 일거양득이 되는 셈이다.

데칼코마니, 그리고 마딧값

주가는 결국 상승과 하락을 반복한다. 그리고 이때 차트에 담긴 심리는 서로 다르다. 차트는 크게 보면 쌍봉과 쌍바닥의 그 무엇일 뿐이다. 고점에선 쌍봉 패턴이 생기고, 그러다 떨어져 바닥을 만들면 쌍바닥을 만들며 상승한다. 그리고 이 과정을 무한 반복한다.

고점에서 쌍봉이 만들어지고 추세가 깨지면 시장은 그때부터 하락하게 된다. 중간중간 반등하는 자리는 있지만 시장엔 공포심리가 극대화되며 주가는 가파르게 하락한다. 보통 하락이 상승보다 기울기가 더 경사지고 가파른 이유는 시장 참여자들이 모두 다 공포에 질려 주식을 내던지기 때문이다.

반면 저점에서 쌍바닥이 만들어지면 주가는 본격적으로 상승할

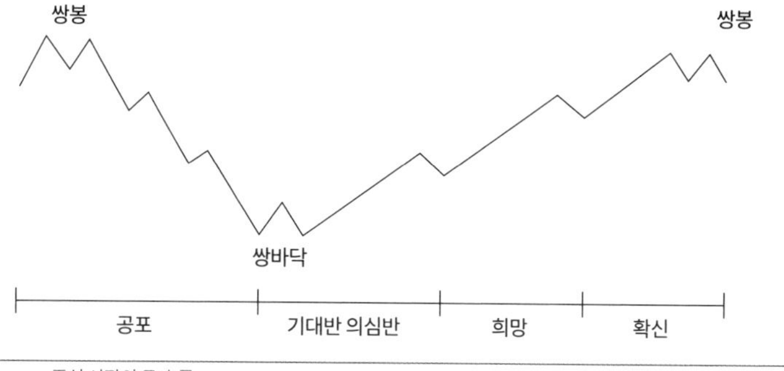

그래프   주식 시장의 큰 흐름

준비를 하게 된다. 하지만 이때 상승은 매우 완만하다. 왜냐하면 상승 기대감에 매수하는 사람들도 있지만 다시 하락하는 건 아닐까 의심하는 사람도 꽤 있기 때문이다. '기대 반 의심 반' 구간이다. 이후 상승이 지속되면 사람들은 이때부터 점차 주가 상승에 대한 희망을 갖게 된다. 이제까지의 의심을 거두고 본격적으로 매수에 참여하는 사람들이 많아지고, 이에 따라 시장은 본격적으로 활기를 띠게 된다. 이 단계를 지나 마지막 확신 단계에 접어들면 사람들 사이에 이제는 지금 사지 않으면 안 된다는 믿음이 발생하며 세상 돈이 모두 주식시장에 모여들게 된다. 사기만 하면 주식이 오르고, 사람들은 더욱 확신에 빠져 주식을 쓸어 모은다. 그리고 결국 이때 버블이 만들어진다. 하지만 이 폭등은 그다지 오래 가지 못하며, 다시 쌍봉을 만들고 하락하게 된다.

시장은 언뜻 복잡하고 인과관계가 없는 것처럼 보이지만, 결국 상승과 하락은 데칼코마니처럼 대응하며 반복된다. 그리고 차트 왼쪽에는 언제나 물린 이들이 몰려있는 구간이 생기게 된다.

하락 중간중간에도 잠깐의 반등자리는 나오기 마련이고 이때마다 행여 오를까 들어갔다 물린 이들이 발생한다. 결국 이렇게 물린 이들은 자나깨나 본전 생각에 칼을 갈고 있다. 그러니 운좋게 주가가 다시 상승하게 되면 그 자리에서 물량이 터져 나오게 되는데 이처럼 매물대가 두껍게 형성된 자리를 대나무의 마디에 비유해 '마딧값'이라 부른다. 주가는 상승할 때마다 이 마딧값들을 만나게 되고, 이때 물량을 소화하지 못하면 하락하게 되고 소화시키면 상승을 이어가는 것이다. 특히 전고점 쌍봉에 물린 마딧값까지 소화하면 그때부터는 신고가를 갱신하게 된다.

보통 긴 흐름 속에서 보통 상승과 하락은 마딧값을 중심으로 정확히 데칼코마니를 이루는 경우가 많다. 이는 개별주뿐만 아니라 지수 차트에서도 정확히 구현되며, 왼쪽의 마딧값 자리를 알면 오른쪽 종합주가지수의 향방을 어느 정도 가늠할 수 있다. 시장의 역사는 반복되고, 그것은 데칼코마니처럼 그대로 차트에서도 반복된다. 반복되는 역사야말로 수익의 원천이며, 투자의 큰 이정표다. 그래서 차트는 왼쪽을 보라는 것이다. 그곳에 마딧값이 존재하며, 그곳에 물린 이들의 심리가 오롯이 담겨있기 때문이다.

6장

주봉 240이평선 돌파매매 검색식 만들기

주식 시장에서는 매일 수천 개의 종목이 움직인다. 상승 초입인 종목도 있고, 이미 하락 추세가 지나 바닥에 닿은 종목도 있을 것이다. 그런데 이 많은 종목을 일일이 찾아가며 차트 분석을 할 수는 없다. 그래서 자신이 원하는 조건을 설정하여 그 조건에 맞는 종목을 실시간으로 추려 주는 기능을 사용해야 하는데, 이를 검색식이라고 한다. 검색식을 잘 활용하면, 돈이 없어 투자를 못하면 몰라도, 마음에 드는 종목이 없어서 투자를 못 할 일은 없다. 내가 원하는 조건에 맞는 종목만 볼 수 있기 때문에 시간을 크게 절약할 수 있을 뿐 아니라, 상승 초입에서 진입해야 하는 종목을 초기 단계에 빠르게 발견할 수도 있다.

검색식 만드는 법

① 대부분의 HTS 검색 기능은 증권사와 상관없이 거의 동일하다. 메뉴바에서 '맞춤검색'-'사용자 조건검색'으로 들어가면 사용자 조건검색 화면이 팝업된다.

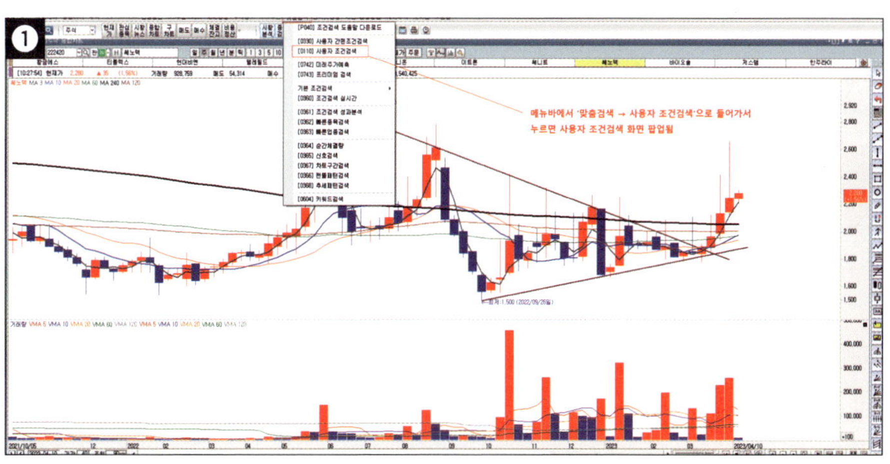

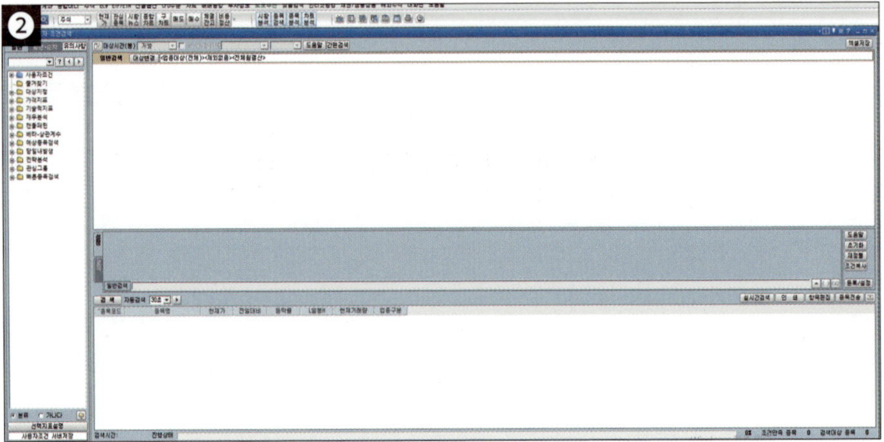

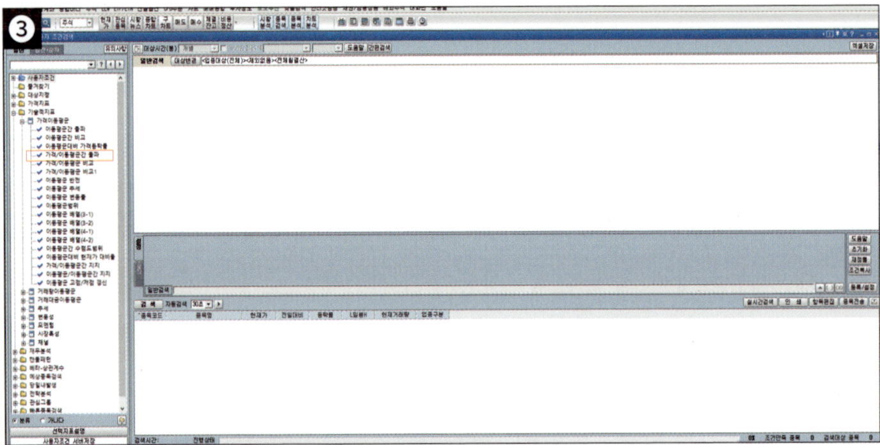

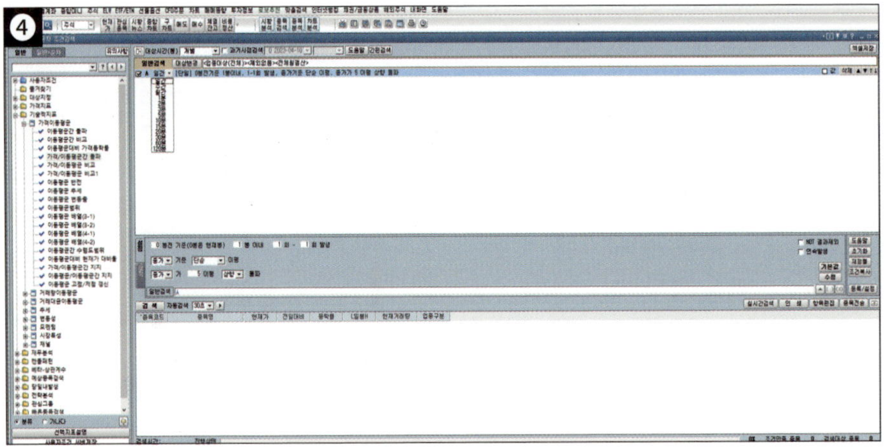

② 화면 왼쪽에는 기본적인 검색 조건들이 정리되어 있다. 이를 바탕으로 검색 조건을 조합하여 원하는 검색식을 생성하면 된다. 오른쪽 맨 상단은 최초 기본 검색조건이 들어가는 자리이고, 이를 클릭하면 가운데 설정칸에 좀 더 상세한 설정이 팝업창으로 나타난다. 이 '설정'에서 자신이 원하는 조건들을 수정하면 된다. 검색식이 완성되면 맨 아래 '검색' 버튼을 눌러 해당 조건에 맞는 종목들을 검색할 수 있다.

③ 기본 조건식은 다양하지만 돌파매매에서는 '기술적 지표'-'가격이동평균'-'가격/이동평균간 돌파'를 활용한다. 만약 본인이 원하는 조건 검색식이 있다면 왼쪽의 다양한 조건들을 숙지하고 있다가 이를 적절히 조합해 검색식을 만들어 활용하면 된다. 인터넷을 활용하면 다양한 검색식에 대한 정보를 얻을 수 있으니 꼭 자신이 생각하는 아이디어만 고집할 필요는 없다.

④ 왼쪽에서 원하는 조건을 클릭하면 '일반검색'란에 기본 검색식이 표시된다. 이때 기간을 설정할 수 있는데 일봉 및 주봉, 월봉은 물론 특정 분봉까지도 설정이 가능하다.

⑤ 돌파매매는 대부분 종가 기준이므로 '종가'와 '단순이평'은 고칠 필요 없이 디폴트로 둔다. '0봉전'은 현재봉, 1봉은 바로 전 캔

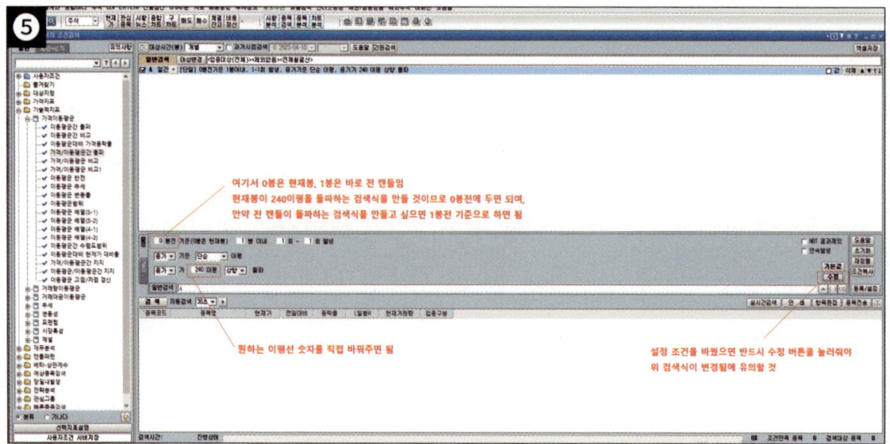

여기서 0봉은 현재봉, 1봉은 바로 전 캔들임
현재봉이 240이평을 돌파하는 검색식을 만들 것이므로 0봉전에 두면 되고,
만약 전 캔들이 돌파하는 검색식을 만들고 싶으면 1봉전 기준으로 하면 됨
원하는 이평선 숫자를 직접 바꿔주면 됨
설정 조건을 바꿨으면 반드시 수정 버튼을 눌러줘야
위 검색식이 변경됨에 유의할 것

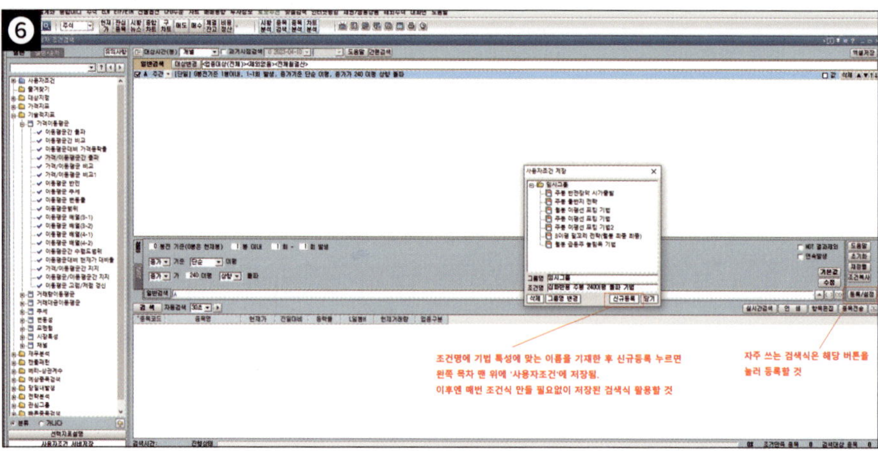

조건명에 기법 특성에 맞는 이름을 기재한 후 신규등록 누르면
왼쪽 목차 맨 위에 '사용자조건'에 저장됨.
이후엔 매번 조건식 만들 필요없이 저장된 검색식 활용할 것
자주 쓰는 검색식은 해당 버튼을
눌러 등록할 것

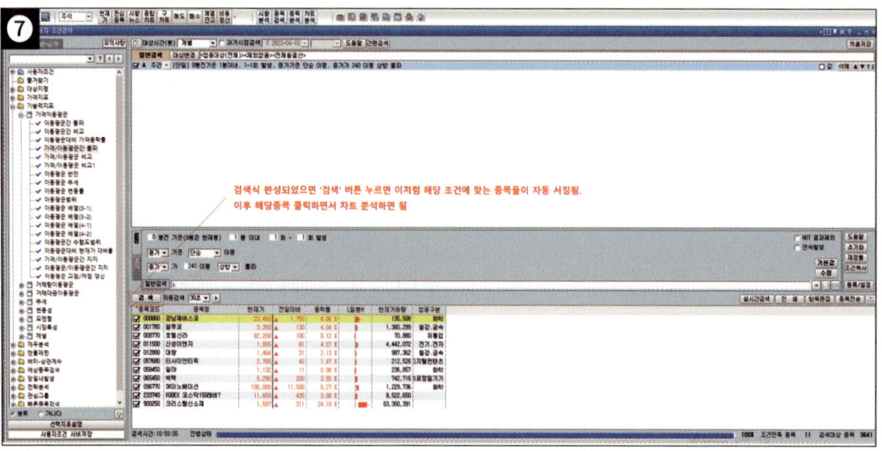

검색식 완성되었으면 '검색' 버튼 누르면 이처럼 해당 조건에 맞는 종목들이 자동 서칭됨.
이후 해당종목 클릭하면서 차트 분석하면 됨

들을 가리킨다. 이때 돌파되는 이평선을 직접 숫자로 기입하면 된다. 240이평선 돌파매매는 240을 쓰고, 10이평선 돌파매매는 10이평선으로 바꿔 주는 식이다. 설정 조건을 모두 바꾼 뒤에는 반드시 오른쪽의 '수정' 버튼을 눌러야 일반 검색 조건식에 반영된다.

⑥ 자주 쓰는 검색식은 오른쪽의 '등록/설정' 버튼을 눌러 저장해 둔다. 버튼을 누르면 '사용자조건 저장' 항목이 뜨는데 이때 검색식 이름을 입력하고 신규 등록하면 된다. 그러면 왼쪽 맨 위의 '사용자조건' 항목에 저장되어 이후 언제든지 필요할 때 클릭하여 불러낼 수 있다.

⑦ 검색식을 완성한 후, 아래의 '검색' 버튼을 누르면 해당 조건에 맞는 종목 리스트가 표시된다. 이를 차례대로 클릭하여 차트 분석에 들어가면 된다.

월봉 포킹 매매 기법
(5/10/20이평선)

검색식의 활용 예로, 월봉 포킹 매매를 어떻게 진행하는지 구체적으로 살펴보자.

① 왼쪽에서 원하는 조건을 클릭하면 '일반검색' 창에 기본 검색식이 표시되고, 기간을 설정할 수 있다. 여기서 보여 줄 예시는 월봉 포킹 매매이므로 '월간'으로 기간을 조정했다.

② '종가'와 '단순이평'은 디폴트로 두고, 돌파되는 이평선을 숫자로 기입하면 된다. 첫 조건은 5이평선으로 설정하고, 여러 개를 한꺼번에 검색할 수 있도록 조합형으로 만들기 위해서 왼쪽에서 '가

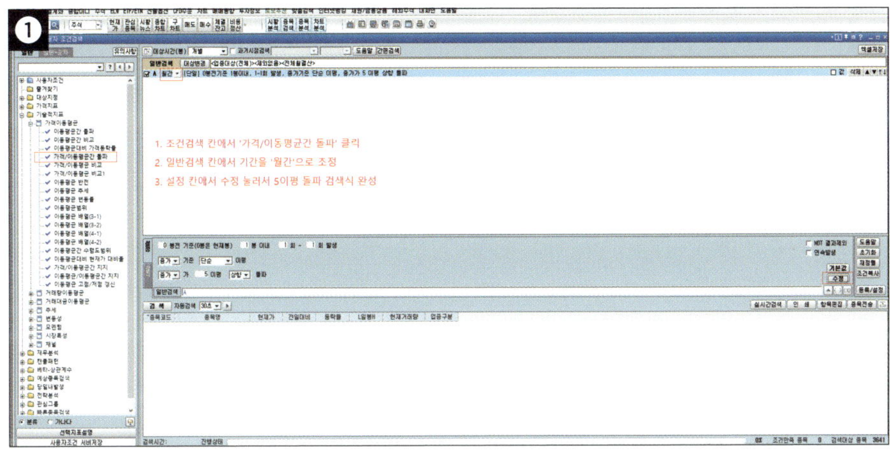

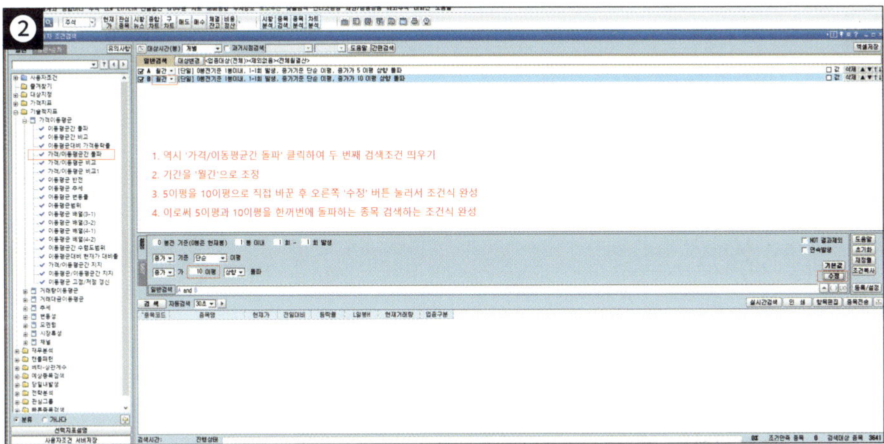

격/이동평균간 돌파'를 클릭하여 두 번째 검색 조건을 띄운다. 기간을 '월간'으로 조정하고, 5이평선을 10이평선으로 바꾼 뒤 '수정'을 눌러 조건식을 완성한다. 이렇게 하면 5이평선과 10이평선을 한꺼번에 돌파하는 종목을 검색할 수 있다.

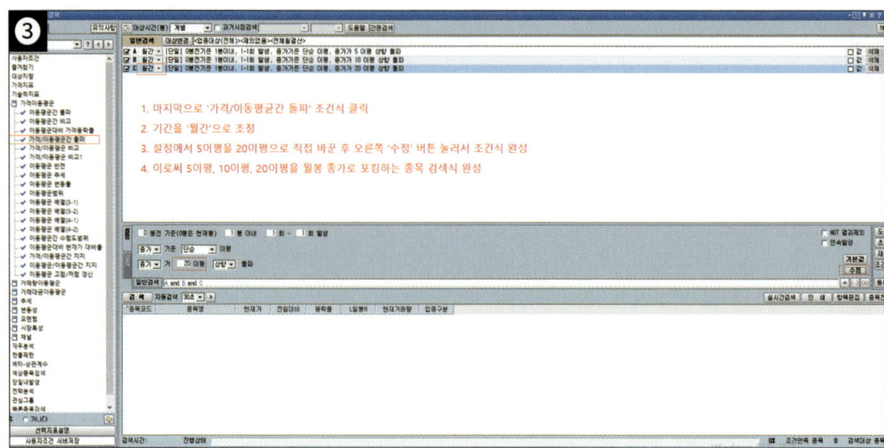

1. 마지막으로 '가격/이동평균간 돌파' 조건식 클릭

2. 기간을 '월간'으로 조정

3. 설정에서 5이평을 20이평으로 직접 바꾼 후 오른쪽 '수정' 버튼 눌러서 조건식 완성

4. 이로써 5이평, 10이평, 20이평을 월봉 종가로 포킹하는 종목 검색식 완성

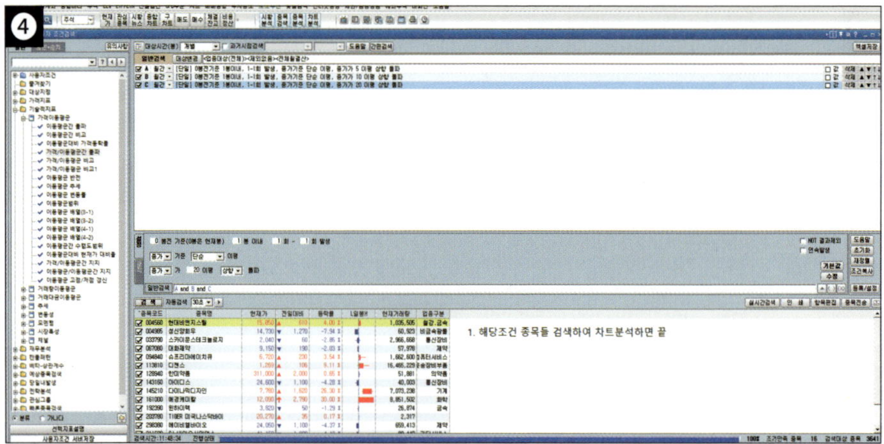

1. 해당조건 종목들 검색하여 차트분석하면 끝

③ 3개 조건을 차례대로 등록하면 월간 종가 기준 5이평선, 10이평선, 20이평을 한꺼번에 포킹하는 검색식이 완성된다. 매월 말일 기준 검색하여 활용할 수도 있고, 월중에 참조용으로 사용해도 된다. 만약 지난달 포킹된 종목을 검색하고 싶으면 '설정'에서 '0봉전 기준'을 '1봉전 기준'으로 바꿔 주기만 하면 된다.

④ 검색식 완성 이후 아래의 '검색' 버튼 누르면 해당 조건에 맞는 종목들 리스트가 표시된다. 이를 차례대로 클릭하며 차트를 분석하면 된다.

7장

탑다운 투자법

캔들차트 '탑다운 투자법' 개발한 것을 소개한다. 이는 기존의 기본적 분석에서 아이디어를 얻었다. 원래는 경제, 산업, 종목 순으로 거시경제 흐름을 먼저 분석한 후 유망 산업과 종목을 선택하는 방식으로 보다 높은 곳에서 점차 아래로 내려가는 하향식 투자분석을 말한다. 그런데 이 분석법을 차트투자 분석에 도입한 것이다.

방법은 동일하다. 주식투자를 하기 위해서 우선 보다 큰 규모의 지수나 거시지표 차트 등을 먼저 확인하고, 이후 업종별 또는 테마별 차트로 내려가다가 마지막으로 개별주 차트를 분석하여 매수 종목을 선정하는 것이다. 이러면 우선 차트를 통해 시장의 방향이나 거시적 흐름을 파악한 후 유동성이 집중되거나 현재 각광 받고 있는 섹터를 구분할 수 있고, 그곳에서도 수급이 들어온 종목을 쉽게 찾아낼 수 있어 종목을 선정하는데 매우 효과적이다.

탑다운 투자법의 특징

    탑다운 투자법이란, 처음부터 종목 선정부터 하는 것이 아니라 상위 차트를 분석하여 시장을 먼저 파악한 후에 차차 하위 차트로 분석을 이동해 가는 것이다. 시장 전반에서 어느 섹터의 유동성이 늘어나고 있는지 파악하면 당연히 해당 섹터에는 상승하고 있는 종목이 많을 수밖에 없다. 여기에서 확률이 높은 차트로 투자 대상을 좁혀나가면서 투자할 종목을 찾으면 된다. 시장이 아예 안 좋으면 인버스에 투자하거나, 현금을 그냥 보유하고 있는 것도 일종의 투자다.

    특히 지수 관련 대형주들은 지수 차트의 추이를 그대로 따라가는 경우가 많다. 이를테면 코스피가 주봉에서 쌍봉 패턴을 그리고 있을 때 삼성전자 차트를 보면 마찬가지로 쌍봉과 함께 하방을 향하고 있는 것이다. 즉 이미 지수 차트를 통해 하나의 이정표를 볼 수 있기 때문에 매매 타이밍을 찾기가 더 쉬워진다. 우리나라뿐 아니라 나스닥 관련 대형주는 물론이고 베트남, 영국, 싱가포르 등 거래 가능한 대부분의 국가가 마찬가지로 지수 차트와 대장주는 비슷한 흐름을 갖는다.

전세계 주식시장은 이미 커질 대로 커진 유동성에 의해 하나의 흐름으로 움직이고 있다. 그래서 어젯밤 오른 나스닥이 오늘 아침 코스닥 잡주의 상승과도 연관이 있다는 것을 알아야 한다. 왜냐하면 세력도 장이 좋아야 작전을 해도 할 것인데 우선 나스닥이 상승해야 시장 분위기가 좋아지기 때문이다. 따라서 탑다운으로 이를 꾸준히 관찰하다 보면 전체 시장의 큰 흐름과 개별 종목의 타이밍을 함께 살필 수 있을 것이다.

이렇게 탑다운 투자법을 이용하면 지금이 투자를 과감하게 진행해야 하는 타이밍인지, 쉬어야 하는 타이밍인지 쉽게 판단할 수 있다. 종목 선정이 용이할 뿐만 아니라 시장이 주목하는 업종에 대한 집중 투자로 수익률을 높일 수 있다는 장점도 있다. 차트 자체가 범용적이기 때문에 굳이 개별주만 고집하지 않아도 지수 차트, 해외 선물, 대형 코인 차트까지 다양한 시장을 비교해 봐도 좋다.

지수 차트를 중심으로 시장을 파악하고 투자 대상도 다변화하며 대응해 나가면 돈이 어디로 흐르고 있는지 폭넓게 이해할 수 있고, 어느 순간부터 돈 버는 길이 보일 것이다.

탑다운 투자법

1. 각국 차트 분석을 통해
현재 세계 시장 상황 파악하기

각국의 차트를 볼 때는 우선 세계 경제를 선도하고 있는 미국의 지수 차트가 가장 중요하다. 나스닥, S&P500, 다우지수와 같은 주요 차트를 먼저 확인하고 이어서 유로스탁50, 유로스타뱅크, 독일, 영국, 프랑스 순으로 살펴보면 거의 비슷하게 움직인다는 사실이 보일 것이다.

다음으로 아시아를 비롯한 기타 국가들의 지수 전체를 살펴보고, 특히 우리나라와 같은 제조업 국가들에 중점을 두어 시장의 흐름을 파악하는 것이 좋다. 대만, 일본, 튀르키예, 중국도 우리나라와 차트가 비슷한 제조업 국가들이다. 늘 같은 흐름을 갖는 것은 아니지만 경제의 체질이 비슷하기 때문에 주가가 비슷한 패턴으로 움직일 가능성이 높다.

이후 자원 부국 차트 등을 참조하도록 한다. 최근에는 전쟁으로 의미가 많이 사라졌지만, 러시아는 석유와 천연가스 대국으로 지수 자체가 유가와 동일하게 움직이는 특징이 있었다. 따라서 유가의 향방을 보려면 러시아 지수차트를 참조해도 된다. 브라질과 호주 역시 철광석이 발달한 자원 수출국이기 때문에 이들 지수차트는 원자재의 가격 변동과 밀접하게 연동되어 있다.

이렇게 각국의 지수차트 등을 순서대로 참조하다 보면 현재 시장의 유동성 흐름과 향후 주가의 향방이 어느 정도 파악된다. 특히 요즘에는 지수 차트도 같은 방향으로 가는 경우가 빈번하여 이렇게 커플링 된 지수 차트의 조합은 투자 시 많은 단초를 제공한다. 만약 장이 좋다면 적극적으로 투자에 임하면 된다. 장이 안 좋다고 판단되면 개별주에 대한 신규 투자 비중을 줄이거나 아예 안 하면 된다. 혹은 인버스나 인덱스 숏 상품 등에 투자하는 것도 하나의 대안이 될 수 있다.

2. 코스피, 코스닥 업종별
차트 분석을 통해 효율성 증대

　일단 세계 각국의 차트가 양호하다면 이제 국내 코스피와 코스닥 지수 차트를 검토하도록 한다. 전 세계 장이 좋아도 한국만 죽을 쑬 수도 있고, 코스피는 좋은데 코스닥은 나쁘거나 그 반대일 수도 있기 때문이다.

　이때 코스피 차트가 살아나고 있다면 지수 대형주 위주의 투자가 유용할 것이다. 이때에는 반도체나 조선, 자동차 등 산업 전반의 대형주 리스트를 뽑아 그중 차트가 괜찮은 종목을 찾아내면 된다. 반대로 코스닥 차트가 좋다면 이번에는 대형주 투자는 자제하고, 중소형 테마주 위주로 투자전략을 잡을 필요가 있다.

　국내 지수차트를 참조할 때 업종별로 구분하여 차트를 분석하면 이 역시 종목 발굴의 가성비가 높아진다. 예를 들어 코스닥 업종별로 차트를 봤더니 그중 4개 업종이 다음(396쪽)과 같이 나왔다고 하자. 우선 '일반 서비스'는 지금까지는 계속 하락했지만 최근 240이평선의 지지를 받으며 쌍바닥을 시현 중이다. 그렇다면 향후 상승 가능성이 매우 높아졌다고 볼 수 있다. '제조업' 역시 240이평선의 지지를 받으며 확실한 쌍바닥을 만들었다. 게다가 10이평선을 뚫은 모습이다. 이를 통해 코스닥에 속해 있는 제조업과 일반 서비스 분야는 향후 전망이 매우 밝다는 것을 알 수 있다. 따로 그

그래프　　　테마주 차트의 예

쪽 분야에 대한 공부나 분석을 하지 않아도 말이다.

반대로 '제약업'은 고점에서 10이평선을 뚫으며 쌍봉 패턴이 완성되었다. 그렇다면 다음 순서는 저승사자 캔들이 될테니 향후 전망이 암울하다. '오락 문화' 분야는 더욱 심각하다. 쌍봉 패턴을 만들면서 아예 240이평선 밑으로 추락했다. 이래서야 당분간 살아날 기미가 보이지 않는다. 그렇다면 코스닥 제약업이나 오락 문화에 속해 있는 개별주에 대한 분석은 굳이 할 필요가 없다. 업종이 이미 죽었는데 개별주가 온전할 리가 없기 때문이다. 물론 몇몇 상승하는 종목은 있을 수 있겠지만 그 빈도가 현저히 떨어진다. 그렇다면 아예 처음부터 해당 업종의 종목들은 쳐다보지 않는 편이 훨씬 효과적이다.

3. 최종 개별주 발굴 방법

이제 업종별 분석까지 끝났다면 추세가 살아있고 수급이 양호한 업종에 포함된 종목만을 대상으로 차트 분석을 실시한다. 이때 맛이 간 업종은 이미 배제했으므로 분석하는데 드는 품이 덜 들뿐 아니라, 향후 수익 가능성도 훨씬 높아진 상태다. 대신 우량 업종 내에서도 개별주마다 옥석은 존재하므로 이는 차트 분석을 통해 걸러내도록 한다.

개별주를 공략할 때에는 테마별로도 구분하여 종목발굴이 필요하다. 특히 시장을 아우르는 대형 테마나 오랫동안 스테디 셀러 테마의 경우 미리 리스트를 작성해 두고 해당 종목을 지속적으로 주시 관찰할 필요가 있다. 왜냐하면 테마는 한 번 잡히면 해당 테마주들은 같이 오르고 같이 떨어지는 경향이 강해 차트 또한 거의 같은 모습을 보이기 때문이다. 이처럼 커플링 된 테마주의 차트가 많아지면 해당 테마로 수급이 크게 들어오는 것을 눈으로 확인할 수 있기에 보다 강한 확신을 가지고 투자할 수 있게 된다.

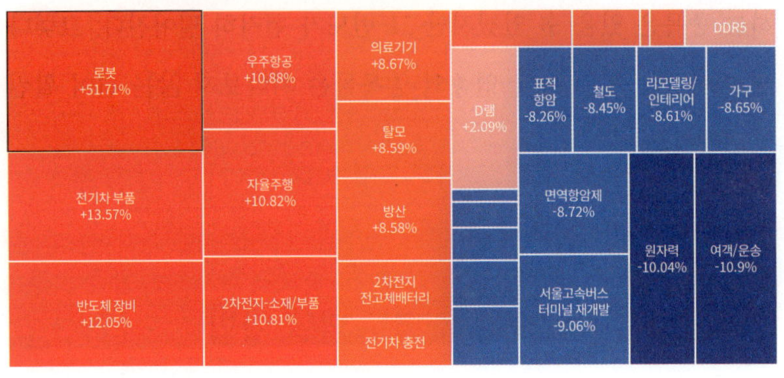

그래프   핀업스탁 테마록의 예

국내 테마주에 대한 참조는 '핀업스탁(https://stock.finup.co.kr/)'이라는 싸이트를 활용하도록 하자. 각종 테마주에 대한 정보나 뉴스가 풍부하고, 테마별 종목 리스트도 잘 정리되어 있다. 특히 '테마록'이라 하여 매일 각종 테마의 상승과 하락 상황을 전광판처럼 보여준다. 이를 통해 당일 테마의 변동 여부를 실시간으로 모니터링 가능하다.

보통 미국에서 테마가 잡히면 한국에서도 해당 테마가 강세를 보이게 된다. 따라서 탑다운 방식으로 시장을 살피면서 관련된 테마 위주로 투자범위를 좁혀가는 것도 좋은 방법이다. 시장이 존재하는 한 테마는 영원하다. 현재 시장에서 주목받고 있는 테마는 무엇이며, 향후 순환매를 통해 주목받게 될 테마는 무엇인지 알아보기를 게을리 해서는 안 되는 이유이다. 매일 핀업스탁에 들어가 당일 크게 상승한 테마가 무엇이며, 그 상승 이유가 무엇인지를 알아

보고 해당 종목들의 차트 추이를 매일 분석하자. 그러다 보면 테마
주 투자에 대한 자신만의 노하우가 쌓이게 되고, 수익률 또한 크게
제고될 것이다.

패턴 뒤에 추세,
모든 것은 순서대로 온다

개별주에 비해 지수나 선물 차트는 매우 심플해서 차트를 읽기가 더욱 쉽다. 개별주의 경우 변수가 많고 조작이 가능한 반면, 지수 차트는 시장 참여자가 많아 시장의 방향이 있는 그대로 반영될 수밖에 없기 때문이다. 게다가 거시지표 영향을 직접적으로 받기에 일단 원인이 만들어지면 그 방향으로 움직이게 되고 원인이 사라지지 않는 한 추세는 지속된다. 그러니 패턴 뒤에 추세가 온다는 것, 또한 모든 것은 순서대로 온다는 것만 기억하면 된다.

중요한 것은 특정 패턴이 인식된 시점에서 추세의 발생을 재빨리 파악하고 추세 발생 초기에 효율적으로 진입할 수 있는 매수 자리를 찾는 기술이다. 패턴이 완전히 만들어지지 않은 상황에서의 성급한 진입은 손실로 이어질 공산이 크고, 속임수 패턴에 속게 되면 손실이 누적된다. 따라서 반드시 패턴이 완벽히 만들어진 것을 확인하고 진입해야 한다. 패턴이 완성되는 자리는 각 패턴마다 다르고 진입하는 자리도 역시 다름에 유의하도록 하자.

예를 들어 쌍봉 패턴의 완성은 10이평선 하향 돌파 후 저승사자 캔들의 발생에 있고, 인버스 진입 자리 역시 저승사자 캔들에서 찾아야 한다. 반면 쌍바닥 패턴은 10이평선을 돌파하는 후킹 캔들이 나올 시에 완성되나 진입 자리는 펌핑 이후 랠리 캔들에서 찾아야 한다. 일단 진입했으면 진입한 원인이 사라지기 전까지는 홀딩한다. 만약 순서가 어긋나는 경우 그 패턴은 이미 사라진 것이며, 추세 초기 진입하여 추세가 살아있다면 무조건 홀딩, 추세가 사라지면 청산해야 한다. 차트상 가장 확실한 기준은 10이평선이므로 10이평선이 깨지면 그 추세도 생명을 다한 것이다.

또한 예외적인 경우를 제외하고는 월봉으로 진입했으면 청산할 때도 월봉을 참조하고, 주봉으로 진입했으면 주봉으로 청산을 결정해야 한다. 물론 지수 차트에서도 특정한 패턴 없이 박스권에 갇혀 의미 없는 움직임이 발생하기도 하는데, 이처럼 확실한 패턴이 없이 불투명한 장에서는 굳이 매매하지 않는 것이 전략이다.

이처럼 패턴과 추세를 기억하며 정확한 기준에 따라 주식 투자를 한다면 손실은 적게 나고 수익은 크게 보며 성공의 확률을 조금씩 늘려 갈 수 있게 된다. 탑다운 방식으로 국가별 지수 차트부터 최대한 많은 차트를 들여다보며 한눈에 패턴을 발견하고 추세를 익힐 수 있는 연습을 하자. 이제 차트를 보자마자 단 1초 만에 가장 현명한 결정을 내릴 수 있을 것이다.

캔들차트 하나로 끝내는 추세추종 투자

초판 1쇄 발행 2026년 1월 7일
초판 7쇄 발행 2026년 3월 4일

지은이   성승현
펴낸이   박영미
펴낸곳   포르체

책임편집   김찬미 유나
마케팅   정은주 민재영
디자인   황규성

출판신고   2020년 7월 20일 제2020-000103호
전화   02-6083-0128
팩스   02-6008-0126
이메일   porchetogo@gmail.com
인스타그램   porche_book

ⓒ 성승현(저작권자와 맺은 특약에 따라 검인을 생략합니다.)
ISBN 979-11-94634-73-7 (13320)

- 이 책은 저작권법에 따라 보호받는 저작물이므로 무단전재와 무단복제를 금지하며, 이 책 내용의 전부 또는 일부를 이용하려면 반드시 저작권자와 포르체의 서면 동의를 받아야 합니다.
- 이 책의 국립중앙도서관 출판시도서목록은 서지정보유통지원시스템 홈페이지(http://seoji.nl.go.kr)와 국가자료공동 목록시스템(http://www.nl.go.kr/kolisnet)에서 이용하실 수 있습니다.
- 잘못된 책은 구입하신 서점에서 바꿔드립니다.
- 책값은 뒤표지에 있습니다.

여러분의 소중한 원고를 보내주세요.
porchetogo@gmail.com